THE
GREAT LEADER
AND THE
FIGHTER PILOT

위대한 독재자와 전투기 조종사

1953년 미그기를 몰고 귀순한 노금석 스토리

블레인 하든 지음 ∣ 홍희범 옮김

제시카, 루신다, 아르노에게

가장 잔혹한 정부 아래에서 용기가 샘솟는 법이다.

— 아웅산 수치

목차

한국어판 서문

이 책의 한국어판 서문을 쓰는 지금은 십대 소년이던 노금석이 북한을 탈출하기 위해 모든 것을 걸겠노라고 결심한 지 75년이 되는 해입니다.

노금석은 독재자 밑에서 성장해 가족을 꾸리고 싶지 않았습니다. 그는 1940년 후반에 김일성이 스탈린의 소련으로부터 받은 무기와 자금, 이념을 통해 창조한 감옥과도 같은 나라에는 없는 자유—학습과 여행, 정치적 의견표명의 자유—를 원했습니다.

이 서문에서 노금석이 어떻게 북한에서 가장 어린 전투조종사가 되었는지, 어떻게 꿈을 이루기 위해 거짓말을 하고 계획을 꾸몄는지에 대한 놀랄만한 디테일들을 자세히 거론하지는 않겠습니다. 그의 지혜와 용기를 알고 싶으면 이 책을 읽어주시기 바랍니다.

하지만 저는 독자 여러분이 잠시 멈춰 중요한 사실 하나를 상기해 주셨으면 합니다. 노금석이 탈출을 결심한 이후, 한 세기의 3/4이 지나가는 동안 북한에서 눈에 띄게 나아진 것은 아무것도 없다는 점입니다. 사실 북한에서는 개인의 복리후생부터 경제적 여건까지 모든 것이 악화되었습니다.

북한은 현재 세계에서 가장 오래 지속중인 전체주의 정권으로 남아있습니다. "사상적 오류"를 가진 이들을 굶기며 죽을 때까지 강제노동으로 혹사하는 강제수용소들은 스탈린의 '굴락'보다 두 배나 오래 지속되고 있습니다. 북한 정권은 여전히 여행, 정보, 연설의 자유를 제약하며 사상의 자유를 강하게 단속하고 있습니다. 북한은 여전히 지구상에서 가장 가난한 나라 중 하나이지만 강력한 핵무기와 장거리 미사일로 무장하고 남한과 일본, 서방세계를 위협하고 있습니다. 이 나라의 지도자는 아시다시피 계속해서 김씨 일가이고, 여전히 기이하고 교묘하게 다듬어진 개인 숭배에 둘러싸여 있습니다. '위대한 독재자'의 손자인 김정은은 종종 이 나라를 만든 독재자를 떠올리게 하는 옷을 입고 있습니다.

소련제 제트 전투기에 올라 자유를 찾으려 한 젊은이의 이야기를 읽는 여러분은 수백만의 북한인들이 탈출의 희망도 없이 살다가 세상을 떠났음을 떠올려 주시기 바랍니다. 교도소와 같으며 어떤 변화의 조짐이 보이지 않는 나라에 사람들이 갇혀있다는 사실 때문에 노금석의 이야기는 그가 전 세계의 존경을 받게 되고 위대한 독재자에게 굴욕을 안긴 1953년 9월 어느날의 아침이나 바로 지금이나 여전히 중요합니다.

블레인 하든, 2022년 10월 29일

옮긴이의 글

번역 의뢰가 들어왔을 때, "이건 꼭 해야 돼!"라는 생각이 들게 만드는 책들은 분명 존재합니다. 그리고 이 책은 그런 책 중 하나였습니다.

노금석의 귀순은 그 자체로도 아주 극적인 사건이었습니다. 6.25가 끝난 지 두 달도 채 안 된 날에 당시로서는 최신예기이던 미그 15를 몰고 김포 비행장에 귀순했다는 사실은 70년 가까운 시간이 흐른 오늘날에도 드라마틱하다는 표현이 전혀 아깝지 않을 정도니까요.

사실 이 사건은 잘 알려졌다고 생각했습니다. 이미 1996년에 노금석—이제는 '케네스 로우'가 된—본인이 회고록을 통해 상당한 디테일을 저술했기 때문이죠. 하지만 그 생각은 착각이었습니다.

이 책은 다루는 내용의 범위 자체부터 매우 넓습니다. 단순히 노금석 본인과 그의 망명만을 다루는 게 아닙니다. 망명 이후의 삶은 물론이고, 그의 행적과 김일성, 그리고 북한을 교차해서 보여주면서 양자의 궤적이 어떻게 엇갈리고 어떻게 겹치는지, 그리고 어떻게 변화하는지(혹은 변하지 않는지)를 극명하게 비교합니다.

사실 한국인 독자로서 북한의 변화나 6.25의 전개와 변화 등에 대해서는 잘 알고 있다고 생각하기 쉽습니다. 하지만 이 책에서는 우리가 잘 모르던 내용들을 많이 다루고 있습니다. 특히 6.25 전쟁 중의 만주지역 항공전 등에 대한 내용은 현재도 잘 알려지지 않은 부분이 많은데, 이 책을 번역하는 과정에서 적잖이 파악할 수 있었습니다.

여기에 스토리 자체도 정말 극적입니다. 현실이 소설보다 더 드라마틱하다는 말이 이 책만큼 어울리는 경우는 없을 것 같습니다. 몇몇 부분은 '누가 이 내용으로 소설 썼으면 말도 안된다고 욕먹었겠지?' 라는 생각이 들 정도입니다. 그가 그 숨막히는 통제, 그리고 언제라도 목숨을 잃을 수 있는 살얼음판 같은 전쟁통에서 살아남아 탈출에까지 성공하는 과정은 그 자체로 "그 어떤 창의력으로도 만들어낼 수 없는 이야기"라고 생각합니다.

하여간 자세한 이야기를 하자면 끝이 없는 책입니다. 이 책은 꼭 읽어볼 가치가 있습니다. 드라마틱한 스토리 그 자체로도, 그리고 읽는 과정에서 배울 수 있는 지식으로도, 끝까지 읽고 나서 얻을 수 있는 교훈으로도 이 책에는 충분한 가치가 있습니다. 번역자로서, 이런 책을 번역할 기회를 얻을 수 있어 다행이라고 생각합니다.

번역자 홍희범

본문에 앞서

선수들과 그들의 게임

I

위대한 독재자가 될 그 사나이는 산더미같이 창고에 쌓인 화학비료 위에 서 있었다. 김일성이 제공하는 풍족한 삶의 상징인 2층 높이로 단단하게 쌓인 황화 암모늄의 산더미는 사람들의 눈을 만족시킬 만했다. 비료가 없다면 북한인들은 굶주릴 것이고 몇몇은 기아 상태에 빠질 터였다. 지금도 마찬가지이고, 1948년 2월 22일에 부하들을 시켜 비료 더미의 위를 평평하게 다듬은 뒤 음향기기를 설치하고 군중을 동원할 때에도 마찬가지였다. 소련제 기관단총을 든 병사들이 비료 위에 선 김일성을 세 겹으로 둘러싸 보호했다.

이 무대는 단도직입적이고도 잔인한 사회주의 리얼리즘 그 자체였다. 김일성을 지지하면 먹고살 수 있다. 도전하는 자는 소련의 지원을 받는 자신들의 부하들을 시켜 솎아낼 것이다.

김일성은 당시 35세였으나 부드러운 뺨과 짧은 머리, 딱 맞는 인민복 덕에 더 젊어 보였다. 그가 한반도로 복귀한 지는 겨우 2년 반밖에 안 됐고, 그 전까지 인생의 대부분을 중국 북동부에서 일본군과 싸우는 데 보냈다. 그때만 해도 아직 모든 정적들을 투옥하거나 처형하지는 않았다. 그가 위대한 독재자라고 자칭하는 데에는 1년이 더 필요했고 "인민의 태양이자 세상에 존재한 가장 위대한 인물"이라고 호칭할 때는 또 10년이 필요했다.

그는 독재자의 지위에 착실하게 오르고 있었다. 군과 경찰에 대한 통제도 절대적이었다. 국영 신문과 라디오는 김일성의 모든 행동을 칭송했고 그의 뱃살은 권력과 비례해 늘어났다.

모스크바에 의해 간택된—그는 이오시프 스탈린의 측근들의 눈에 띄었다—김일성은 40년 가까이 일본의 식민 지배 밑에서 신음하던 나라를 재건하고 사회주의화하기 위해 서둘렀다. 소련의 방식을 따라 공장은 국가 소유가 되고 노동조합이 만들어졌다. 1일 8시간 노동이 법제화됐다. 대대적인 문맹퇴치 운동으로 인해 수백만의 소작농과 그 가족들이 글을 읽게 됐다. 새로운 법률 덕에 아동에 의한 노동이 금지되고 남녀의 임금이 평등해졌다. 김일성 정권은 부유한 지주들로부터 땅을 빼앗아 재분배했다.

소작농들은 이를 환영하면서 더 많은 수확을 거뒀다. 도시에서도 빈곤층과 청년층은 김일성의 주장에 귀를 기울이기 시작했다. 그러자 부유층과 지주, 식자층은 두려워했다. 그 중 200만이 남쪽에 새로 생긴 남한(대한민국)으로 도망쳤다. 그곳에서는 정치가들이 미국의 원조와 군사지원을 받으며 자본주의를 전도하고 있었다.

미국과 소련은 2차 대전의 혼란스럽던 마지막 며칠 동안에 한반도를 분할했다. 1945년 8월 11일, 워싱턴에서 자정 너머까지 일하던 미군 대령 둘이 작은 지도 위에서 한반도에 대충 줄을 그었다. 이 줄은 북위 38도를 따라, 한반도의 역사나 정치, 지형과는 아무 관계도 없는 국경을 만들었다. 동서로 그어진 이 선은 인구의 2/3

를 경작할 수 있는 토지 대부분과 함께 남쪽에 있게 했다. 해리 S. 트루먼 대통령은 이게 좋은 방법이라고 생각했다. 놀랍게도 스탈린도 여기에 동의하면서 일은 해결됐다. 이론적으로는 그 뒤 5년에 걸쳐 전쟁중에 우방이던 미국과 소련이 각각의 점령지에서 한반도에 사는 3천만명의 사람들을 재통합시킬 준비를 할 터였다. 남북의 통일은 전쟁의 혼란을 극복하고 민주적인 체제를 구성한 뒤에 이뤄질 예정이었다.

하지만 혼란은 쉽게 가라앉지 않았고 민주주의는 유산(流産)된 것이나 마찬가지였다. 남쪽의 이승만과 북쪽의 김일성은 모두 공격적이고 아집이 심한 민족주의자였다. 둘 다 한반도를 자신의 신념에 맞춰서 통일하려 했다. 둘 다 한반도 전체를 자신들을 지원하는 강대국에게 받은 돈과 무기, 이념에 맞춰 지배하려 했다.

수많은 반대세력이 남쪽으로 도망친 덕에 김일성의 북한은 이승만의 남한보다 사회적으로나 정치적으로나 더 안정되었다. 남한에서는 미제 무기로 무장한 경찰이 종종 파업중인 노동자나 농민들과 대치해야 했다. 미국의 정보 보고서에서는 "북한의 젊은층, 특히 15세에서 25세 사이의 계층은 공산 정권을 신뢰하기 시작했다"고 결론을 내렸다.

여기에 자신감을 가진 김일성은 댄스 강습소에서 농부들, 사범대학, 관개공사 현장에 이르기까지 다양한 곳을 방문했다. 가장 많이 들른 곳은 공장으로, 그 곳에서 노동자들을 즐겁게 하고 현장의 불만을 접수한 뒤 "현장지도"를 하면 그 모습을 사진으로 찍어 국영 매체에서 보도했다.

이날 그가 비료 더미 위에서 하는 것도 바로 그것이었다. 대부분이 청년층인 1만명의 환호하는 군중에게 사탕발림과 사기진작, 그리고 위협을 동시에 하는 것이었다. 이 연설은 그가 북한의 동해안에 위치한 산업도시인 흥남을 방문한 주 목적이었다. 일제시대 당시 흥남에는 여러 공장이 건설되었고 흥남 질소비료 공장도 그중 하나였다. 1945년 늦여름에 패퇴한 일본군이 물러나자 소련군이 이 곳을 점령했다. 김일성 정권은 일본이 완전히 파괴하지는 못하고 떠난 이 공장을 국유화한 뒤 수리했다. 비료 생산이 재개됐는데, 이는 절대 다수의 농민이 빈농인데다 지력은 쇠약하고 식량부족이 만연한 이 산악 국가에는 아주 반가운 소식이었다.

"우리 노동자들은 지금 농민들에게 필요한 비료를 대량생산하고 있습니다." 김일성은 이렇게 연설을 시작했다. 그는 비료뿐 아니라 "아주 창의적이고 열성적인" 북한의 기술자들이 선철 생산량을 늘리고 수력발전소를 수리중이라고 밝혔다. "이 모든 것이 우리가 직접 번영하고 독립된 주권국가를 건설할 수 있음을 보여주고 있습니다."

"행복한 사회"는 더 많은 것을 요구했다. 김일성은 "진정한 인민의 정부"는 "미국 제국주의자와 그 하수인"들의 '매판 정책'을 타파해 한반도 전체를 장악해야 한다고 주장했다. 그는 아직 분명하지는 않지만 이미 계획을 시작한 남침에 대해 살짝 언급하는 중이었다. 남침 직전에 모스크바를 방문한 김일성은 스탈린에게 '남한의 인민들은 공산군을 열렬히 환영할 것이고 미국인들은 무서워서 도망칠 것'이라고 호언장담했다.

"미국은 대규모 전쟁을 감당하지 못할 겁니다."

II

노금석은 바로 그날 그곳에 있었다.

16세였던 그는 흥남 제1고등학교의 학생이었다. 이 학교는 정오 무렵에 김일성의 방문에 맞춰 파했고 시내의 공장들도 마찬가지였다. 교사와 십장들의 명령에 따라 학생들과 노동자들은 비료공장 앞에 줄을 섰고 그 곳에서 병사들이 무기와 폭발물을 찾기 위해 검문을 실시했다. 2년 전에 김일성의 연설 현장에 누군가 수류탄을 던졌는데, 소련인 고문이 그걸 미리 나꿔채서(물론 심하게 부상당했다) 김일성은 다치지 않았다. 하지만 그 뒤로 보안이 강화됐다.

검문검색을 받은 뒤 노금석은 3층 높이에 축구장 3개 크기 넓이의 어두운 창고로 들어갔다. 오후의 햇살이 기름 낀 채광창을 통해 흘러들었다. 그는 네 명의 동급생들과 함께 철제 발코니로 올라갔다. 그는 그곳에서 김일성—사진을 들고 그의 천재성에 대해 외치며 군중들을 선동하는 지지자들에게 둘러싸인—이 창고로 들어와 비료 더미 위로 올라가는 것을 보았다.

김일성은 야생적인 친화력을 분출하면서 인자한 웃음을 띠고 있었다. 소년 노금석은 그때까지 그런 인물은 본 적도 들은 적도 없었다. 그에게 김일성은 다른 사람들보다 커 보였다. 비록 사진이나 당시 사람들의 묘사에 의하면 김일성의 키는 약 170cm로 그렇게 큰 편은 아니었지만 말이다. 그 곳에 모인 공장 노동자들은 김일성이 그들을 "현대 사회를 이끄는 주인공"이라고 칭송하는 말에 홀린 듯했다. 노금석은 그의 말을 한 마디도 놓치지 않았다.

김일성이 권력을 잡자 노금석 소년이 말하고 읽고 쓰는 언어부터 바꿨다. 일본의 한반도 통치 기간 말기에는 한국어가 금지되었다.

모두가 일본어를 말해야 했다. 노금석이 유창하게 읽고 쓸 수 있는 언어도 일본어뿐이었다. 김일성과 소련군이 들어온 뒤 일본어가 금지됐다. 일본어를 말하는 것은 내란죄에 가까운 중죄였다. 러시아어는 중학교에서 영어를 대신하는 외국어가 되었다. 노금석의 아버지가 즐기던 야구는 퇴폐적인 놀이로 비난받았다. 새로운 법은 허가 없이 5명 이상 모이는 것을 금지했다. 노금석의 담임은 김일성 정권에서 종교의 자유는 보장받지만 국가에서 지정하는 제한이 있다고 덧붙였다. 독실한 기독교인들은 "미신을 믿는 바보들"처럼 행동한다면 직업군인이 될 수도, 다른 직업을 얻을 수도 없을 터였다. 아버지가 교회에 다니며 기독교계 학교를 졸업한 노금석은 이게 무슨 뜻인지 금방 파악했다. 노금석 소년은 교회를 더 이상 가지 않았다. 그는 또 '미국의 소리' 방송을 듣는 것도 그만두었다. 방송에서 들은 내용을 교사나 동급생들에게 무의식중에 말할 수도 있어서였다.

김일성의 집권은 노금석의 몇몇 친척들을 기쁘게 했다. 그의 친조부모는 김일성을 '천재'라고 칭송했다. 그의 이모부인 유기은은 거실에 김일성과 스탈린의 사진을 걸어두었다. 공장에서 기계 조립을 감독하는 유기은은 김일성에 대한 그 어떤 불만도 참지 못했다.

이모부와 잘 지내기 위해, 동급생들에게 밀고당하지 않기 위해, 그리고 북한에서의 미래를 위해 그는 "최고의 공산주의자"인 척하기로 했다. 그는 김일성의 연설을 보자마자 그러기 시작했고, 그 덕에 목숨을 구하게 된다.

그는 북한 해군사관학교에 응시할 때 거짓말을 했다. 가족에 대해 쓰는 부분에서 얼마 전 작고한 부친이 일본을 증오하고 위대한 독재자를 사랑하는 사회주의 성향의 노동자라고 쓴 것이다. 여기서 진실은 부친이 얼마 전에 사망했다는 것뿐이었다.

노금석의 부친은 일본 재벌의 성공적인 중역이었다. 노구치 상사는 김일성이 연설했던 비료공장을 포함해 흥남에 있는 공장의 대부분을 건설했다. 아버지가 노구치 상사에서 일한 덕분에 노금석은 당시의 한국 기준으로는 부유하게 살았다. 부유한 가톨릭 집안에서 자란 그의 어머니 베로니카는 멋진 털 코트를 가지고 있었다. 더운 여름에는 산악지대에 있는 별장으로 여행을 떠났다. 그들이 쓰는 간장도 일본에서 수입한 기코망이었다.

III

'위대한 독재자'는 한국전쟁에 대해 단단히 잘못 예상했다. 남한 주민들은 침략해 온 인민군을 결코 환영하지 않았으며 미국은 내빼지 않았다. 김일성의 침략은 그 어느 나라도 승리하지 못한 파멸적인 전쟁을 불러왔다.

남북한의 군대와 중국군, 미국이 이끄는 UN군은 약 1년에 걸쳐 한반도에서 후퇴와 전진을 거듭하다 약 2년에 걸친 참혹한 교착상태에 빠졌다. 전쟁이 끝나자 약 120만명의 병사가 목숨을 잃었고 그 중 3만 6천명이 미군이었다. 늘어난 땅도, 줄어든 땅도 없었다. 아직까지도 휴전 상태일 뿐 전쟁은 끝나지 않았다. 승리자는 없지만, 아마도 가장 큰 패자는 전쟁이 시작될 때 북한에 살던 사람들일 것이다.

미국 일반인들이 결코 신경쓰지 않는 동안 미 공군은 3년에 걸쳐 북한에 대규모 폭격을 가했다. 펜실베니아 주 크기의 이 나라에서 거의 모든 도시와 마을이 잿더미로 변했다. "우리는 재래식 무기로 북한에서 움직이는 모든 것과 벽돌 한 장까지 다 폭격했다." 한국전쟁에서 미국의 개입을 적극 지지하고 나중에 국무부 장관이 된 딘 러스크는 이렇게 말했다. 전후 소련의 연구에 의하면 미국의 폭격으로 북한에 있던 건물의 약 85%가 파괴되었다. 미 공군은 나중에는 파괴할 목표를 못 찾을 정도였다. 북한 정부가 민간인 피해를 집계한 것은 없으나 전쟁 기간 동안 북한의 인구는 131만 1천명이 줄었다. 약 14%가 줄어든 셈이다. 한국전쟁중 미 전략공군의 사령관이던 커티스 르메이는 민간인 피해를 더 높게 잡는다. "3년에 걸쳐 우리는 북한 인구의 약 20%(190만명)을 죽였다."

르메이는 전쟁 초반에 북한 민간인을 상대로 대규모 폭격을 신속하게 가해 빨리 항복을 받아내자고 주장했다. 하지만 르메이에 따르면 워싱턴의 정치가들은 이를 "너무 끔찍한 생각"이라고 거부했다. 그래서 르메이는 천천히, 하지만 여전히 많은 민간인들을 폭격으로 살상했다.

전쟁의 참화에도 김일성의 권력은 살아남았다. 그는 큰 피해를 입은 북한 사회의 중심에 서서—마치 혁명적인 가족의 아버지와도 같은 지도자로서—상처입은 북한이 통합하고 재건하고 어떤 방향으로 나아갈지를 정하려 했다.

한국전쟁에 대한 오판은 이 '위대한 독재자'에 흠집을 내지 못한 듯했다. 상황이 그의 약속과는 전혀 다르거나 그의 정책과 반대된다면 그는 사람들이 받아들일 수밖에 없는 새로운 현실을 창조해냈다. 북한의 역사책에 따르면 전쟁은 남한과 미국이 북한을 침략해서 시작됐다. 이 전쟁은 용감한 북한이 김일성의 훌륭한 지도를 받아 승리한 것으로 끝났다. 북한에 무기를 지원한 소련의 중요한 역할, 그리고 미국과 싸워 무승부를 이끌어내고 패색이 짙던 김일성을 구원한 중국의 역할은 지워졌다.

정치적 신화가 의심받지 않게 하기 위해 김일성은 북한을 외부로부터 고립시켰다. 북한은 감옥과도 같은 나라가 되었고 '위대한 독재자'는 감옥의 간수가 되었다. 그는 죄수들이 알아야 할 것, 살아야 할 곳을 정하고 여행을 해도 되는지 어떤지를 정했다. 수십만의 비밀경찰이 국민을 감시했고 다른 사람을 밀고하는 자에게 상이 주어졌다. 사람들은 충성도에 따라 사는 곳이 나눠졌다. "불순 사상"을 가진 자들은 외딴 산속의 수용소에서 강제노동을 겪었으며 그 곳에서 수십만이 가족과 함께 목숨을 잃었다. 반 세기가 지난 뒤에도 이 수용소들은 꾸준히 커지고 있다. UN에서는 이 수용소의 간수들이 "나치 독일과도 비슷한" 수준의 끔찍한, "말도 못할 정도의 만행"을 저지르고 있다는 사실을 발견했다.

반 세기 이상 북한 주민들을 가둬놓은 뒤 거짓말을 주입하면서 김일성은 그가 위대하며 숙적 미국은 영원한 적이라는 확신을 심을 수 있었다. 비록 그는 1994년에 자연사했으나 김일성은 아직도 북한인들에게 영원한 지도자로 각인되어있다. 현대의 북한을 이해하는 데 어려움을 겪는 외부인들에게도 김일성의 중요성은 여전히 살아있다. 그가 절대권력까지 오른 행보는 왜 북한 정권이 적대적이고 편집적이며 자국민을 학대하는지 설명하는 데 필수적이다. 그가 창조한, 봉건적이며 계급에 얽매인 사회구조는 여전히 살아있다.

죽기 전에 이 '위대한 독재자'는 그의 창조물이 절대 죽지 않고, 그의 혈통이 계속 지배하도록 했다. 그는 그의 장남 김정일이 후계자가 되는 스탈린주의 왕조를 건설했다. 2011년에 김정일이 죽자 김정일의 3남이자 당시 28세에 불과하던 김정은이 그 뒤를 이었다. 비록 역사를 심하게 날조하고 왜곡했지만, 김씨 일가의 3대 독재 정권은 한국전쟁이라는 끔찍한 실화에서 정당성을 얻었고 지금도 계속 얻고 있다. 바로 미 공군의 북한에 대한 맹폭격이다. 이것은 김씨 일가에게 지금까지도 유효한 선전 소재가 되고 있다.

"우리 인민들은 전쟁중 미 제국주의자들이 입힌 피해 때문에 강한 반미감정을 가지고 있다." 김일성은 1972년에 미국 기자에게 이렇게 밝혔다. "긴장이 계속되는 만큼, 우리는 전쟁준비를 가속화할 수밖에 없다. 이는 굳이 감출 생각도 없다. 미 제국주의자들이 우리나라를 또 침략하지 않을 거라고 누가 장담할까? 여기에 대비하는 데 가장 중요한 부분은 모든 국민에게 미 제국주의를 증오하게 교육하는 것이다."

김일성의 아들과 손자 치하에서 이 증오는 매일같이 강화되고 있다. 북한 정권이 옛 전쟁의 기억을 놀랄만큼 생생하게 유지하려 하기 때문이다. 북한 국영매체들은 북한인들의 부모와 조부모들이 미국인들에 의해 불타고 사지가 절단되었음을 상기시키고 있다. 북한 아동들은 지금도 미군 인형을 표적으로 총검술을 연습하고 있다. 국영 매체들은 누가 먼저 전쟁을 시작했는지 사실을 날조하고 있다. 전쟁이 끝난 지 60년이 지난 뒤, 수십만의 북한인들은 평양의 노동절 스타디움에 모여 그들의 '승리'를 축하했다. 이날 축하행사장 밖에서는 "미 제국주의자들이 전쟁을 시작했다"는 제목의 책이 팔리고 있었다.

"미국인들에게는 북한이 미국의 공격을 두려워한다는 사실이 이상해 보일 수 있습니다. 하지만 북한인들의 관점에서는 전혀 이상하지 않습니다." 한국전쟁 전문가인 캐스린 웨더스비는 이렇게 말한다. "북한은 아직도 1950년에 머물러 있고 남한 및 미국과의 전쟁은 여전히 계속되고 있습니다. 북한인들은 구석에 몰려 위협받고 있다고 느낍니다. 물론 김씨 일가에게는 국민이 공포에 떨게 놔두는 것이 아주 유용하죠."

미국의 폭격(지금 제국주의자들이 뭘 하는가에 대한 반쯤 날조된 뉴스와 함께)은 김씨 일가에게 절실하게 필요한 것을 제공한다. 국가의 거의 모든 자원을 핵무기와 장거리 탄도미사일, 그리고 거의 모든 북한 청년을 징집하는 거대한 군대에 투입하는 정당성이다.

그와 마찬가지로 중요한 것은, 그들이 주장하는 미국의 지속적인 위협—그리고 이에 맞서는 김씨 일가의 신성한 의무—는 북한이 고립과 빈곤, 기아에 빠진 것을 언제나 정당화한다는 사실이다. 이들의 논리는 이렇다. 그래, 북한에서 사는 게 비참하기는 하다. 하지만 우리를 비난하지 말라고. 우리가 너희를 미국놈들한테서 지켜주지 않으면 어떻게 되겠어? 기억하라고. 미국 폭탄이 너희 할머니를 죽였어.

IV

노금석은 진정한 공산주의 신봉자라는 역할을 조심스럽게 탐구했다. 그는 해군 사관학교의 교관에게 자신이야말로 하늘에서 미국인에 맞서 싸울 이념의 소유자라고 확신시켰다. 그는 북한 공군에 입대하자마자 공산당의 미사여구를 반복하는 것보다 비행에 훨씬 유능하다는 사실을 발견했다. 분명 그도 비행을 훨씬 좋아했다.

노금석은 19세의 나이에 한국전쟁에 참전한—진영을 불문하고—가장 어린 제트 전투기 조종사가 되었다. 그는 당시로서는 매우 우수한 기체이던 소련제 미그 15 전투기로 100회 이상 출격했다. 전쟁중 그는 이 전투기 중 하나를 김일성과 그 아들 김정일에게 직접 소개하기도 했다. 그들이 기체를 살펴보는 동안 노금석은 김일성을 사살할 것을 진지하게 생각했지만 권총을 직접 뽑을 용기까지는 발휘하지 못했다.

한국전쟁 기간에 미그기들은 미국 폭격기들을 괴롭히고 격추했다. 그들 때문에 미국은 폭격을 야간에 해야 했다. 북한과 중국 사이의 국경지대에서 미그기들은 세계 최초의 제트기끼리의 공중전에서 미국의 전투기들과 호각을 다퉜다. 미 극동 사령부는 미그기에 얼마나 집착했는지 이 기체를 가지고 귀순하는 최초의 조종사에게는 10만 달러(오늘날의 물가로는 약 90만 달러)의 포상금을 지급하겠다고까지 선언했다.

노금석은 자신의 미그기 조종석에서 마치 1차 세계대전의 에이스 조종사처럼 입고 있었다. 그는 가죽 비행 재킷과 가죽 장갑, 푸른 면 바지, 긴 승마 장화를 신고 있었다. 그의 비행 헬멧은 제트기의 시대보다 대략 30년은 더 전에 만들어진 것이었다. 이 가죽 헬멧은 만화 '피너츠'에서 스누피가 쓰고 있는 것과 크게 다르지 않았다.

제트기끼리의 공중전에서 열성적 공산주의자로 가장한 노금석의 또 다른 면모가 시험받았다. 그는 동류 조종사들의 눈에는 어떻게든 용맹한 조종사처럼 보이기 위해 애썼으나 미국 전투기 조종사들과 직접 부딪히는 것은 최대한 피하려 했다. 그는 곧 미국 조종사들의 기량이 더 뛰어나다는 사실, 그리고 그와 같은 공산군 조종사들을 죽이기 위해 서로 치열하게 경쟁한다는 사실을 깨달았다.

지상에 돌아오면 노금석은 하늘에서의 조심스러운 태도를 가리기 위해 더더욱 열성적인 공산주의자인 척했다. 그는 김일성의 연설을 자원해서 옹호했다. 북한군 조종사들이 자아비판을 위해 모일 때 그는 이들이 위대한 독재자에 대한 흠모가 부족하다고 비난했다. 잘못된 사상을 가졌다는 이유로 처형당한 조종사들이 있다는 사실을 잘 아는 그는 누군가 자신의 연극을 눈치채고 처형을 명령할까봐 무서웠다.

노금석의 연극은 1953년 9월의 어느 맑은 날 끝났다. 그는 일상적인 전투준비 훈련을 위한 비행을 위해 조종석에 올랐다. 그는 미군이 전투가 가능한 미그기를 몰고 귀순한 조종사에게 주기로 한 유명한 포상금에 대해 알지 못했다. 또 그는 신임 미국 대통령인 드와이트 D. 아이젠하워가 적의 귀순 조종사에게 주기로 한 포상금을 취소했다는 사실도 몰랐다. 아이크(아이젠하워의 애칭)는 이 포상금이 미국의 품위를 떨어뜨리는 뇌물이라고 생각했다. 그는 훔쳐온 미그기도, 공산당 배신자에게 미국 납세자의 세금이 들어가는 것도 싫었다.

그가 그날 아침 이륙할 때, 노금석은 김일성이 귀순자의 가족과 친구들을 처형할 수 있게 허용하는 법을 만든 것을 알고 있었다. 북한의 관제당국은 미그기 한 대가 예정시각에 귀환하지 못하자 의아해 했다. 노금석의 헤드폰으로 초조한 목소리가 암호문으로 이렇게 외쳤다. "귀관은 어디에 있는가?"

그는 답하지 않았다.

밀짚모자를 쓴 세 살의 노금석과 직장 야구팀의 스타 투수였던 아버지 노재협. 1935년 신흥에서.

네 살의 노금석이 어머니 베로니카와 함께 신흥에서 찍은 사진. 그의 가족은 부유했고 그의 어머니는 당시 싱어 재봉틀을 가진 몇 안되는 한국 여성중 하나였다.

1940년대 초반, 노금석의 어머니가 털가죽 옷을 입고 사진을 찍었다. 소련군이 1945년에 한반도에 진주한 이래 그의 부모는 경제적으로 고통을 받았고 가재도구 대다수를 팔아야 했다.

5세의 노금석. 세발 자전거를 탔다. 일본 대기업에서 근무한 노금석의 아버지는 회사 매점을 통해 물건을 구입할 특권을 누렸다.

7세의 노금석이 1939년 4월 소학교(초등학교) 입학식날에 찍은 사진. 그의 아버지는 노금석이 17살이 던 1949년에 암으로 세상을 떠났다.

1부
게릴라와 부자 소년

1장

서막

I

김일성은 1937년 6월 4일 밤 "조선 해방의 여명을 밝혔다"고 주장하는 게릴라 공격을 이끌었다. 한-중 국경지대에 있는 작은 마을 보천보에서 벌어진 이 전투는 결코 그런 거창한 것은 아니었다. 전략적으로는 정말 사소한 일이었다. 하지만 이 기습이 일본을 매우 언짢게 했다. 그 뒤 3년에 걸쳐 일본은 김일성의 반일 게릴라들을 토벌했다. 1940년 끝무렵이 되자 김일성 휘하의 게릴라들은 죽거나, 투옥되거나 소련으로 피신했다.

보천보는 김일성을 포장하는 데는 아주 좋은 소재였다. 일본은 김일성을 공산주의자 지명수배 명단의 상위에 올렸다. 해외 언론에서도 이 기습과 김일성의 통솔력을 보도했다. 보천보와 그 뒤에 벌어진 1930년대의 몇몇 반일 게릴라 공격 덕분에 '김일성'이라는 이름은 일본 식민지배하에서 신음하던 수백만 한국인들 사이에 오르내리게 되었다. 마침 영웅을 갈망하던 교육받지 못한 소작농들 사이에서 김일성은 전설이 되었다. 그의 신통력에 대한 소문마저 돌았다. 그는 솔방울로 수류탄을 만들고, 나뭇잎에 타서 강을 건너고,

투명해질 수 있었다.

김일성은 보천보를 자신의 가장 빛나는 군사적 순간으로 가꿨다. 그와 약 200명의 빨치산들은 뗏목을 타고 만주(당시 북동부 중국을 부르던 지명)에서 압록강을 건너 조선의 보천보 마을로 침투했다.

"정각 오후 10시에 나는 권총을 높이 들고 방아쇠를 당겼다. 내가 동포들에게 10년 동안 말하고 싶던 모든 것이 그날 밤 거리에서 울려퍼진 한 발의 총성에 담겨 있었다. 그 총성은 우리 시인들이 표현하듯 조국에 대한 인사이자 곧 응징될 일본 제국주의자 날강도들에 대한 도전장이었다."

그 뒤 이어진 응징은 사실이었지만 매우 제한적이었다. 우체국, 경찰서, 그리고 몇몇 건물이 불탔다. 소수의 일본 경찰관이 죽거나 다쳤다. 김일성과 부하들은 90명 정도의 지원자를 모은 뒤 야음을 틈타 압록강을 건너 만주의 은신처로 피신했다. 그들이 떠나기 전, 김일성에 따르면 그를 숭배하는 마을 주민들이 연설을 청했다. 그는 군중을 둘러봤다. 별빛만큼이나 반짝이는 그들의 눈이 김일성을 향했다. 모자를 벗고 팔을 흔들며 그는 일본에 대한 분명한 승리와 저항에 대해 연설했다. "형제자매 여러분, 조국이 해방되는 그 날 다시 만납시다!"

"이미 불덩어리가 되어버린 면사무소 앞을 떠날 때 내 마음은 무겁고 마치 칼로 찌르듯 아팠다. 우리는 떠나면서 우리의 일부를 이 작은 국경 마을에 남겨뒀고, 남겨진 사람들은 마음속으로 조용히 우리를 배웅했다."

김일성의 전설은 어떤 면에서는 로빈 후드이고, 어떤 면에서는 해리 포터이며 부분적으로는 사실이다. 오랜 기간에 걸쳐 김일성의 정적들—미국과 남한을 포함해—은 사실과 창작을 구분하려 하지 않았다. 북한과 남한 모두에 걸쳐 진짜 김일성은 보천보 기습 직후에 죽었고 소련에 의해 훨씬 젊은 반일 게릴라 지도자로 대체됐다는 소문이 퍼졌다. 소문에 따르면 가짜 김일성이 바로 위대한 독재자가 된 소련의 꼭두각시였다. 1952년에 미국 정보부가 만든 프로필은 김일성을 단도직입적으로 "가짜"라고 표현했다.

이 루머는 아주 오랫동안 살아남았다. 그가 어떻게 생겼는지 아는 한국인도 거의 없는데다 보천보 전투 당시 25세밖에 되지 않았다는 사실도 대부분 몰랐기에 소문은 신빙성을 얻었다. 이 혼란을 부추긴 것이 김일성, 즉 "태양이 되다"라는 이름 자체도 게릴라 활동을 위해 그가 바꾼 가명인데다 다른 만주의 빨치산 투사들도 사용한 예명이라는 것이다. '가짜 김일성'이야기는 특히 남한의 반공 정부에 잘 맞는 이야기였고, 오랫동안 북한의 정통성을 폄하할 때 사용되었다.

루머가 오래 지속된 것은 김일성의 성격 탓도 있었다. 그는 뻔뻔할 정도로 자기 홍보에 열심이었다. 평생에 걸쳐 그는 자신의 성과를 어처구니없을 정도로 과장했다. 김일성을 이해하는 열쇠는 "그의 엄청난 자존감"이라는 것이 그의 전기를 쓴 작가 중 하나인 브레들리 K. 마틴의 평가다. "그는 아주 일찍부터 그를 영웅, 천재, 위대한 인물이라고 칭송하는 사람들과 함께 있기를 선호했다."

김일성이 보천보에서 했다는 연설이 이를 잘 보여준다. 마을이 불타고 부하들도 죽거나 약탈중인 와중에, 그가 농부들 앞에서 위세를 떨 시간이 있었을까? 그와 오랫동안 함께 했던 빨치산 동료는 보천보 연설 이야기는 순전한 날조라고 주장한다. "그는 도망가느라 바빴다. 도대체 무슨 연설을 할 수 있었을까?"

자아도취와 넌센스는 사실이지만, 김일성은 참칭자는 아니었다. 사진과 정부 기록, 그리고 한국인과 중국인 그리고 러시아인 증인들의 기록 덕분에 이 젊은 게릴라 지도자가 바로 북한에서 권력에 오른 바로 그 젊은이(보천보 전투 때보다는 조금 더 나이가 들었고 살은 더 찐)라는 사실은 증명됐다.

그는 평양 주변의 한 마을에서 1912년에 김성주라는 이름으로 태어났다. 그의 아버지는 교사이자 한의사였고 일반적인 한국인들에 비해서는 더 교육받고 덜 가난했다. 그의 아버지는 미국 장로교 선교사들이 만든 성실 중학교에 재학했다. 평양은 당시 동아시아에서 가장 빨리 성장하는 기독교 사회였고 '동쪽의 예루살렘'이라고도 불렸다. 김일성의 어머니는 교육받은 기독교 집안 출신이었다. 김일성은 그의 회고록에서 부모 모두가 주기적으로 예배에 나가면서 그와 어린 동생 둘도 같이 데려갔다고 인정했다. 그의 아버지는 김일성에게 교회의 파이프 오르간 연주법도 가르쳐 줬다. 아직 중학생이던 김일성의 세계관을 다듬고 가족과 함께 만주로 도망치게 한 뒤 그를 완벽한 중국어를 구사하며 일본과 싸우기를 갈망하는 공산 게릴라 지도자로 만든 것은 종교나 선교사들의 가르침이 아니라 권력에 대한 갈망이었다.

일본은 1905년에 러시아 해군을 패배시키고 시어도어 루즈벨트가 제안한(그 덕에 노벨 평화상을 받았다) 평화협정을 받아들이면서 한반도를 완벽하게 지배하게 됐다. 이 협정의 뒷이야기는 결코 깨끗하지 못하다. 이것은 제국주의 국가들의 아시아 식민지 맞교환이었다. 일본은 미국의 필리핀 점령을 방해하지 않고, 미국은 한국과 19

세기 후반에 맺은 통상수호조약에도 불구하고 일본의 한반도 지배를 묵인했다.

김일성이 태어나기 2년 전인 1910년, 일본은 한국을 공식적으로 병합하고 한국인들에게 일본 문화를 받아들이도록 강요하기 시작했다. 이 때문에 수십만의 한국인이 아직 일본의 압제가 덜하던 만주로 피신했다. 만주 동부의 일부 지역에서는 한국인이 중국인보다 4배나 많았다. 김일성의 가족은 김일성이 7살이던 1920년에 만주로 이주했다. 그 해 일본은 만주 동부 지방의 한국 독립군을 말살하기 위해 병력을 파병했다. 일본은 3,600명 정도의 독립군을 사살했으나 그 과정에서 약 50만에 달하는 한국인 만주 거주자들을 분노케 했다. 그로 인해 만주에서 많은 이들이 중국 공산당에 지원하게 된다.

김일성은 아버지가 세상을 떠날 때 14살이었다. 3년 뒤, 그는 공산당 청년조직에 가입했다는 이유로 중학교에서 퇴학당하고 9개월간 투옥당했다. 긴 겨울을 감옥에서 보낸 그는 이름을 김일성으로 바꾸고 학교를 영원히 떠났다. 그는 과격하게 변했다. 1931년에 중국이 만주사변을 일으키자 그는 모스크바가 지원하는 중국 공산당에 입당했다.

그의 회고록과 북한의 공식 역사에 의하면 이 시점이 그가 혁명 이론가이자 군사 지도자로서 타고난 천재성을 발휘하기 시작한 때였다. 김일성은 조선인민군을 창건하고, 한국인 아동들에게 마르크시즘을 가르쳤으며 동부 만주지역의 항일 전쟁을 총괄하는 총사령관이 되었다. "나는 우리나라에서의 혁명은 우리 자신의 책임에 의해, 우리 민족의 노력에 의해서만 성공할 수 있고 혁명으로 인해 발생하는 모든 문제도 독립적이고 창의적으로 해결해야 한다고 믿었다." 김일성은 회고록에 이렇게 기록했다.

하지만 이것은 전부 날조였다. 만주에 조선인민군은 없었다. 퇴학당한 중학생은 마르크스 이론(중국어나 한국어로 적힌 책을 구할 수 없었다)을 읽을 수도 없었고, 남에게 그걸 가르칠 만큼 이해할 수도 없었다. 그는 만주에서 중국 반란군의 일원으로 일본과 싸웠다. 그는 거의 언제나 중국인들 휘하에 있었다. 그가 참가할만한 독립된 조선인 공산 빨치산 조직 자체가 없었다. 김일성은 혁명을 일으키기 위해 독자적으로 움직이지 않았다.

이 날조된 사실은 김일성과 그가 동원한 저술가들의 작품으로, 시간이 흐를수록 진실을 가리는 역할이 강화됐다. 국가에서 앞장서 짜맞춘 거대한 왜곡과 날조로 인해 김일성의 진짜 성과는 오히려 축소되고 가려졌다. 그의 가장 믿을만한 전기를 쓴 역사가 서대숙에 의하면, 증거를 충실하게 수집한 결과 김일성이 만주에서 벌인 전과는 그의 나이에 비하면 충분히 훌륭하다고 한다.

"성공적인 혁명가들이 다 그렇듯, 굳건한 의지와 집념은 인정할만하다." 서대숙은 이렇게 말한다. "그의 경력에서 가장 큰 오점은 바로 과장된 주장이다."

II

1937년, 김일성이 일본 경찰관들을 죽이고 전설이 됐을 때, 노금석은 볼이 통통한 5살 소년이었고 일본에서 수입한 세발자전거를 타고 다녔다. 그해 찍은 사진 속에서 세발자전거에 앉은 그는 빛나는 단추가 달린 두터운 모직 코트와 일본식 모자, 반바지, 무릎까지 올라오는 양말과 흰 신발을 신고 있었다.

그는 일본의 압제하에 신음하는 다른 한국인들과 비교하면 '상류층'이었다. 수십년의 식민 통치를 거치면서 한반도는 빠르게 산업화되지만 지극히 불평등한 경찰국가가 되어갔다. 한국인 5명 중 4명이 저임금 비숙련 노동에 종사했고 그 대부분이 소작농이었다. 식민 통치하에서 식량 생산량은 크게 늘었으나 대부분이 일본에 실려 가는 바람에 현지에서 구하기가 어려웠다. 2,400만에 달하는 한국인의 삶은 100만도 안되며 거의 전부가 편안한 사무직에 종사하면서 공장을 경영하거나 총독부의 행정직에 종사하는 일본 정착민들에 의해 지배됐다. 일본인들은 밤에도 밝은 도회지에 살았다. 이들에게는 전기, 가스, 상하수도가 모두 있었다. 대부분의 한국인들에게 이것은 그림의 떡이었다. 집에서 일본인들은 저임금에 시달리는 한국인 하인들의 청소와 요리를 즐겼다. 버스에서 일본인들은 한국인들의 자리를 빼앗았으며 가게에서도 종종 한국인들에게 인종차별적 언사를 일삼았다.

일본은 1937년에 중일전쟁을 시작하면서 통치 지역 내에서 원자재와 병력, 강제노동력, 매춘부들을 쥐어짜기 시작했다. 특히 일본은 한반도에서 가혹하게 나섰다. 한국인들의 민족적 특성을 말살하고 이를 "천황의 한없는 자비에 대한 무한한 감사"로 대체하려 한 것이다. 일본은 역사가들이 규정하는 "전체주의적 식민주의"로 전환하면서 "문화를 통째로 말살"하려 했다.

2차 세계대전이 발발할 때까지 한국인들은 언어와 문학, 종교, 심지어 이름까지 빼앗겨야 했다. 어린이들은 학교에서 한국어를 말하면 처벌받았다. '제국 동화정책'에 의해 수십만의 한국인 남성이 강제노동에 동원됐고 다른 많은 한국인들이 병력부족에 시달리던 일본군에 "지원당했"다. 수만명의 한국인 여성이 강제로 '위안부'에 동원되어 일본군의 성적 학대에 시달렸다.

문화적 말살에 더해 일본은 한반도에서 일본인 투자가들의 성장과 이익에 집중했다. 이를 위해 일본은 한반도에 첨단 인프라와 중화학공업을 이식했고 일본 재벌들이 값싼 땅과 풍부한 광물과 총독부 관료들을 이용할 수 있게 했다. 이들은 제철소, 화학공장, 비료공장, 여러 대형 수력발전소를 건설했다. 이 공장들과 항구들을 연결하기 위해 일본은 일본을 제외하면 아시아에서 가장 발달된 철도 인프라를 구축했다. 그로 인해 한반도는 1940년대에 개발도상국으로서는 최고 수준의 철도와 도로, 항만 인프라를 얻었다.

노금석은 그의 아버지가 노구치 상사에서 일했던 덕분에 통통할 수 있었다. 이 일본 재벌은 한반도의 수력발전소와 화학공장 대부분을 짓고 이것들을 철도로 연결했다. 노구치 재벌은 화학 기술자였다가 거부가 된 노구치 준(野口遵)이 창립했다. 그는 "반도의 기업왕"으로 불렸으며 그의 숭배자 중 하나는 "현대 미국이 콜럼버스의 발견으로 창조됐다면, 현대 조선은 노구치가 창조했다"고 적을 정도였다. 하지만 그의 성공은 그의 자본주의적 재능 못잖게 식민지 당국에 영향력을 행사한 덕이 컸다. 그는 총독부를 움직여 한반도의 주요 하천 개발 권리를 얻은 뒤 수력 발전소들을 건설해 그 전기로 화학공장을 가동했다. 1942년이 되자 노구치의 회사는 한반도에 투자된 자본의 1/4을 좌지우지했다.

일본의 기업들은 한국인들을 차별했으나, 동시에 제국이라는 열차를 늘 정확하게 운영할 현지 경영자도 필요했다. 노금석의 아버지 노재협이 바로 그랬다. 그는 말 그대로 수력발전소들에 건설자재를 공급하는 철도를 운영했다. 그는 이 일자리를 젊은 아내의 친척을 통해 얻었으나 일본인이 한국인에게 요구하는 모든 능력을 습득할 정도로 자기통제력이 강한 그는 그 일을 얻을 자격이 충분했다.

노재협은 1904년생이었다. 그 해에 일본 해군이 러시아 군함을 한반도의 항구들에서 쫓아냈다. 그는 일본의 식민통치가 강화되는 동안 성장했고 학교에서 서예와 펜글씨—일본인들이 매우 중시하던—로 상을 탔다. 가난한 7남매 사이에서 자란 그는 외국 선교사들이 운영하는 중학교를 졸업했다. 그가 졸업한 영상 중학교는 캐나다인 감리교 선교사가 만들었고 평양에서 김일성의 아버지가 다닌 학교와 비슷했다.

학교의 교사들과 그가 읽은 책들은 노재협을 친일적이고 친미적인 인물로 만들었으며 야구도 즐기게 했다. 그는 중학교 야구팀에서 두드러진 투수였고 노구치 재벌에서 일할 때에도 30대의 나이에 함흥시 야구팀에서 최고의 투수로 활약했다. 노금석이 찍은 사진중 하나에서 그는 열대 헬멧을 쓰고 야구 유니폼을 입은 아버지와 함께 이불 위에 앉아 있었다.

미국인 선교사가 한반도에 야구를 전래했으나 이를 한국인들에게 강요하다시피 한 것은 일본인이었다. 야구는 1930~40년대에 한국의 학교들에서 꽃피었으나 그 과정에서 한국의 역사와 언어, 문학은 사라졌다. 규율과 조직을 중시하는 야구라는 스포츠는 젊은이들을 한국의 전통에서 떼어내고 식민치하에 어울리는 순종적인 성인으로 키우는 데 안성맞춤이었다.

노재협은 야구를 익히고 일본의 식민통치를 피할 수 없는 현실로 받아들였다. 그는 아들에게 야구 글러브를 사 주고 일본어를 가르쳤다. 집에서 그는 노금석에게 1/3의 시간은 일본어를 말하게끔 했다. 만약 일본어를 능숙하게 익히고 학교에서 성적을 최고로 얻는 다면 도쿄 사립대학에 들어가 "진짜 일본인"이 될 수 있다는 게 노재협이 아들에게 하는 이야기였다.

노구치 재벌은 노금석의 아버지에게 후한 임금을 주었고 동시에 자주 전근시켰다. 노금석 소년은 17살이 되기 전에 한반도 북부에서 10개 도시를 전전했다. 회사에서는 대개 이들에게 공짜 전기가 들어오는 방 4개짜리 독채에 묵게 했고 면세 가격으로 판매하는 회사 전용 매점의 사치품도 살 수 있게 했다. 외동아들(누나는 그가 태어난지 얼마 안되어 사망했다)인 그는 언제나 자기 방이 있었고 아버지는 그 방에 언제나 공부할 책상과 라디오, 높은 책장을 넣어 주었다. 노금석 소년은 다른 한국인 아이들은 당시에 꿈에서나 볼 것들과 함께 자랐다. 호두, 색연필, 장난감 비행기, 사진, 살아있는 거북이, 수백장의 레코드판이 있었다. 그의 어머니에게는 미국제 싱어 재봉틀이 있었는데, 다른 한국인 주부들에게는 없는 보물이었다.

노금석의 아버지는 아침에 종종 "굿모닝"이라며 영어로 인사했고, 아들에게도 꼭 같은 인사를 하게 했다. 그가 아들에게 사준 몇몇 책들에는 미국 생활의 경이로운 면모가 소개되어 있었다. 값싼 차, 큰 집, 풍부한 식량, 거대한 대학 등이었다. 노금석은 집에서 일본어를 배워온 덕분에 초등학교에 입학할 무렵에는 이미 유창했다. 이것은 특히 1940년 이후 일본 식민 당국이 학교에서 일본어만 말하게 하면서 더욱 다른 아이들보다 앞서는 특기였다. 노금석의 일본 이름은 '오카무라 키요시'로, 1945년에 소련군이 쳐들어올 때까지 그가 답하는 이름이었다.

노금석의 아버지는 일본이 2차 대전에서 이길 것이라고 믿었고 학교에서 히로히토 일왕이 살아있는 신이라고 배운 노금석도 마찬가지였다. 그들은 노금석 소년에게 한국이라는 나라는 사실상 없다고 가르쳤다. 그들은 한국(조선)이 일본의 일부이며 그도 마찬가지라고 가르쳤다. 1944년, 그가 초등학교 마지막 학년이 되자 이 세뇌는 완벽하게 이뤄졌다. 노금석이라고 알려졌던 이 소년은 이제 태평양에서 해병대를 싣고 사이판을 공격하려는 미국 함대와 맞서 싸우고 싶어했다. 일본 정부는 한반도에서 가미카제 조종사로서 일왕과 일본을 위해 기꺼이 목숨을 바칠 젊은 조종 후보생을 모집하기 시작했다.

노금석은 정식으로 지원하기 전에 아버지의 동의가 필요했다. 노금석은 집에서 거실에 앉은 아버지를 찾았다. 그는 아버지가 일본에 대한 애국심과 용기를 찬양하리라 생각하고 물었다. 하지만 아버지는 듣자마자 이렇게 외쳤다.

"미국 군함에 자폭하고 싶다고? 미쳤어?"

당혹감에 정신을 차린 소년은 이때 처음으로 아버지의 일본 사랑에도 한계가 있음을 깨달았다. 아버지는 한국인 실용주의자이지 일본인 애국자는 아니었다. 일왕 때문에 목숨까지 바칠 생각은 없었다. 노금석의 자살적 열망은 녹아버렸다. 일본이 승리하리라는 확신도 마찬가지였다.

III

일본은 김일성의 목에 현상금을 걸고 그를 잡기 위해 토벌단을 벌인 뒤 만주의 빨치산 지도자들 중 현상수배 목록 1위에 올렸다. 하지만 그를 결코 잡지 못했다. 오히려 중국 공산당이 그럴 뻔했다. 그들은 만주에서 한국인들에 대해 벌인 마녀사냥의 일환으로 김일성을 체포했다. 비록 김일성은 살아남았지만, 1930년대에 거의 천명의 한국인 빨치산과 민간인들이 일본 경찰에 협력했다는 근거없는 혐의로 고문당하고 살해당했다. 중국 공산당은 한국인이 먹다가 밥을 흘렸다고, 밖에서 한숨을 쉬었다고, 일본 감옥에서 처형당할 때까지 기다리지 않고 탈옥했다는 등의 이유로 처형했다.

만주 동부에서 벌어진 이 기묘한 인종차별적 숙청—민생단 사건으로 불리는—은 한중 공산당의 합동 항일 전선을 거의 무너트릴 뻔했다. 무엇보다 이는 김일성의 마음 속에 편집증을 심었다. 게릴라 지도자이자 독재자로서, 그는 배신자를 절대 잊지 않고 용서하지 않았다. 오늘날까지도 유지되는 중국과 북한의 긴장된 관계는—의존하면서도 의심하고, 협력하면서도 경멸하는—한국인 동료들이 중국인들에 의해 고문당하고 살해당할 때 김일성이 느낀 감정에서 출발한다. 김일성은 이를 "광풍(狂風)"이라고 불렀다. "어제까지만 해도 빵과 침상을 나누던 동료들이 중국인들에게 무차별로 학살당했다."

민생단(民生團)은 일본 경찰이 "만주 마적들에게서 조선인들을 지키기 위해" 만든 작은 자경단이었다. 하지만 중국 빨치산들은 이를 일본이 한국인 스파이를 이용해 공산당을 토벌하려는 거대한 음모로 생각했다. 2년 반에 걸쳐 중국의 빨치산 지도자들은 동부 만주의 한국인들이 친일파라고 단정했다. 이 지역 인구의 대다수(김일성의 부모와 한반도에서 쫓겨난 다른 수십만을 포함해)가 한국인인 만큼, 체포하고 심문해 고문하고 살해할 사람은 넘쳐났다.

이 숙청으로 한국계의 고위 게릴라 지도자 대부분은 죽거나 도망쳤다. 1934년에 체포된 김일성은 중국어를 잘 하는데다 중국 공산당 수뇌부에 친구가 있어 간신히 살아났다. 게다가 나이가 22세에 불과한 그는 일본 스파이로서는 너무 어리다고 여겨졌다.

김일성은 회고록에서 당 집회에 나가 중국 공산당에게 숙청을 그만하라고 설득했다고 적었다.

"동지들, 인민의 숙명을 걸고 도박하지 맙시다." 그는 중국인들에게 이렇게 말했다고 주장한다. "민생단 소속이라는 누명을 쓰고 죽은 수천명의 동포들의 명예를 회복하는 유일한 길은 이 말도 안되는 학살을 중지하고 모든 노력을 항일투쟁에 집중하는 거요."

학자들은 김일성이 이 집회에 나가기는 했는지도 의심하고 있다. 하지만 1930년대 중반에 중국 공산당이 이 숙청으로 인해 항일 투쟁에 문제가 생긴다는 사실을 깨달을 무렵에 김일성이 중요한 한국계 게릴라 지도자가 되었음에는 학자들도 동의한다. 그는 당시까지 현지에 남아있던 유일한 한국계 게릴라 지도자였던 것 같다.

김일성은 배신자로 낙인찍혀 체포됐던 수백 명의 한국계 주민들로 구성된 새로운 게릴라 조직을 만들었다. 외딴 곳의 중국 게릴라 기지에서, 그는 이들 수백 명을 석방한 뒤 이들의 범죄 기록을 불살랐다. "종이 꾸러미가 불에 타자(몇 년 동안 혐의를 받던) 많은 남녀들이 눈물을 흘렸다. 그들은 나를 이해했다." 김일성은 이렇게 기록했다.

이 게릴라들을 구한 덕분에 김일성은 그를 평생 추종할 뿐 아니라 북한을 창조하고 통치하는 데 도움을 줄 핵심 지지자들을 얻게 됐다. 민생단 혐의자들—그리고 만주의 공산당 거점에서 구출한 스무 명의 한국계 고아들—은 자신들의 목숨을 구한 김일성을 "어버이 지도자"로 모시게 되었다. 그들은 만주에서 그와 함께 일본과 싸우고 나중에 북한에서 그를 도와 북한을 통치하게 된다. 그가 구출한 고아 중 네 명은 네 곳의 북한 학교에서 교장이 되어 미래의 북한 엘리트들에게 위대한 독재자를 숭배하고 그를 위해 뭐든 할 수 있게 가르친다.

1934년 이후, 만주에서의 항일운동에 힘이 실린다. 중국과 다시 함께 싸우면서 김일성은 그의 악명을 높일 공격들을 실시했다. 보천보 전투에 더해, 그의 부하들은 눈덮인 산 속에서 흰 천을 덮고 매복한 뒤 일본군을 유인해 공격했다. 그들은 27명의 일본군 장교와 병사들을 죽이거나 포로로 잡았다고 주장한다.

김일성은 항일운동이 "사랑과 신뢰와 단결"에 기초했다고 회고록에서 주장한다. 지선옥이라는 이름의 여성 일본 밀정은 거의 1년을 김일성과 그 부하들과 함께 지냈는데, 그에 의하면 김일성은 공격과 후퇴 사이에도 국제 공산주의와 애국심에 대해 끊임없이 설교하는 진심으로 이념적인 지도자였다.

하지만 얼어붙은 만주 황무지에서 사랑과 이념만으로 먹고 살 수는 없었다. 김일성은 부하들을 입히고 먹이기 위해 아편 농부나 인삼 농부들에게 보호비를 뜯었다. 그는 중국과 한국인 지주들에게 협박과 유괴, 살인 등을 일삼았다. 그의 부하들은 마을을 습격한 뒤 젊은이들을 강제로 입대시키고 몸값을 뜯었다.

"내일 정오까지 (돈, 옷, 식량 등을) 가져오지 않는다면, 유괴된 자들의 귀를 잘라서 돌려보내겠다. 3일 내에 요구를 듣지 않으면 머리를 잘라서 돌려 보내겠다." 이들은 만주의 한 마을에 이런 협박장을 보내기도 했다. 김일성은 매일같이 식량을 조달하는 과정에서 수단이 목적을 정당화하는지 따진 적이 없다. 그는 신념을 가진 깡패가 되었다. 하지만 폭력은 아무리 심해도 충분하지 않았다. 만주의 일본군은 너무 많고 화력도 엄청났다. 김일성이 강제로 끌고 온 젊은이들 중 공산주의 혁명이나 곧 한반도가 해방될 거라는 김일성의 설교를 믿는 자는 거의 없었다. 대부분은 기회가 생기면 잽싸게 탈영했다. 1930년대 후반이 되자 게릴라 전쟁은 실패했다. 김일성은 소련 블라디보스토크로 탈출해 안전을 도모하려 했고 도착하자마자 체포됐다.

IV

2차 세계대전이 끝나자 노금석의 안락한 아동 시절도 끝났다. 1945년 8월, 미국이 히로시마와 나가사키에 원자폭탄을 투하하자 일본은 항복했고 소련 병사들이 새로 생긴 북한으로 진입했다.

노금석은 소련 제25군의 병사들이 트럭을 타고 들이닥칠 때 중국과의 국경에 가까운 도시인 강계의 노구치 상사 사옥에 부모와 함께 살고 있었다. 이들은 약탈자들이었다. "우리 부하들의 규율 위반은 지독하다." 한 소련군 장교는 이렇게 적었다. 이들은 폐허가 된 유럽에서 소련군에게 징집되었다. 몇몇은 한국인이 인종적으로 열등한, 정복당한 적이라고 여겼다. 일본인들이 재빨리 항복하거나 남쪽으로 도망가자, 대부분이 무지한 소작농 집안의 젊은이들인 소련 병사들은 몇주일에 걸쳐 음주와 약탈, 강간을 즐겼다.

노금속은 이들이 강계에서 상점을 약탈하면서 특히 손목시계에 집착하는 것을 목격했다. 병사들은 팔에 시계를 여러 개 찼지만 시간을 맞추거나 태엽을 감는 데는 거의 신경쓰지 않았다. 이들은 알코올이라면 뭐든 덤벼들었다. 노금석은 이들이 부동액을 마시고 토하는 것도 목격했다. 그는 이웃들에게 소련 병사들이 집에 쳐들어와 아낙네들을 닥치는 대로 가족들 앞에서 강간했다는 이야기도 들었다. 북한에서 이는 일상적인 일이 되었다. 공포에 질린 여성들은 강간을 피하려 남자로 위장하고 다니기 시작했다. 소련군은 강간범을 총살하기도 했으나 흔한 일은 아니었다. 곧 체계적인 대규모 약탈이 시작됐다. 병사들은 곡물, 목재, 공장 기계, 비료들을 열차에 실어 소련으로 보냈다. 노금석의 집에서 멀지 않은 곳에는 일본군이 지은 수십곳의 2층짜리 벽돌 창고에 소련군이 약탈한 군복, 장화, 의약품, 쌀, 속옷 등이 가득 쌓였다.

소련군이 점령한 뒤 노씨 일가에는 식량을 살 돈도 없었다. 그의 아버지는 여전히 철도를 관리해야 했으나 거의 급여를 받지 못했다. 노구치 상사의 회사 매점은 다 털렸다. 소련군은 이제는 미군이 점령한, 외국이나 다름없게 된 38선 이남의 서울에 있는 노구치 본사 사무실과의 전화와 우편 연결을 끊어버렸다. 먹고 살기 위해 노씨 일가는 상류층의 삶을 상징하던 재봉틀, 축음기, 레코드 등을 모두 팔아버려야 했다.

노금석은 부모들에게 소련군을 멀리하라고 배웠다. 하지만 그는 일본군 창고를 배회하는 소련군을 염탐하면서 이들이 술을 위해서는 뭐든 거래한다는 사실을 깨달았다. 그들은 특히 한국 소주를 좋아하는 듯했다. 노금석의 아버지는 집에 소주를 댓병으로 가지고 있었다. 어느날 아침, 노금석 소년은 작은 병에 이걸 나눠담아 소련군에 대한 우정의 징표로 삼기 위해 가지고 나갔다. 정문의 보초는 그를 수상하게 여겼다. 그는 이를 소년 노금석의 입에 들이밀고 강제로 마시게 했다. 독이 들지 않았음을 확인하고 만족한 보초는 그를 연병장으로 데리고 갔다. 그곳에는 소련군 부사관 열댓명이 테이블 둘레에 모여앉아 삶은 닭과 흑빵을 먹고 있었다. 그들은 술 선물을 반가워하면서 이 소년에게 당시 한 달 월급과 맞먹는 값의 일본군 가죽 장화 한 켤레를 답례로 주었다.

이 창고에서 노금석은 인근의 주민들이 소련군 트럭에 장화나 기타 물건들을 싣는 것을 도와주는 것을 목격했다. 그는 어떻게 하면 그 일을 할 수 있는지 물었다. 동트기 전에 줄서서 기다려라. 그것이 답이었다. 그는 다음날 아침에 그곳에 줄을 선 사람들 중 가장 어리고 작았다. 그는 재미있어하는 소련군들 앞에서 자기 이두박근을 자랑한 뒤 일본군 물자 약탈을 돕기 위해 선택된 20명의 한국인 중 하나가 되었다. 그가 받은 보수는 특히 넉넉했다. 하루 일이 끝나자 소련군은 노금석 소년에게 장화 두 켤레와 쌀 백 파운드(약 45kg), 양말 스무 켤레를 주었다. 그와 다른 한국인들은 옷 속에 감추고 걸을 수 있는 한도 안에서 최대한의 속옷을 훔쳤다. 그는 집에 속옷 상하의를 다섯 벌씩 가져갔다. 예상치 못한 보너스는 점심이었다. 이것은 노금석의 첫 러시아 음식이었다. 버터, 치즈, 살라미였다. 다음날 아침, 그는 다시 줄을 섰고 그 날 큼직한 쌀 한 자루는 물론 몇 년치에 해당하는 장화와 속옷을 챙겼다. 3일차가 되자 소련군을 도와서 생기는 이득의 소문이 퍼지자 일하겠다는 사람들이 자정부터 장사진을 이뤘다. 거의 폭동이 일어났다. 십대 청소년들은 창고의 담장을 넘으려 했다. 노금석의 이웃 중 하나는 다리에 총을 맞고 불구가 되었다.

1945년 10월이 되자 강계와 나머지 북한 지역의 무법천지는 스탈린이 소련 점령군 사령부에게 "군법을 철저하게 지키고, 현지 주민을 자극하지 말고, 적절하게 처신하라"는 명령을 내리자 진정되었다. 이 명령은 소련군의 도착으로 삶이 황폐화된 노금석의 부모가 소련군을 야만인 취급하는 시각을 바꾸기에는 너무 늦게 떨어졌다. 그 뒤 2년에 걸쳐 약 200만의 한국인이 집과 재산을 버리고, 때때로 걸어서 소련 점령지를 빠져나가 미군 점령지로 향했다.

연금이 사라질 것을 우려한 노금석의 아버지는 서울로의 여행을 감행했다. 회사 동료 여섯명과 함께 그는 38선에서 가장 가까운 역까지 기차를 타고 간 뒤 안내인을 고용해 남쪽으로 들어갔다. 서울에 있던 노구치 상사의 사무실은 텅 비어있었다. 연금은 사라졌다. 아버지는 서울을 돌아다니면서 미군들의 모습에 감명받고 이를 아들에게도 이야기했다. 그들은 깔끔하고 잘 입었으며, 특히 강계에 있던 소련군에 비하면 훨씬 얌전했다. 그는 아들에게 미제 칫솔과 새로운 남쪽 지도자인 이승만의 포스터를 가져다 주었다.

노금석의 아버지는 남한의 모습을 마음에 들어했으나 가족을 데리고 넘어갈 자신은 없었다. 그는 아직도 사옥에 살고 있었고 철도 업무를 맡고 있었다. 그는 남쪽에서 직업을 얻을지 자신이 없었고 가족이 여전히 혼란스럽고 파업이 잦은 남쪽에서 굶주릴까봐 걱정했다.

그들은 그래서 강계에 남았다. 노금석은 그곳에서 중학교에 진학했고, 아버지를 따라 그의 반에서 가장 미국을 좋아하는 아이가 되었다. 얼마 동안 소련군은 표현의 자유를 어느 정도 학교에서 용인했는데, 사실 공산주의 교육과정을 이수한 교사 자체가 거의 없기도 했다. 노금석은 영어에서 A를 받았고 축구 코치이기도 한 데다 강한 반공 성향을 가진 영어교사와도 친했다. 이 교사는 곧 해고된 뒤 남한으로 이주했고, 그곳에서 군에 복무했다.

학교도 점점 변했다. 노금석은 조선민주청년동맹, 즉 공산당 조직에 가입해야만 했다. 교사들은 종교를 몰아내려 했고 노금석도 교사들의 지시에 따라 "신은 없고, 신비로운 것도 없으며 인생의 비밀도 없다. 누구나 모든 것을 알 수 있다"는 구절을 읊어야 했다. '인민'이라는 제목의 정치과학 과목에서 교사는 미국이 가난한 나라라고 가르쳤다.

노금석 소년은 종교가 사기라는 사실은 받아들일 수 있었지만 미국이 가난하다는 사실은 절대 믿을 수 없었다. 그가 생생하게 기억하는 그림책 속에서는 캘리포니아인 부부가 일요일 오후에 거대한 차를 몰고 드라이브에 나섰고, 강아지 한 마리가 그 차의 창밖에 머리를 내밀고 바람을 만끽하고 있었다. 그 개가 노금석 자신보다 잘 살았다. 다른 책에서는 한 일본인 밀항자가 미국에서 배를 내린 뒤 부자가 되었다. 강계에서 그는 미국인 선교사의 집도 본 적이 있다. 그 집은 크고 사치스러웠으며 당시 한국에서는 보기 드문 수세식 변기가 있었다. 노금석은 미국이 천국이고 선생들은 거짓말쟁이라고 믿었다. 13살 나이에 그는 미국으로 도망갈 꿈을 꾸기 시작했다.

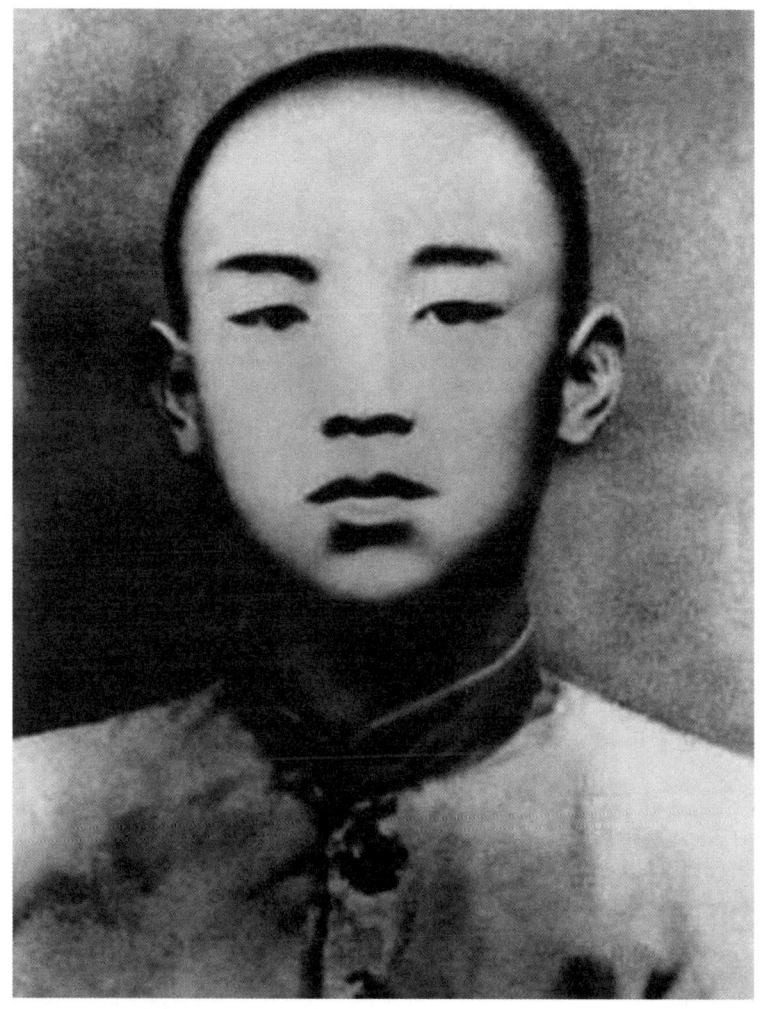

14세의 김일성. 1926년. 아직 만주에서 재학중일 때의 사진. 회고록에서 김일성은 이 때 '공산당 선언'
을 읽었다고 주장한다. 역사가들은 대부분 믿지 않는다.

1926년, 만주에서 중국 옷을 입은 김일성(앉은 인물). 이 사진은 그가 중학교에서 반일활동을 하다 쫓겨나기 직전에 찍은 것이다.

1940년대 만주에서 일본에 맞서 싸운 게릴라였던 김일성과 첫 번째 부인 김정숙, 그녀는 김일성을 따라 그곳으로 갔고, 그곳에서 결혼했다.

1930년대 후반 만주에서 김일성. 항일 게릴라 지도자로서 많은 사람들에게 전설이 되었다.

김일성과 아내, 그리고 1942년에 소련군 기지 안에서 태어난 아들 김정일. 김정일은 1994년에 아버지의 뒤를 이어 북한의 지도자가 된다.

눈 덮인 만주에서 유격대를 묘사한 선전용 그림 속의 김일성. 1941년 부대는 일본군에 의해 궤멸되었고 그는 소련으로 도망쳤다.

김일성은 1994년 82세로 사망할 때까지 독재자로 군림했다. 시기를 알 수 없는 이 사진에서 김일성은 혁명의 성지로 취급되는 백두산에서 포스를 취했다.

'위대한 독재자'의 손자 김정은이 2014년 3월에 공군기지를 방문했다. 김정은은 2011년 12월에 아버지 김정일이 죽자 3대째 독재자가 되었다.

2장

푸들과 참칭자

I

1945년 9월, 김일성은 유명한 해방자로 귀국한 것이 아니라 아무도 모르는 소련 군인으로 한국에 돌아왔다. 그는 대위 계급에 불과했고 소련 군복을 입었다. 지켜야 할 전설이 있었기에 그는 이 모습이 자기 동포들에게 어떻게 비칠지 우려했다. 그는 또 소련의 상관들이 자신과 그 부하들에게 일본군을 한반도에서 몰아내는 데 눈에 띄는 전과를 올릴 만한 임무를 주기를 원했다.

"소장님, 제발 우리 항일 빨치산들이 해방전쟁에 참전한 것처럼 보이게 해 주시기 바랍니다." 그는 소련 점령군의 수석 정치장교인 니콜라이 레베데프 소장에게 이렇게 애걸했다고 전해진다.

레베데프는 이를 거절했고, 김일성은 소련군이 일본군을 몰아내고 평양에 입성할 때에도 여기 합류하지 못했다. 김일성이 식민 통치를 끝냈다는 명분을 얻어 소련의 통제권 밖에서 지지 기반을 쌓는 것을 싫어한 스탈린이 직접 이렇게 명령했다는 설도 있다.

그래서 김일성은 명령대로 했다. 그는 소리소문 없이 귀국했다.

60명의 한국인 부하들과 함께 김일성은 육로로 귀국하려 했다.

하지만 압록강의 교량은 폭파된 뒤였다. 그래서 그의 일행은 다시 블라디보스토크로 간 뒤 소련 해군함정인 푸가체프호를 타고 원산항에 조용히 내렸다. 한 식당의 2층에 숙소를 마련한 김일성과 그 부하들은 국수 한 그릇과 함께 조국에서의 첫 날을 보냈다. 이는 한국계 소련군 장교로 김일성과 함께 행동한 뒤 나중에 북한군 작전참모가 된 유성철의 증언이다.

국수를 먹은 뒤 김일성은 부하들에게 최대한 눈에 띄지 말라고 명령했다. 술에 취하지도 말고, 말썽을 일으키지도, 짜증을 내지도 못하게 했다. 만약 무슨 임무로 왔냐는 질문을 받으면 김일성의 성대한 도착을 준비하기 위한 선발대라고 답하라고 했다. 그는 이들에게 김일성의 "나이, 출생지, 경력" 등을 절대 이야기하지 말라고 했다. 유성철은 당황했으나 나중에 김일성이 "단지 초라하고 소박한 그의 귀국 실상을 감추려던 것뿐"이라는 결론을 내렸다.

나중에 북한의 선동가들은 더 그럴듯한 스토리를 지어냈다. "김일성 장군은 항일 투사들을 이끌고 용맹하게 귀국했다… 조선 인민들은 그들의 행복을 표현할 적절한 단어를 찾기 힘들 정도였다. 조선 전국의 모든 마을과 도시에서 장군님을 감싸고 흥에 겨워 춤을 출 정도였다."

하수인들을 동원해 한반도의 북부를 소련식으로 바꾸려는 스탈린에게 명령에 충실한 김일성은 이용할만한 가치가 있었다. 비록 소련의 푸들이 되는 것이 한국인 해방투사로서의 명성에는 흠이 될 수 있었지만, 동시에 그의 건강과 가족, 경력에는 큰 도움이 되었다.

스탈린은 일본군을 피신해 도망갔다 잠시 체포된—소련 극동지방에 머물던—김일성에게 1941년부터 투자를 베풀기 시작했다. 김일성의 가치를 재빨리 간파한 소련군은 그에게 거처와 편의를 제공하면서 동시에 이념화 교육을 실시했다. 2년에 걸쳐 그는 하바로프스크 보병 장교학교에 재학했다. 그 뒤 그는 하바로프스크에서 북서쪽으로 약 80km 떨어진 숲 속에 있는 군 기지에서 대위로 승진했다. 그곳에서 그는 만주의 일본군에 대한 정보를 수집하는 600명 규모의 다국적 부대인 제88 보병여단의 1대대장으로 부임했다. 하지만 김일성은 야전에서 많은 시간을 보내지는 않았다. 여러 해 동안 만주에서 게릴라 지도자로 추위와 허기, 스트레스에 시달리면서 그의 건강은 크게 악화됐다. 그는 "마르고 약했으며, 아마도 감염성 악성 비염 때문인지 늘 입을 벌리고 있었다." 당시 그와 군대 동료였던 유성철은 이렇게 기억한다.

소련군 기지에서 지난 5년 동안 김일성의 건강은 호전됐고 체중도 늘었으며 가족도 꾸리기 시작했다. 그는 7년 어린 부하 빨치산이자 16살 때 음식 만드는 역할로 그의 게릴라 부대에 지원한 김정숙과 결혼했다. 김정숙은 빨치산들이 먹을 음식을 구하다 일본군에 체포된 일도 있었다. 석방된 그녀는 김일성을 따라 소련으로 건너갔다. 그녀는 소련에서 김정일을 포함한 두 아들을 임신했으며 사망한 뒤 "혁명직 불멸의 존재"가 되어 그녀의 맏아들 및 남편과 함께 북한의 "신성한 3인방"이 되었다(북한의 김정일 공식 전기에 따르면 김정일은 한반도 혁명의 성지인 백두산 기슭에 있는 비밀 게릴라 기지에서 태어났다. 김씨 일가의 전설에 따르면 여기서 김일성이 항일 투쟁을 승리로 이끌었다).

소련군 휘하에서 김일성은 마침내 정치적, 그리고 군사적인 훈련의 기회를 얻었다. 그는 소련 상관들의 마음에 들기 위해 노력했고, 소련인들은 그를 유능한 지도자이자 과음을 용납하지 않는 원칙주의자로 평가했다. 비록 그는 주둔하던 소련군 기지 내에서 가장 계급이 높은 한인은 아니었으나 가장 영향력이 강했다.

김일성의 귀국 후에도 그를 북한에 새로 만들어질 소련 위성 정부에 중요한 직책에 앉힐 계획은 없었다. "우리 중 누구도 김일성이 북한의 새 지도자가 되리라고는 예상하지 못했다." 유성철은 이렇게 말한다.

김일성은 1945년 가을에 평양에 도착하자 기회를 잡았다. 소련이 준 평양의 경찰 책임자 역할에 안주하는 대신 김일성은 자신의 빨치산 친구들을 공안 관련의 중요 직책에 앉히기 위해 동분서주했다. 그들은 곧 북한의 모든 중요한 군과 경찰 기관들을 지배하게 됐고, 김일성에게 든든하고 잘 무장한 권력 기반을 제공했다. 이 작업을 서두르기 위해 김일성은 북한과 일본 매춘부들을 고용해 레베데프 소장을 비롯한 소련 장성들에게 질펀한 술잔치를 잇따라 대접했다.

소련군은 한국인들에게 신뢰가 있는 현지의 지도자를 원했지만 김일성은 그들의 첫 번째 선택이 아니었다. 그 대신 이들은 북한 지역에서 가장 신뢰받고 유명한 정치 지도자 조만식을 원했다. 전직 학교 교장인 조만식은 62세의 독실한 감리교 신자였다. 일부는 그를 한국의 간디라고 불렀다. 일본의 일류 대학에서 변호사로 교육받은 그는 전쟁 기간중 창씨개명을 공공연하게 거부하면서 유명해졌다. 소련군은 조만식과 1945년 가을에 여러 차례 만나 새로운 정부의 형태에 대해 논의했다. 그들은 조만식에게 북한의 국가원수 자리를 약속하는 대신 배후에서 그를 조종하려 했다. 하지만 조만식은 공산주의자도 아닌데다 새로운 정부가 소련의 조종을 받게 하고 싶지 않았다. 그는 자존심이 강한데다 완고했고, 회의에서도 가장 중요한 인물 취급을 받기를 원하면서 소련 장성들을 화나게 했다. 하지만 소련군은 한국 내 정치의 모든 중요한 전통의 상징과도 같은 조만식과 함께 일해야 한다고 느꼈다. 그는 집안도 좋고, 교육도 잘 받은데다 존경받고 나이도 많았다. 9월 하순의 어느날 저녁, 소련군은 김일성을 초대해 어떻게 조만식을 합리적으로 설득할 수 있을지를 논의했다. 이들의 모임은 매우 비싼 요정인 화방에서 이뤄졌으나 조만식을 설득하는 데는 실패했다. 하지만 김일성이 여기 불려왔다는 것은 소련이 서서히 누구에게 판돈을 걸지 마음을 바꾸기 시작한 징조였다.

소련군은 곧 조만식을 포기하고 김일성을 밀기 시작했다. 이를 공식화하기 위해 1945년 10월 22일에는 평양의 한 운동장에 수만 명의 군중을 모이게 한 뒤 레베데프 소장이 김일성을 국민적 영웅이자 "뛰어난 게릴라 지도자"라고 소개했다. 김일성의 연설문—소련 제25군의 정치부에서 러시아어로 작성한 뒤 한국어로 번역된—은 마르크시즘 용어로 가득했고 이를 듣는 한국인들은 대부분은 이해할 수 없었다.

김일성을 지도자처럼 보이게 하기 위해 한 소련군 소령이 그에게는 너무 작은 푸른 양복을 빌려줬다. 김일성은 넥타이를 맨 적이 없었고, 한 소련군 대령이 넥타이 매는 것을 도와줬다. 그의 옷깃에는 소련의 훈장인 전투 참전 휘장이 달려있었다.

청중들은 저설적이 김일성과 그가 만주에서 일본군을 상대로 벌인 영웅담에 대해 잘 알았다(혹은 잘 알고 있다고 믿었다). 그들은 워낙 오랫동안 김일성에 대한 환상적인 이야기들을 들었기 때문에 당연히 그가 조만식처럼 희끗한 머리에 옷도 잘 입고 눈에 잘 띄며 유창하게 연설할 것이라고 예상했다. 단상에 올라 짜증내듯 말을 내뱉는, 꽉 끼는 옷 때문에 불편해 하는 젊은이는 그들의 예상한 김일성과는 너무나 달랐다.

"김일성은 미숙한 젊은이로 보였고, 원래 나이인 서른 셋보다도 어려보였다." 유성철은 회고했다. "나는 내 옆의 한 여자가 '저거 김일성 아냐. 어떻게 저럴 턱이 있어?' 라고 하는 것도 들었다."

현장에 있던 조만식의 개인 비서도 이렇게 말했다. "그는 좀 까무잡잡했고 마치 중국집 급사같은 머리를 했다. 이마 위의 머리카락은 한 3cm쯤 늘어져 있었고, 마치 경량급 권투 챔피언중 하나처럼 생겼다."

"저거 가짜야!" 운동장에 모여있던 모든 이들은 충격적일 정도의 불신과 실망, 분노를 느꼈다.

군중들의 분위기가 급변하는 것에도 아랑곳하지 않고 김일성은 단조롭고 평이하며 오리와도 같은 목소리로 소련군의 영웅적인 투쟁에 대해 연설했다. 그는 특히 소련과 온 세상의 압제 받은 이들의 친구인 스탈린 원수에 대해 찬양을 아끼지 않았다. 현장에 있던 사람들 모두 그 시점에서 김일성 장군에 대한 존경과 희망을 완전히 접었다. 그의 나이도 문제였지만 다른 공산주의자들과 마찬가지로 단조로운 내용만을 반복하는 연설 내용 때문에 사람들은 금방 지루해졌다.

연설이 끝나자 소련군은 문제가 생겼음을 느꼈다. 김일성의 행동은 오히려 조만식의 위상을 높였다. 하지만 결정은 내려졌다. 김일성은 옷 잘못 입은 웨이터처럼 보였지만 연설마다 스탈린을 칭송했다. 그는 소련 장군들을 위해 기생을 불렀다. 그야말로 소련의 꼭두 각시가 되기에 충분했다.

소련군은 김일성을 홍보하기 위해 김일성의 게릴라 경력과 권위를 알리기 위한 대대적인 선전에 나섰다(1946년 2월 4일에 조만식은 항의의 뜻으로 소련이 만든 자치기구의 수반에서 물러났고, 곧 체포된 뒤 사라졌다. 그는 아마도 한국전쟁 직전이나 그 와중에 총살된 듯하다).

김일성의 이미지를 관리하는 책임자들은 곧 평양에서의 그의 첫 연설의 모습을 지워나갔다. 그는 당시 했던 연설문을 새로 써서 전혀 다른 문장으로 바꿔버렸다. 사진도 수정됐다. 연설중 그의 뒤에 있던 소련 장군들은 사라졌고 가슴에 있던 소련 훈장도 사라졌다. 그가 용맹하게 한국으로 귀국하는 모습을 담은 유화에 러시아인들의 모습은 없었다. 공식 전기에 의하면 "사람들은 김일성의 용맹한 모습에서 눈을 뗄 수 없었다". 그리고 이들은 "위대한 독재자에 대한 끝없는 사랑과 존경으로 환호했다".

II

노금석은 곧 수많은 김일성과 스탈린의 모습을 보게 된다. 학교에서, 거리에서, 모든 신문에서 젊은 북한 지도자와 늙은 소련 독재자의 모습을 피할 방법은 없었다. 처음 배포된 사진과 포스터와 간판에서 김일성은 마른 얼굴에 서구식 코트와 넥타이를 메고 있었다. 그 뒤 시간이 지나면서 더 많은 포스터가 도시를 뒤덮자 그의 얼굴에 살이 붙었다. 김일성의 복장은 중국식 인민복으로 바뀌었고 노동자와 농민들과 포즈를 취했다. 신문에서는 그가 소련 극동지역에 얼마나 있었는지와 그가 소련군 대위였다는 사실, 그리고 조만식의 행방을 말하지 않았다.

다른 많은 한국인들과 마찬가지로 노금석과 그의 아버지는 김일성을 가짜이고 잠시만 그 자리를 차지할 인물이라고 여겼다. 그들은 곧 한반도가 조만식 같은 원로들에 의해 민주적인 정부로 통일될 것이라고 믿었다.하지만 김일성을 칭송하는 홍보는 갈수록 치열해졌다. 가짜든 진짜든 김일성은 소련이 고른 지도자가 되었다. 정부에서 김일성의 전설적 업적을 칭송하는 노래를 만들자 그대로 북한에서 가장 인기있는 노래가 되었다. 노금석을 포함한 모든 학생들은 이를 마음 깊이 새겨야 했다.

누구도 따라갈 수 없는 빨치산은 누구?
영원히 명성이 빛날 애국자는 누구?
그 어느 때보다 번영하고 자유로운 조선에서,
장군님의 영광스런 이름은 우리에게 소중하다네.
친애하는 김일성 장군님의 명성은 영원하리라.

1947년에 노금석의 아버지는 위암 진단을 받았다. 의사들이 일제시대에 지어진 병원에서 그를 수술했으나 가족들에게 곧 재발할 것이라고 경고했다. 노금석의 부모는 항구도시 흥남으로 가족이 이사가기로 결정했다. 이제 15살이 된 노금석은 가족들에 앞서 1947년 가을에 고등학교 진학을 위해 흥남으로 옮겨왔다. 그의 부모는 다음 해 봄에 함흥으로 이주했다. 몇 달에 걸쳐 노금석은 이모 및 이모부인 유기은—김일성을 떠받드는—과 함께 지냈다.

노금석은 이모와 이모부가 그의 부모보다 가난하다는 사실을 빠르게 깨달았다. 그들은 자신들과 네 자녀가 먹을 식량을 구하는 데도 애를 먹었다. 그는 너무 많이 먹거나 이모부를 화나게 하지 않으려 했다. 그는 이승만이 그려진 포스터를 감췄지만 이모부는 이를 찾아내고 그를 꾸짖었다. 이모부가 김일성의 천재성에 대해 찬양할 때 노금석은 동의하는 양 고개를 끄덕여야 했다.

이모부 유기은을 만족시키는 것은 도움이 됐다.

노금석은 이 사실을 고등학교 진학을 시도했다 실패하면서 깨달았다. 그는 강계에서 아주 모범적인 중학생이었고, 그와 부모는 새로운 고등학교에 쉽게 진학할 수 있으리라고 믿었다. 하지만 학교를 옮기는 것은 식민지로부터 새로운 체제로 전환하는 북한에서는 어려운 일이었다. 당국이 주민의 이주를 꺼렸기 때문이다. 노금석이 흥남 제1고등학교에 추천서를 제출했지만 곧 거절당했다.

3개월 뒤 이모부가 새로운 아이디어를 내놓았다. 조카가 교장과 교사들에게 강한 학구열을 보여 감동시키자는 것이었다. 매일 아침 조회 시간에 노금석은 강당에 나와 하루 종일 서서 배움을 갈망하는 모습을 보여야 했다. 이게 먹혔다. 3일차에 부교장은 노금석을 불러 학습을 향한 그의 용기를 칭찬했다. 노금석은 다음날부터 고등학교를 다녔다. 유기은은 기뻐하며 자기 조카가 "진정한 공산주의자"가 됐다고 믿는 듯했다. 유기은은 조카에게 학교에서 벌어지는 모든 반공주의 움직임을 밀고하라고 말했다. 노금석은 밀고자는 되지 않았으나 교사들이 미국에 대한 칭찬에 매우 부정적이라는 사실을 눈치챘다. 그는 일어나 영어를 최대한 피하고 러시아어를 배우기 시작했다. 김일성이 갑자기 흥남을 방문해 비료더미 위에서 연설할 때 노금석 소년은 열광적으로 보여야 한다는 사실을 잘 알았다. 그는 뛰어난 거짓말쟁이가 되었다.

비료더미 위의 연설이 있은 지 몇 주 후, 노금석과 부모님은 흥남으로 향했다. 그들은 돈이 부족했다. 노금석의 아버지가 위암이 재발했기 때문에 일을 할 수 없었다.

III

김일성이 다른 정치가들보다 우세한 것은 북한을 지탱하기 위한 돈과 무기를 공급하는 모스크바가 그의 편이라는 것이었다. 모스크바와의 관계를 강화하기 위해 김일성은 스탈린을 세계 혁명의 위대한 독재자이자 인류의 태양이라고까지 칭송했다. 윗사람들에게 아부하는 재능만큼이나 김일성은 아래에서 뭐가 벌어지고 있는지 느끼는 본능적 직감이 있었다. 농부들의 불만이 쌓이자 김일성은 이를 자신의 권력으로 바꾸는 재능을 발휘했다.

평양에서의 실망스런 연설 뒤 5주가 지나자 김일성은 압록강변의 접경 도시인 신의주에서 기회를 포착했다. 1945년 11월 23일 이른 오후, 소련군 병사들은 북한 보안군과 함께 발포해 100명의 학생을 사살하고 약 700명에게 부상을 입혔다. 소련군은 전투기까지 불러 군중에게 기총소사를 가했다. 이 학살은 소련군 주둔 이후 가장 규모가 큰 반공 운동을 중지시켰다.

시위의 시발점은 한 중학교의 교장이 체포된 것이었다. 소련군은 지원을 줄이고 교사를 감축하며 학습 내용에 간섭해 교장과 그 아래의 교사, 그리고 학생들을 분노하게 했다. 하지만 더 큰 문제가 있었다. 소련군의 야만적인 행동은 신의주 시민 전체를 분노하게 했다. 강계 및 다른 북한 전역에서와 마찬가지로 소련군은 상점과 가정을 약탈하고, 지역 사창가를 초토화했으며 중무장하고 취한 채로 시가지를 무질서하게 배회했다. 소련군이 오면 식량은 부족해지고 물가는 치솟았으며 굶주림이 증가했다. 병사들은 식량을 약탈해 농부들과 지주들을 모두 분노하게 했다. 인구의 상당한 비중을 차지하던 기독교인들은 소련군이 그들을 "부르주아 사회계층"으로 부르며 시정(市政)에서 배제하는 데 분노했다.

목사들의 도움을 받아 7개 학교에서 모인 약 천 명의 학생들이 지역 공산당 본부를 포위했다. 이들은 스탈린을 칭송하면서(마치 김일성이 너무나 잘 하던 것처럼) 본부에 접근하는 데 성공한 뒤 "돌진!"을 외치며 공산당 본부를 급습했다. 이들은 담장을 넘어 소련 및 북한 경비 병력과 몸싸움을 벌였다. 권총과 소총, 기관총 사격이 곧 벌어졌다. 이 학살의 소문은 금방 퍼졌고, 곧 공산당의 허를 찌르는 시위가 여러 도시에서 벌어졌다.

갑자기 소련 점령군은 피해를 수습해야 할 상황에 놓였다. 발포가 벌어진 뒤 3일 뒤, 소련군 비행기로 김일성은 신의주에 도착했다. 그는 여러 학교를 들러 자신이 항일 게릴라이자 한국인 애국자라는 사실을 강조하며 사람들의 불평을 듣고 진정시켰다.

"같은 조선인끼리 총질하는 것은 나라의 수치일 뿐 아니라 나라를 세우는 데 심각한 장애물입니다." 김일성은 학생들에게 이렇게 말했다. 그는 시민 모임에서 "진정한 공산주의자"는 결코 젊은이들에게 총질하지 않으며 "가짜 공산주의자"들이 당에 침투했다고 비난했다. 그는 신의주와 북한 전역의 청년들의 불만을 없애기 위해 사람들의 요구에 더 귀를 기울이는 한편으로 공산당의 '부패분자'를 제거하겠다고 했다.

신의주를 계기로 김일성은 그 자신과 모든 당 지도자들은 서민들의 여론에 귀를 기울이지 않으면 큰 혼란을 겪을 수도 있다는 사실을 깨달았다. 몇 주일 안에 김일성은 농장, 공장, 광산 등에서 '현장지도'를 하면서 현장의 불평에 귀를 기울이고 다른 모든 당 및 정부 관계자들도 따라하라고 요구했다. "공산주의"라는 말은 소련군 병사들의 야만성과 연결되는 만큼 김일성은 이런 이미지를 부드럽게 하든가 없애야 했다. 청년을 조직하기 위한 북한 공산당의 공산청년연맹은 민주청년연맹으로 이름을 바꿨다. 공산당은 노동자당으로 이름을 바꾸고 당원의 규모도 1945년 후반에 2만6천명이던 것을 1946년 가을에는 40만명까지 늘리면서 공장, 노조, 여성조직 등에서도 당원을 끌어왔다.

김일성은 또 신의주에서 라이벌을 솎아내고 제거하는 방법을 발견했다. 그는 사람들의 순진함과 결백함을 인정하는 동정적인 대중적 지도자를 연기했다. 그는 학생들의 범죄를 비난하지 않았다. 그 대신 그는 학생들이 "순진하고", "잘못된 길로 이끌렸다"고 했다. 김일성은 그의 분노를 "배후에서 조작하는 반동들의 영향"으로 돌렸다. 이것이 그가 북한을 망치는 배후의 흑막을 발견한 최초의 공식적인 사례였다. 그 뒤 오랜 세월에 걸쳐 김일성은 단지 반동분자, 분리주의자, 종파주의자, 미국인 간첩, 기독교 반역자, 일제 협력자라는 그의 말 외에는 다른 어떤 혐의도 없이 수 만명의 정치가와 관료, 장교들을 숙청했다. 특히 친일적이라는 명분은 정적을 제거하는 아주 쉬운 구실이었다. 거의 모든 한국인이 일제 치하에서 성장했으며 거의 모든 이들이 식민 당국에 어떤 형태로든 협력했다. 김일성은 거의 모두를 제거할 구실이 있었다.

소련에게는 유능한 해결사가 필요했는데 마침 신의주에서 돌아온 김일성이 그 역할을 했다. 그는 농부들의 말에 귀를 기울이고 자주독립을 향한 그들의 꿈에 생기를 불어넣었으며 상명하복식 국가체제를 강화해갔다. 그는 얼굴에 총을 맞은 학생들의 부모에게 사과하지 않았다. 그 대신 국가를 건설하는 데는 규율이 필요하며 전국민이 실전을 겪은 해방투사인 그의 지도를 따라야 한다고 주장했다. 그의 정부는 모든 청년단체를 민주청년연맹과 강제로 통합했다. 김일성은 청년들의 고충을 듣기는 하되 그들의 명령을 들어서는 안된다고 못 박았다. "철통 같은 군기가 잡힌 군대가 아니면 이길 수 없듯," 김일성은 이렇게 말했다. "청년 단체도 기강이 잡혀야만 합니다."

북한군은 곧 청년들을 징집해 소련군의 훈련을 받게 했다. 약 1만 명의 병사가 매년 시베리아로 훈련을 위해 파견됐다. 이 중 가장 유능한 인재들은 곧 '평화 유지 사관학교'에 보내져 의무적인 '사상 검증'과 자아비판을 강요받았다. 이런 사상주입 기관 중 하나는 신의주의 한 중학교를 대체했다. 이 학교의 학생 3천명 중 상당수는 1945년 11월의 학살에서 살아남은 생존자였다.

신의주와 그 주변 도시들은 곧 보복의 대상이 됐다. 소련군은 병력을 증원했다. 이들은 열차와 버스를 뒤져 무기를 색출했다. 교회들은 파괴되고 목사들은 처형당했다. 미국의 정보 보고서에 의하면 인근 의주에서는 감리교 목사 하나가 "반역자"라는 명패를 목에 걸고 달구지를 끌고 다니는 벌을 받았으며 그의 교회는 불타버렸다.

그로부터 수 년이 지나도록 북한 정부는 신의주 주민들 중 시위에 참가한 것으로 의심되는 자들을 처벌했다. 1950년에 미그기 조종 훈련을 받던 교육생 중 하나가 갑자기 사라졌다. 동료들은 그가 신의주 시위에 참가했기 때문이라고 들었다.

신의주 사건은 김일성에게는 돌파구였다. 그는 어떻게 정적을 악마화하고 북한의 모든 문제를 외국의 조작 탓으로 돌려야 하는지를 배웠다. 그는 대중의 의견을 청취하고 국영 매체는 그가 서민들에게 귀기울이는 모습을 칭송했다. 곧 그는 국가 건설과 자주를 명분으로 모두에게 명령을 내렸다.

IV

노금석이 17세가 된 지 며칠 뒤, 그의 아버지는 세상을 떠났다. 장례를 치를 돈도 없어 친척들은 공동묘지에 구덩이를 파고 무색 목관에 입관한 아버지의 시신을 매장했다. 저금도 다 없어진 탓에 노금석의 어머니는 간장과 깻묵을 사서 식당들에 파는 중개상이 되었다. 1948년 봄에 아들이 졸업하자 어머니의 삶은 조금 나아졌다. 노금석은 성적이 우수한 덕에 흥남의 비료공장 및 다른 공장들에 기술자를 공급하는 흥남 화공대학에 진학할 수 있었다. 이제 노금석은 1주일에 몇 달러 정도의 금액이라도 어머니에게 줄 수 있었다.

아버지가 세상을 떠난 뒤 노금석은 감정을 보이지 않으려 했다. 그는 슬퍼했고 어떻게 하면 아버지가 경멸한 이 나라를 뜰 수 있을지 계속 고민했다. 수백 만의 한국인들이 기차나 버스로 38선 부근까지 간 뒤 남한으로 걸어갔다. 하지만 국경은 갈수록 위험해졌다.

양쪽에서 병사들의 충돌이 잦아졌기 때문이다. 시간이 갈수록 남북 간의 전면전이 벌어질 거라는 소문이 자라났다.

이웃 중국에서도 공산당이 마침내 권력을 잡았다. 20년에 걸친 국공내전은 마오쩌둥의 승리로 끝났고 세계 인구의 1/4이 공산당 치하에 살게 되었다. 김일성은 이 승리를 축하하고 한반도 적화통일을 가속화하기 위한 기회로 삼았다. 그는 북한 인민군의 대부분을 38선 인근으로 이동시켰다. 북한군은 1949년에 한반도의 분단이 공식화되자 철수한 소련군의 도움으로 무장을 충실하게 갖출 수 있었다. 소련 육군 제25군은 한반도에서 철수하면서 12만에 달하는 병력의 무장을 모두 북한에 남겼을 뿐 아니라 일본군이 남긴 무기들도 모두 북한에 넘겼다. 미군 역시 남한에 소수의 군사고문단만 남기고 철수하면서 무기를 넘기기는 했으나 화력의 균형은 압도적으로 북한 편이었다.

다른 모든 북한 청년들과 마찬가지로 노금석 역시 징집을 위해 등록해야 했다. 그는 자기가 증오하는 정권을 위해 싸운다는 사실에 크게 절망했으나 이를 나타내지 않으려 애썼다. 그는 학교와 민주청년연맹의 의무 집회에서 공산주의에 대한 열망을 과시했다. 학교에서는 한 달에 두 번, 각각 두 시간씩의 집회가 있었다. 그는 흥미 있는 척하면서 최대한 졸지 않으려 애썼다. 두 달에 한 번은 민주청년동맹의 상급 집회가 시청에서 열렸다. 평양에서 파견된 고위 당 간부가 마르크스주의와 레닌주의에 대해 강연했다. 이 연설은 언제나 길고 러시아어로 하는 만큼 졸음을 부르기 쉬웠다. 흥남의 모든 가구에서는 최소한 한 명씩은 두 달에 한 번씩 있는 노동당 집회에 보내야 했다.

공산주의 원리를 강제로 주입받고 전쟁에 대한 두려움이 점점 강해지면서 노금석은 탈출할 방법을 더욱 찾아 나서게 되었다. 탈출구 중 하나는 외국 화물선이 정박하는 흥남 부두였다. 흥남 화공대학의 한 영어 강사는 영어 과목이 폐지되고 러시아어 수업이 들어서자 쫓겨나면서 항만 통역관의 일을 얻었다. 그는 외국 화물선에 타고 망명을 요청한 뒤 두 아이와 아내를 남겨두고 홍콩을 거쳐 남한으로 망명했다. 노금석이 대학교 1학년 때 흥남 부두에 화물선에서 짐을 내리는 것을 도우러 갔을 때 그는 이 이야기를 이미 잘 알고있었다. 그는 캐나다 화물선에 올라 모자라는 영어로 망명하겠다고 말했다. 하지만 캐나다인들은 내키지 않는 눈치였다. 결국 캐나다인들을 이해시키기 전에 포기하고 말았다.

하지만 전쟁이 다가오면서 노금석은 김일성 군대의 보병으로 죽고 싶지 않았다. 동네의 게시판에 해군 사관학교 입학시험 응모자를 모집한다는 벽보를 보자 그는 해군 사관생도라면 3년간 교육받은 뒤 전쟁에 파병될 것이라고 잘못 믿었다. 그는 어머니에게 해군 장교가 되어 군함을 타고 남한으로 도망갈 것이라고 말했다.

어느 것 하나 계획대로 되지 않았다. 일단 시험부터 실패했다. 시험을 보기 위해 그는 대학의 물리학 교수로부터 예상 문제지를 받아들고 기차에 올라 함흥으로 향했다. 그 곳에서 필기시험과 면접, 체력검정을 봤다. 그는 50명의 다른 수험생들과 함께 합격을 자신하며 밖에서 기다렸다. 두 시간이 지나자 한 해군 장교가 나타나 합격자 명단을 붙이고 사라졌다. 노금석의 이름은 없었다.

다시 기차를 타고 집에 돌아가는 길에서 그는 뭐가 잘못됐는지 따졌다. 필기시험은 만점일 터였다. 체력도 전혀 문제가 없었다. 문득 그는 깨달았다. 가족에 대해 너무 정직했다. 면접에서 그는 아버지가 일본 업체에서 일한 것을 말해버렸다.

몇 주 뒤, 그는 해군 사관학교의 또 다른 시험 공고가 난 것을 봤다. 이번에는 적절한 거짓말을 챙겼다. 아버지의 직업 뿐 아니라 어머니의 종교에 대해서도 거짓말했다. 종교가 없다고 답한 것이다. 이번에는 합격했다. 아무도 그가 지난번 시험과는 너무나 다른 답을 했다는 사실을 눈치채지 못했다.

1949년 7월 마지막 날의 동틀 녘, 노금석은 어머니와 할머니에게 작별을 고했다. 어머니는 슬퍼했지만 할머니는 분노했다. 할머니는 어머니에게 손자를 말리라고 몇 차례나 요구했다. 할머니의 걱정은 옳았다. 그 뒤 다시는 손자를 볼 수 없었던 것이다. 1952년 여름, 노금석의 할머니는 손녀(노금석의 사촌)와 함께 미국의 폭격으로 세상을 떠났다.

해군 사관학교로의 여정은 러시아의 블라디보스토크 항구와 멀리 떨어져 있지 않은 나진항으로의 야간열차에서 시작했다. 나진역에 내린 뒤 항구까지 걸어간 그는 그 곳에서 흰 제복을 입은 두 명의 놀랄만큼 아름다운 러시아 여성들이 도크 주변을 배회하는 것을 발견했다. 차가운 비가 오는 가운데 그는 해안의 산 속에 감춰진, 일본군으로부터 접수한 해군기지 안에 있는 사관학교까지 배를 타고 45분을 항해했다. 육지에서든 바다에서든, 이 기지는 배가 코앞에 입항할 때까지는 눈에 띄지 않았다. 학교는 15채 정도의 2층짜리 콘크리트 건물이었다. 그 외에도 식당과 극장, 연병장이 있었다.

노금석 외에도 150명이 같은 학년에 입학했다. 이들은 백색 해군 정복과 청색 해군 정모를 쓰고 러시아 혁명 이전에 만들어졌을 낡은 러시아제 볼트액션 소총을 메고 행진했다. 하지만 이들의 반듯한 외모는 사실과는 너무나 달랐다. 이들은 사실상 죄수들처럼 지냈다. 이들에게 나오는 식사는 매 끼니마다 밥 한 공기와 묽은 고기국 한 그릇뿐이었다. 사관학교의 식사에는 야채도 과일도 계란도 고기도 나오지 않았다.

그는 그 정도로 형편없을 뿐 아니라 적은 음식을 받아본 적이 없었다. 다른 사관생도들과 마찬가지로 체중이 빨리 줄었다. 이런 형편없는 식사는 주방에서 작업할 때는 예외였다. 노금석의 차례가 되자 그는 복통과 구토, 설사가 일어날 정도로 먹어치웠다.

내무반에서의 군기도 엄격했다. 이들을 감독하는 것은 뚱뚱하고 늘 화를 내는데다 시끄럽고 어째서인지 계속 짜증을 내는 운병구라는 부사관이었다. 그는 생도들에게 늘 말끔하게 면도를 하라고 명령했으나 면도기는 전혀 지급되지 않았다. 노금석은 수염을 손톱으로 뽑아내는 법을 배웠다. 어찌나 익숙해졌는지 나중에는 동료 생도들의 수염까지 뽑아줬다. 또 그는 자기 총으로 운병구를 쏘는 꿈도 꿨다.

매일같이 그들은 운병구의 함성으로 동트기 전에 일어나 아침 운동을 했다. 세수를 한 뒤에는 낡은 총을 메고 아침을 먹기 위해 식당으로 향하면서 빨치산 혁명에 대한 군가를 불렀다. 그 뒤 하루 7시간씩 물리학, 화학, 산술, 러시아어, 소련 공산당 역사, 천문학, 항해술, 병기술 등을 배웠다. 그 뒤 한 시간의 체조 과목에서 링, 철봉, 평행봉 등을 배웠다. 모든 생도들은 각각의 운동기구에서 테스트를 통과해야 했다. 예를 들어 평행봉에서는 16개 동작을 연마해야 했다. 여기서 살아남기 위해 노금석은 매일같이 100번의 팔굽혀펴기를 했다. 체조 시간 이후에는 밖으로 나가 총을 메고 분열 연습을 했다. 저녁을 먹은 뒤에는 두 시간 동안 공부할 시간이 허용됐다. 거의 난방이 안되는 내무반에서 소등시간 이후 노금석은 죽은 듯이 잠에 빠졌다. 침구는 짚을 넣은 매트리스와 담요 한 장뿐으로 베개는 없었다. 막사에는 온수도 샤워실도 없었기 때문에 생도들은 세 개뿐인 수도꼭지의 차가운 수돗물로 씻어야 했다. 한 달에 한 번은 옆 동네의 공중 목욕탕에 갔고, 보름마다 속옷을 갈아입었다. 휴가도 면회도 금지되었다.

외딴 해군기지에 도착한 지 한 달 뒤, 생도들은 이동 명령을 받았다. 이들은 짐을 싸 약 80km 떨어진 항구도시 청진으로 향했다. 산속의 새 기지는 훨씬 작았고 콘크리트가 아니라 목조건물이었다. 하지만 훈련량과 규율, 핍박은 마찬가지였다.

노금석과 다른 도시 출신 생도들은 감옥 같은 환경에 분노했다. 이들은 그만두고 집에 돌아가자고 이야기했다. 그 중 하나인 김만석은 자퇴하겠다고 요청했다. 이 요청은 거부됐을 뿐 아니라 다시 요청하면 투옥된다는 말까지 들었다. 이 경고가 알려지자 노금석은 여기서 살아남을 방법은 최고가 되는 것뿐이라는 결론을 내렸다.

학사 과정이 시작된 지 얼마 안되이 생도들은 강당에 집결됐다. 학교장 김광협 제독은 노금석을 공포에 떨게 할 선언을 했다. "동무들, 우리가 워낙 급하게 교과정을 시작한 만큼 동무들의 인적사항이 완전하지 않다." 그는 말했다. "만약 우리에게 알리지 않은 것이 있다면 꼭 말하기 바란다. 기독교인이거나, 남한에 친척이 있거나, 부모가 일본 경찰이거나 반 공산당 정치행위에 가담했다면 당장 말하라."

"교장실로 와서 직접 고백한다면 용서하겠다. 하지만 우리가 직접 찾아낸다면 가혹한 처벌을 받을 것이다."

함정이라고 느낀 노금석은 가만히 있었다. 그는 상관들이 자기 과거를 캐는 걸 굳이 도와줄 생각이 없었다. 몇 주 뒤, 그는 첫 입학 시험에 실패한 사실을 아는 해군 장교와 마주쳤다. 첫 시험에서 이 장교가 면접을 봤으니 노금석의 아버지가 일본 회사에서 일한 것도 알았다. 이 장교는 수학 과목의 수석 교수였지만 노금석은 그의 강의를 듣지 않았고 그때까지 직접 마주치는 것은 피할 수 있었다.

"자네 여기 어떻게 왔나?" 사관학교 강사진 중 그가 첫 시험에 실패했다는 사실을 유일하게 아는 이 장교가 물었다.

"시험을 또 봐서 합격했습니다. 교관 동지." 노금석은 다른 생도들과 합류하느라 이동하기 전에 이렇게 대답했다.

그 뒤 수십 년에 걸쳐 북한에서 출신성분은 지울 수 없는 얼룩이 되었다. 지주의 후손, 남한으로 도망친 "배신자"의 자녀, 일제 통치에 협력한 자들의 친척들은 모두 "적대계급"으로 분류되었다. 이들은 모두 평양 밖으로 쫓겨났고 농장이나 탄광에서 일했으며 미래의 엘리트를 양성하는 대학이나 사관학교에 진학할 권리를 잃었다. 하지만 1949년에만 해도 이런 계급체계는 막 갖춰지기 시작했을 뿐이다. 전쟁이 곧 벌어졌고 기록체계도 엉망이 되었다. 거짓말쟁이들이 쉽게 빠져나갔다. 이유는 몰라도 노금석의 시험 불합격과 아버지의 옛 직업을 알던 이 장교는 그를 찾아내서 쫓아낸 다음 투옥하는 수고를 하지 않았다. 당시의 다른 북한인 수백만 명과 그 뒷세대들과 달리 노금석은 아버지의 '원죄'를 짊어지지 않을 수 있었다.

3장

스탈린의 사탕발림

I

전쟁을 벌이려면 김일성은 스탈린의 윤허를 얻어야 했다. 이를 위해 그는 테렌티 슈티코프를 점심에 초대했다. 슈티코프는 북한 주재 소련 대사이니 당연히 만나야 했다. 슈티코프가 크렘린에 전보를 보내면 스탈린이 직접 읽었다.

모스크바에서 슈티코프는 한국통으로 통했다. 그는 1945년부터 1948년까지 평양 총영사였고 김일성 정부의 산파나 마찬가지였다. 빈농의 자손인 그는 눈치가 빠르고 스탈린 밑에서 현명하게 경력을 쌓아나갔다. 니키타 흐루쇼프는 그를 "훌륭하다"고 했다. 북한이 건설되는 과정에서 벌어진 주요 사건들 중 그가 관여하지 않은 것은 없었다. 북한이 1948년에 명목상의 독립국가를 수립하자 그는 당연히 첫 대사가 되었다.

슈티코프는 남한을 침공하려는 김일성의 열의에 공감했다. 1949년에 스탈린에게 보낸 여러 전보에서 그는 남한이 딱히 도발받지 않아도 북한을 침공할 우려가 높다는 과장된 의견을 보냈다. 그는 미국이 남한 군대를 억제하기 힘들 것처럼 왜곡했다. 슈티코프는 쉽고 빠르게, 적은 대가만으로 승리할 수 있다는 김일성의 믿음에 공감했다.

따라서 1950년 1월 17일에 슈티코프를 외무성 오찬에 초대한 김일성은 굳이 그를 설득할 필요도 없다는 사실을 잘 알고 있었다. 그래도 식사가 시작되자 김일성은 스탈린이 일제로부터 한반도를 해방시켜준 사실에 "애정과 감사"를 보낸다며 온갖 칭송을 아끼지 않았다. 모두가 식사를 마치고 중국 무역대표가 자리를 뜨자 김일성은 슈티코프에게 전쟁을 하지 못해 너무나 힘들다고 토로했다.

"요즘 너무 당황스럽습니다. 밤에 잠도 못 잡니다. 저는 언제나 어떻게 해야 조국을 통일할 수 있을지 골몰합니다." 슈티코프는 모스크바에 보낸 전문에 김일성의 이 말을 옮겼다. "만약 남반부 인민을 해방시키고 조국을 통일하려는 대의 실천이 늦어지면, 저는 조선 인민들에 대한 신뢰를 잃어버릴 것 같습니다."

전문에서 슈티코프는 김일성이 무엇을 원하는지 설명했다. "그는 스탈린 동지를 만나 남침에 대한 허락을 받아야 한다고 생각한다. 김일성은 자신이 공산주의자이자 기강이 잡힌 사람이고 그에게 스탈린 동지의 명령은 곧 법이라고 했다."

김일성이 스탈린의 말이 법이라고 한 것은 공산당의 먹이사슬이 어떻게 돌아가는지 정확히 알기 때문이었다. 여전히 37세에 불과한 김일성은 소련 제국에서는 아주 초라한 감자덩이 같은 존재였다. 견문도 학식도 부족한 그는 가난하며 잘 알려지지 않은데다 전략적으로도 중요하지 않고 모스크바에 거의 모든 것을 의존하는 나라를 이끌고 있었다.

반면 스탈린은 주인이자 두목이고 "소련 질서의 집행자"였다. 그는 1920년대부터 세계에서 가장 큰 나라를 지배했을 뿐 아니라 히틀러의 군대를 무찌르고 유럽의 동쪽 절반을 차지했다. 그 과정에서 스탈린은 대량 학살을 벌인 사이코패스가 되었다. 수백만 명을 농장 집단화 과정에서 굶겨 죽이고, 시베리아 강제수용소로 내몰았으며 1930년대의 대숙청 과정에서 정적들을 어마어마하게 처형했다. 또 그는 자신을 신격화하면서 전 소련인에게 자신을 어린이에게 약한, 모든 것을 다 아는 아버지 같은 존재로 홍보했다.

김일성이 전쟁에 대해 이야기하려 할 때의 스탈린은 70대 초반으로 어떤 것이 그의 인생에서 마지막으로 둘 거대한 지정학적 체스 게임이 될지 따지는 중이었다. 그의 주적은 그가 사석에서 "파시스트"국가로 묘사하는 미국이었다. 비록 그가 미국과 여러 국제 협약을 맺었지만, 그는 이것을 장기적인 공산당의 세계지배를 위한 단기적인 전술로 간주했다. 스탈린은 여전히 사무실에서 오랫동안 일하면서 전 세계의 공산당을 세세한 곳까지 다 간섭했고 슈티코프처럼 머나먼 곳에 파견된 하수인들의 전문을 직접 읽어보기까지 했다.

스탈린이 김일성의 마음속에 얼마나 거대한 존재였는지 가늠할 수 있는 것은 철저한 모방이었다. 김일성은 소련 위성국들의 그 어떤 지도자들보다도 스탈린주의를 철저하게 받아들였다. 스탈린과 마찬가지로 그는 농업을 집단화하고 중화학공업에 과잉투자하며 정치범들을 가둘 강제수용소를 만들고 정적들을 처형하며 충성도에 따라 계급을 구분할 뿐 아니라 국내 여행을 위해서도 허가증을 요구했고 사람들이 서로를 염탐하도록 부추겼다. 또 김일성은 스탈린처럼 자신을 신격화해 거의 사이비 종교 수준으로 끌어올렸다. 그는 북한인들에게 자신을 자상한 아버지이자 모든것을 다 알고 지구상에서 가장 중요한 인물로 각인시켰다. 스탈린과 마찬가지로 김일성은 순종적이고 언제든 버릴 수 있는 젊은 여성들을 좋아했다.

1949년 3월, 슈티코프와의 오찬이 있기 10개월 전에 김일성은 모스크바에 파견된 북한 사절단을 이끌면서 그가 숭배하는 전체주의적 지도자와 처음 만날 수 있었다. 이 방문은 그닥 잘 풀리지 않았다. 김일성은 스탈린에게 아첨하는 것 이상으로 남한을 침략하는 데 열성적이었다.

"스탈린 동지. 우리는 지금 상황에서 무력으로 조선반도 전체를 통일하는 것이 가능할 뿐 아니라 필수적이라고 믿습니다." 김일성은 한 회담에서 이렇게 말했다. "남쪽의 반동분자들은 평화통일을 거부하고 있으며 북한으로 침략할 힘을 키울 때까지는 분단을 고착화시키려 합니다."

그는 스탈린에게 북한군이 더 강하며, 남침하면 남한 내의 공산주의 게릴라들이 지원할 뿐 아니라 미국을 싫어하는 남한 주민들이 대대적으로 봉기할 것이라고 주장했다. 하지만 스탈린은 설득되지 않았다. 그는 김일성에게 아직 그의 주장을 확인하지 못했다고 했다.

"남쪽을 공격하면 안됩니다." 스탈린이 말했다. "우선 북한군은 아직 남한군을 압도하지 못하오. 내가 아는 한, 병력 숫자에서는 당신 군대가 남한만도 못하잖소."

스탈린이 더 우려하는 것은 미국이었다. 스탈린은 아직 미군이 남한에 주둔하며(비록 1949년 6월에는 철수하지만) 남침하면 반격할 것이라는 사실을 상기시켰다.

"38선은 소련과 미국 사이에 맺어진 합의임을 명심하시오." 스탈린은 말했다. "그걸 우리가 어긴다면 미국이 간섭할 가능성은 충분하오."

김일성은 입술을 깨물었다.

"그 말씀은 가까운 시간 안에 조선을 통일할 기회가 없다는 말씀이십니까?" 김일성이 물었다. "우리 민족은 반동 정부와 미 제국주의자들의 압제에서 벗어나 통일하고 싶어 안달이 났습니다."

스탈린은 전쟁의 가능성을 아예 접어두지는 않았다. 그는 기회를 잘 보며 참으라고 했다. 만약 남한과 미국이 "도발을 시작한다면", 스탈린은 말을 이었다. "당신은 반격할 기회를 잡을 수 있을테고, 당신의 행동은 모두에게 이해 받고 지지 받을 거요."

평양에 돌아온 김일성은 주의 깊게 상황을 지켜봤지만 참을성은 없었다. 개인적인 비극조차 전쟁 욕망을 꺼트리지 못했다. 9월에 아내 김정숙은 출산 합병증으로 세상을 떠났고 김일성을 이를 두고두고 슬퍼했다. 하지만 바로 그 달에 김일성은 슈티코프를 만나 그에게 남한에서 전면 공격을 할 계획이 있다는 믿을 만한 정보가 있다고 주장했다. 김일성은 남한의 북침이 38선 바로 북쪽의 옹진반도에서 시작될 것이라고 주장했다. 그 싹을 자르기 위해 김일성은 제한적인 예방 타격을 벌이자고 제안했다. 만약 남한군이 그 타격으로 사기가 꺾인다면 김일성은 북한군을 더욱 남쪽으로 빌고 내려가게 할 수 있을 터였다. 그렇지 않다면 북한군은 방어하기 쉬운 새로운 경계선을 굳히면 됐다. 김일성을 늘 옹호하던 슈티코프는 스탈린에게 이 계획을 검토해 보라고 제안했다.

다시금 스탈린은 거절하며 김일성이 현명하지 못하고 의욕만 앞선다고 질책했다.

"누가 봐도 이것은 전쟁을 시작하려는 도발로 본다… 북한은 아직 군사적으로나 정치적으로나 준비되어있지 않다." 소련 정치국은 김일성에게 이런 내용의 서한을 보냈다. 이 서한의 초안은 김일성과 그의 전쟁 야욕을 날카롭게 비판했다. 만약 북한이 공격한다면 "미국은 분명 군대를 남한으로 파병할 것이고, 귀하는 미국을 막을 수 없다. 귀하는 남한군조차 격파할 수 없다."

1949년 가을에 잇따라 벌어진 38선을 둘러싼 남북간의 무력충돌은 스탈린을 분노하게 했다. 스탈린은 전문을 보내 슈티코프가 김일성에게 무력충돌을 허용했다고 비판했다. "그런 식의 도발은 우리 이해관계에 결코 맞지 않으며 상대방에게 대규모 전쟁을 유발하게 할 수 있다." 스탈린은 이렇게 적었다.

두목과 부하 사이에 일종의 패턴이 생겼다. 김일성은 남침을 애걸했다. 김일성은 크렘린에 48통의 전문을 보냈다. 그때마다 스탈린은 김일성의 요청을 거절했지만 김일성이 다시 시도조차 못할 정도로 매몰차게 거절하지는 않았다. 하지만 슈티코프와 오찬을 가진 뒤 이 패턴은 변했다. 김일성은 밤잠을 설칠 정도로 그가 전쟁을 갈망한다고 애원하면서 모스크바 방문 기회를 다시 달라고 거듭 간청했다. 슈티코프는 이 날의 오찬에 대해 설명하는 전문을 1월 19일에 스탈린에게 보냈다. 11일 뒤, 스탈린은 답장을 보냈다. 그는 국제정세가 전쟁쪽으로 향한다고 했다.

"나는 김일성 동지의 불행을 잘 이해한다." 스탈린은 이렇게 적었다. "하지만 남한 정도의 큰 목표를 잡으려면 철저한 준비가 필요하다는 사실을 김일성은 이해해야 한다. 절대 큰 문제가 생기지 않을 정도로 잘 준비해야만 한다. 이 문제를 상의하고 싶다면 나는 언제든 준비되어 있다고 알리도록. 김일성에게 내가 도울 준비가 되어 있다고 통보하라."

하지만 스탈린은 이 사실을 최대한 감추려 했다. 김일성에게 전쟁에 대해 논할 준비가 되었다는 전문을 보낸 지 이틀 뒤, 슈티코프에게 추가 전문이 발송됐다. "김일성 동지에게는 우리가 논의할 주제가 철저하게 비밀이라고 설명할 것. 북한 수뇌부와도, 중국과도 논의하면 안된다. 적에게 알려질 가능성을 철저하게 차단해야 한다."

II

1950년 이른 봄, 노금석과 50명의 다른 해군 사관학교 동급생들은 청진항으로 파견됐다. 항구에서 해군 장교들이 새로 도착한 소련 화물선에서 나무 상자들을 내리라고 지시했다. 관짝처럼 생긴 상자들은 아주 무거웠다. 네 생도가 간신히 상자 하나씩을 들고 트럭까지 낑낑대며 가야 했다. 상자에서는 총기를 보관할 때 쓰는 그리스 냄새가 났다. 생도들은 소총과 기관총 등이 들어있을 것이라고 추측했다.

그들은 맞았다. 2월 초, 스탈린은 3개 사단을 무장하는 데 필요한 무기를 달라는 김일성의 요청을 승인했다. 해군 장교들은 상자의 내용물에 대해 아무 말도 하지 않았다. 이들은 이번 작업이 비밀이고 사관학교의 동료들을 비롯한 그 누구에게도 말하면 안된다고 했다.

노금석은 사관학교의 학사 과정을 점점 더 잘 이해하게 되었다. 교관들의 표정을 보고 그는 위대한 독재자를 위한 성공적인 해군 장교가 되려면 어때야 하는지를 파악했다. 어려운 과학 과제를 잘 이해하는 것은 도움이 되지 않았다. 산술과 물리학, 화학, 항해술 등은 사관학교를 운영하는 당 간부들에게는 그리 중요하지 않았다. C 학점만 받아도 충분했다.

가장 중요한 것은 소련 공산당 역사였다. 만약 여기서 C 혹은 그 아래 점수를 받는다면 공식 징계를 받았다. 여기서 A를 받으려면 지루한 러시아어 교과서를 한국어 번역본으로 오래 읽어 기억해야 할 뿐 아니라 마르크스주의, 레닌주의, 스탈린주의에 담긴 귀중한 삶의 교훈들을 정말 열정적으로 생도들 앞에서 읽어야만 했다.

교수진을 감명시키는 동시에 누군가 자신을 공산주의를 싫어하던 아버지와 연관시키지 못하게 하기 위해 노금석은 마음 속을 당의 역사로 꽉꽉 채웠다. 그는 트로츠키의 이론적 오류의 전문가가 되었고, 볼셰비키와 멘셰비키의 분열에 대해 자세히 설명했으며 부하린부터 지노비에프에 이르는 타락한 공산당 간부들의 잘못된 행보에 대해서도 꼼꼼히 추적했다. 그는 1898년 민스크에서 개최된 제1차 공산당 전당대회부터 시작된 모든 소련 공산당의 결의안을 암기했다.

교관은 노금석에게 A를 주고 미래가 보장된 훌륭한 청년이라고 칭찬했다. 다른 과목에서는 동료들과 비슷한 점수를 받았고 대개 간신히 B를 맞는 정도였다. 그는 단 한번도 그 때문에 징계받은 적이 없었다.

III

김일성은 1950년 3월 30일에 비밀리에 모스크바를 방문했다. 그는 거의 1개월간 그 곳에 머물면서 모스크바강 강변에 있는 스탈린의 별장인 블리즈냐야를 세 차례 방문했다. 이 별장은 크렘린에서 차로 몇 분이면 닿는 거리에 있었다. 들었던 대로 스탈린은 회담에서 감정이나 표현이 아니라 사실을 요구했다. 따라서 김일성은 남한의 방어망을 관통해 신속한 승리를 얻기 위해 북한군에 어떤 능력이 필요한지 답했다. 철수하는 소련군이 남기고 간 무기에 덧붙여 최근 도착한 원조 무기들 덕분에 김일성은 이미 10만명의 육군 병력을 소화기와 전차, 야포로 무장시킬 수 있었다. 북한군 정찰조는 남한 병사들을 사로잡아 심문하면서 북한군이 병력과 장비 모두 압도적 우위에 있으며 남한군은 방어태세가 부실하다는 사실을 파악했다. 북한군은 병력은 두 배, 기관총은 7배, 전차는 6.5배(역자 주: 남한에 당시 전차는 없었던 만큼, 아마도 당시 국군이 보유한 장갑차 숫자와 비교한 듯)를 보유해 분명한 우세를 확보했다.

스탈린에게는 그저 위성국가 하나를 내전을 위해 무장시키는 것 이상의 음흉하고 기회주의적인 의도가 숨어있었다. 그는 중국이 나중에 서방세계와 거래할 가능성을 차단하는 한편, 그가 불신하는 마오쩌둥이 소련의 극동 전략에서 하수인 노릇을 하게 만들고 싶었다. 또 그는 아시아에 미국이 만들고 지원하는 나라 하나를 분쇄해 미국에게 망신을 주고 싶었다. 스탈린은 이 모든 과정에서 드러나지 않기를 바랐다. 소련보다 군사적으로 우세하다고 자신이 평가하던 미국과의 전면전은 피하고 싶었기 때문이다.

"만약 동지가 열세에 몰리게 된다면, 나는 손가락 하나 까딱하지 않을 거요." 스탈린이 김일성에게 말했다. "도움이 필요하면 마오 동지에게 요청하시오."

스탈린은 김일성에게 필요하다면 중국군이 북한을 위해 싸울 것이고, 소련은 무기와 군사고문단은 지원하겠지만 지상군을 투입하지는 않을 것이라고 말했다. 스탈린의 체스 게임에서 김일성은 폰(졸)이었다. 눈에 띄게 야심차고, 칭찬받을 정도로 공격적이지만 따질 것도 없이 쓰고 버릴 수 있는 존재였다. 하지만 별장에서의 회동에서 스탈린은 자기 졸에게 국제정세가 바뀌었기 때문에 북한을 비밀리에 도울 수 있게 됐다고 설명했다.

스탈린은 가장 큰 변화로 마오쩌둥이 내전에서 승리한 덕분에 중국 내에서의 문제를 신경쓸 필요가 없고 중국 공산군도 중국 내에서 공산주의가 위협받을 걱정 없이 한반도에 싸우러 들어갈 수 있게 된 것이라고 말했다. 스탈린은 또 아시아에서 미국의 영향력이 쇠퇴한다고 말했다. 그는 김일성에게 미국이 군말 없이 중국에서 철수한 뒤 "새로운 중국 정부에 감히 군사적으로 도전하지 못한다"고 말했다.

스탈린은 1950년 2월에 중국과 소련이 동맹 및 상호원조 조약을 맺었기 때문에 미국이 아시아의 공산국가들을 함부로 건드리지 못할 것이라고 예측했다. 또 스탈린은 소련이 원자폭탄을 가지고 있기 때문에—1949년 8월에 처음 핵실험에 성공했다. 아시아에서 미국이 더욱 소극적으로 행동할 것이라고 주장했다.

"(미국의) 전체적인 분위기는 아시아에 관여하지 않겠다는 거요." 그는 김일성에게 말했다.

미국이 한반도 전쟁에 개입하지 않으리라는 스탈린의 추측은 분명 1950년 1월에 미국 국무장관 딘 애치슨이 유사시 미국이 직접 방어할 태평양의 방어권에서 한반도를 제외한 연설을 한 것에서 비롯되었을 것이다. 스탈린이 13개월 전에 워싱턴에 심어 놓은 스파이를 통해 입수한 미국 국가안보회의 극비 정책 문서에도 똑같은 내용이 분명히 적혀있었다. 그곳에는 미국의 태평양 지역 방어선에는 일본과 필리핀은 포함되어 있어도 아시아 대륙 본토와 한반도는 포함되어 있지 않았다. 하지만 스탈린은 자신의 정보부에서 제대로 분석했는지 확신하지 못했다. 김일성과의 회동에서 스탈린은 미국이 개입할지에 대해 분명하게 따졌다.

김일성은 미국이 모험을 하지 않으리라고 확신했다. 최소한 스탈린에게는 그렇게 말했다. 김일성은 전쟁의 전개과정을 예상한, 자세하지만 잘못된 분석에서 북한은 3일 이내에 확실히 승리할 수 있다고 주장했다. 김일성은 또 남한 내에서 북한군을 돕기 위해 강력한 반미 공산주의 게릴라들이 대대적으로 봉기할 것이라고 주장했다. 마지막으로 김일성은 미국의 허를 충분히 찌를 수 있으며 미국에서 어떻게 해야 할지 결정했을 무렵이면 한국인들은 새로운 공산 정권을 대대적으로 지지할 것이라고 예측했다.

김일성은 마오쩌둥이 북한을 필요하면 지원할 수는 있을 거라고 말했다. 하지만 김일성은 민족주의자였다. 그는 중국이 여러 세기에 걸쳐 한반도에 어떤 영향력을 행사했는지 잘 알았다. 또 그는 1930년대에 만주에서 수백 명의 한인 빨치산이 처형당하는 것을 통해 중국이 무엇을 할 수 있는지 직접 목격했다.

김일성은 스탈린에게 한반도를 중국의 도움 없이 통일하고 싶다고 말했다.

"분명 가능할 것입니다."

스탈린은 김일성이 무엇을 원하는지는 상관하지 않고 전쟁을 원한다면 마오쩌둥의 허가도 받으라고 말했다. 스탈린과 달리 이 때만 해도 마오쩌둥은 아직 자국민 수백만의 피를 자기 손에 묻힌 상태는 아니었다. 아직 그의 이미지에 광기와 대량학살이라는 먹칠은 없었다. 물론 그것도 멀지 않았다. 마오쩌둥의 대약진 운동(1958~1961)은 농부들이 농사를 팽개치고 냄비와 식기를 녹여 뒤뜰에 만든 원시적 용광로에서 철을 만들게 강요했다. 여기에 대해 불평하는 농부들은 반동분자로 몰려 엄한 처벌을 받았다. 여기에 복종한 농부들은 가족들과 함께 천만 단위로 굶어 죽었다. 그로 인해 약 3,600만의 중국인이 죽었다. 문화대혁명(1966~1976)은 그보다는 덜 잔인하지만 중국 사회에 끼친 악영향은 훨씬 컸다. 문화대혁명 기간 동안 도시의 엘리트들은 시골로 쫓겨나고 경제는 파탄났으며 중국의 가장 우수한 인재 거의 한 세대 분량을 파멸로 몰아갔다.

1950년의 마오쩌둥은 아직 멀쩡해 보였고 그의 평가도 최고조에 달했다. 56세의 그는 뚱뚱하고 불면증에 시달리며 신경계통의 질병으로 인해 땀을 자주 흘리고 손가락과 발가락이 종종 저리며 피부에 쓰라린 통증을 느꼈다. 하지만 그는 하루에 16시간을 일하며 승리한 농민 혁명의 분명한 영웅이었다. 군사적으로나 정치적으로나 탁월한 전략가인 그는 수십 년에 걸친 내전에서 장제스의 국민당군을 대만으로 몰아내고 중국을 통일했다. 그 과정에서 그는 반 식민지 상태에 빠져있던 중국을 세계에서 가장 많은 인구를 가진 강대국으로 변모시켰다.

마오쩌둥은 스탈린을 믿지도 좋아하지도 않았다. 심지어 그는 1930년대에 스탈린이 자신을 죽이려 했다고 믿었다. 사적인 자리에서 그는 스탈린의 "기계적 사고"를 비웃었다. 하지만 공식적으로는 스탈린과 손잡고 아시아에 거대한 공산주의 영향권을 형성한 뒤 소련과 조약을 맺어 중국의 산업화와 군 현대화를 달성하려 했다. 그의 오랜 동료 하나는 나중에 "마오가 1950년대에 죽었다면 그의 업적은 영원불멸로 남았을 것이다"라고까지 했다.

스탈린이 김일성에게 전쟁을 벌이기 전에 중국의 허락을 받으라고 했을 때 마오쩌둥은 한반도의 상황에 대해 잘 알고 있었다. 1년 전, 김일성이 중국에 비밀 사절단을 보내 한반도의 상황에 대해 설명하자 마오쩌둥은 북한에 동정적이었다. 게다가 그는 한국인 공산주의자들에게 빚이 있었다. 국공내전 당시 수만 명의 한국계 공산주의자들이 국민당에 맞서 용감하게 잘 싸웠기 때문이다.

"필요하다면 비밀리에 중국군을(한반도에) 보낼 수 있소." 마오쩌둥은 말했다. "우리 모두 머리가 검소. 누구도 차이를 눈치채지 못할 거요."

하지만 김일성이 1950년 5월 13일에 소련 비행기에 타고 베이징을 방문할 때 마오와의 회동은 좋지 않은 분위기 속에 갑작스럽게 끝났다. 마오쩌둥은 나중에 그가 김일성이 공격적이고 지나치게 이념화된데다 성미가 급하다며 매우 싫어한다고 말했다. 중국에서 1944년부터 1979년까지 살았고 종종 마오와 함께 일한 미국의 언어학자이자 연구자인 시드니 리텐버그는 마오쩌둥이 김일성이 다스리는 북한을 "최고의 골칫거리"라 했다고 기록했다.

김일성과의 첫 회동 이후 마오쩌둥은 스탈린이 북한의 전쟁을 허락했다는 사실을 미리 알리지 않았다는 데 대해 분노했다. 마오에게 있어서 그 타이밍은 이보다 더 나쁠 수 없었다. 막 대만을 공격하려던 참이었기 때문이다. 중국 공산군의 대부분은 대만에 인접한 중국 남동부 해안지대에 모여있었다. 그런 판에 한반도에서 전쟁이 난다면 대만 공격은 잘 해야 늦어지고 잘못하면 자신의 최대 군사적 업적을 아예 날려버릴 수도 있다는 사실을 마오쩌둥은 잘 알았다. 마오는 믿을 수 없는 김일성과의 회동을 중지한 뒤 외교부장 저우언라이를 베이징 주재 소련 대사관으로 보내 도대체 무슨 일이 벌어지는지 파악하게 했다.

"마오쩌둥 동지는 스탈린 동지로부터 무슨 일이 벌어지는지에 대해 알고 싶어 한다." 소련 대사 N. V. 로스친은 곧바로 모스크바로 보낸 전문에 이렇게 적었다. "중국 측에서 빠른 답변을 요구한다."

스탈린은 다음날 답장을 보냈으나 마오와 정보를 공유하지 않은 점에 대한 사과는 하지 않았다. 전문에는 "급변한 국제정세로 인해" 스탈린이 이제 김일성의 전쟁을 지원하기로 했다고만 적혀있었다. 최종 결정은 "중국과 북한이 함께 내릴 것"이었다. 스탈린은 만약 중국이 동의하지 않으면 남침은 "추가적인 논의가 있을 때까지 연기될 것임. 북한측이 중국측에 세부 사항을 알려줄 것"이라고 마무리했다.

스탈린은 마오를 코너에 몰았다. 중국은 산업화 및 군사력 강화, 대만 공격을 위해 소련의 원조가 필수적이었다. 하지만 이제 스탈린은 김일성이 원하는 전쟁을 위해 마오쩌둥이 원하는 전쟁을 연기하는 쪽을 선호한다고 분명히 밝혔다. 마오는 분노를 삭이고 스탈린이 원하는대로 할 수밖에 없었다. 그는 이틀 뒤 김일성을 만나 한반도 무력 적화통일을 지지한다고 밝혔다. 하지만 마오는 김일성에게 미국—혹은 일본—이 전쟁에 개입해 장기전이 될 거라며 어렵고 잔인한 전쟁이 오래 지속될 것이라 경고했다.

김일성은 경고를 무시했다. 그는 승리가 빠르고 쉬울 것이라 주장했다. 그는 일본군이 감히 한반도에 돌아온다면 박살날 것이라 장담했다. 스탈린에게 들은 그대로, 김일성은 마오에게 미국은 중국에서 싸우지 않고 떠났으며 한반도에서도 마찬가지일 것이라고 말했다.

평양의 소련 군사고문단이 곧 자세한 전쟁 계획을 짰다. 전쟁은 6월 25일 일요일 새벽에 시작될 터였다. 스탈린이 미리 주문한대로 마치 남한측의 침공에 대한 정당한 방어적 행동인 것처럼 포장될 예정이었다. 제1단계는 옹진반도에서의 상대적으로 작은 "반격"으로 시작될 예정이었다. 그리고 곧 훨씬 강력한 전력이 한반도 서해안 지역을 강타하게 된다.

예정된 공격의 4일 전, 정보가 샜다. 김일성은 스탈린에게 급전을 보냈다. 남한측이 북한의 계획을 눈치챘다. 김일성은 이제 전면 침공을 원했다. 슈티코프가 스탈린에게 전문으로 설명한대로 "옹진반도에서의 국지적인 작전을 전면적 침공 이전에 실시하는 대신, 김일성은 6월 25일에 전선 전체에 걸쳐 총공격을 실시하고자 한다."

스탈린은 바로 그날 답신을 보냈다. 그대로 하라는 것이었다. "전 전선에 걸쳐 진격할 것." 다만 남한이 먼저 전쟁을 일으킨 것처럼 포장해야 했다.

IV

노남석은 일요일 오진에 신 속에서 소총과 군장을 맨 채 포복하는 고된 보병 전술훈련을 마치고 사관학교에 갓 돌아왔을 때 개전 소식을 들었다.

심각한 표정의, 푸른 해군제복을 입은 정치장교가 점심식사를 위해 줄을 선 노금석 및 동료 생도들에게 입을 열었다. 이들은 모두 지치고 땀에 젖었으며 흙투성이였다.

"오늘 아침, 전면전이 시작됐다." 정치장교가 말했다.

"남조선이 38선을 기습적으로 침략해 2~3km정도 북진했다. 우리 인민군은 반격해 현재 20~30km이상 남진했다. 전투는 진행중이다."

그 날 위대한 독재자는 평양 방송에서 같은 말을 반복했다. 김일성은 청취자들에게 "매국노 이승만의 괴뢰정권"이 평화통일을 위한 진지한 북한의 제안을 거부한 뒤 전쟁을 일으켰다고 주장했다. 김일성은 이승만 같은 '미국의 주구'는 붙잡아서 처형해야 한다고 했다. 그는 미국 자본주의자들이 농부들을 농토에서 쫓아내고 공장을 닫고 회사들을 파산시켜 대대적인 실업사태를 유발하고 사람들을 기아상태로 몰아가기 위해 전쟁을 일으켰다고 주장했다.

"이 전쟁은," 김일성은 라디오에서 이렇게 주장했다. "조국 통일과 독립, 자유, 민주주의를 위한 정의의 전쟁입니다."

해군사관학교에서 정치학 교수는 생도들에게 공격의 "증거"를 보여줬다. 존 포스터 덜레스(당시는 미국의 정부 외교정책 자문이었으며, 나중에는 아이젠하워 행정부의 국무장관이 된다)가 미국 대사와 한국 장군과 함께 38선 주변에 서서 이야기를 나누는 사진의 확대판이었다. 교수는 질문을 받지 않았다.

노금석에게 전쟁이 어떻게 시작됐는지에 대한 이야기는 이치가 맞지 않았다. 어떻게 미국의 지원을 받는 남한의 갑작스런 전면 기습이 겨우 2~3km만 전진하고 멈췄을까? 어떻게 해서 북한은—노금석이 방송에서 들은 대로라면—이미 남한의 여러 마을과 도시를 "해방"시켰을까? 어떻게 미국과 남한이 그렇게 빨리, 멀리 밀려났을까? 다른 생도들은 믿는 눈치였고 다른 북한인들도 그런 듯했다. 북한 국영 라디오 방송은 여러 차례에 걸쳐 이 전쟁을 미국이 기획하고 남한의 자본주의 주구들이 실행한 것이라고 못박았다. 노금석은 이 주장을 하도 많이 들어 결국 믿게 되었다. 그가 실제 먼저 공격한 것이 누구인지는 오랜 시간이 지나서야 알았다. 하지만 그는 남한—그리고 미국—을 공격하는 것이 쉽다고는 결코 믿지 않았다.

맥아더에 의해 실시된 인천상륙작전으로 김일성의 군대는 1950년 9월에 궤멸적인 타격을 입었다. 하지
만 오판과 트루먼 대통령에 대한 불복종으로 인해 맥아더는 다음해에 해임되고 만다. 이 사진은 1944년
미국이 필리핀을 해방할 때 촬영된 것이다.

남한의 첫 대통령, 이승만이 당선 직후인 1948년 8월에 서울 인근에서 더글러스 맥아더를 맞이하고 있다.

노금석 상위. 1953년 9월 21일 김포 비행장에 미그 15를 몰고 귀순한 직후의 사진으로, 아직 21세다.

노금석이 남한에 착륙한 뒤 불과 몇시간 뒤에 찍은 사진. 미 공군 사진사들은 비행복과 마스크를 착용해 달라고 요청했다.

2부

전쟁

4장

"조국해방전쟁"의 혼란

I

며칠 동안은 김일성이 군사적 천재 같았다.

북한군은 무적이었다. 특히 소련제 전차로 남진하는 부대들이 그랬다. 한국군은 미국제 바주카포에서 발사된 로켓탄이 T-34전차에 맞고 그대로 튕겨나가는 것을 보고 도망쳤다. 3일도 채 되지 않아 38선에서 50km도 떨어지지 않은 서울이 함락됐다. 개전 3일 뒤 한국군 병력의 80%가 원대에서 이탈했고 거의 모든 야포와 트럭, 보급품을 잃었다.

소련제 신무기를 휘두르는 북한군은 무기만 우월할 뿐 아니라 훈련도 잘 되었고 이념적으로도 더 투철했다. 거의 북한군의 절반이 중국의 국공내전에서 공산당을 위해 싸웠고 그 중 일부는 거의 10년을 싸웠다. 마오쩌둥의 허락을 받고 이들은 북한군의 선봉이 되기 위해 귀국했다. 이들의 대부분은 소작농의 가족이었고 남한의 일본 부역자들을 혐오했다. 이들은 미국을 서울을 통치하는 권력층을 배후에서 조종하는 제국주의자라고 여겼다.

미국은 인종차별과 무지에서 비롯된 우월감으로 인해 적을 심하게 과소평가했다. "한 팔을 뒤로 묶어도 상대할 수 있다." 극동지역 미군 사령관이던 더글러스 맥아더 원수의 자신감이었다. 다음날, 그는 자신이 1개 기갑사단만 보내면 "저놈들은 만주까지 엄청나게 빨리 도망칠테니 구경도 못할 것"이라고 호언장담했다. 미군 병사들도 북한군은 백인의 모습만 보면 혼비백산해서 도망칠 것이라는 장교들의 말을 믿었다.

최전선에서 곧 맥아더는 북한군이 잘 싸우고 강인하다는 사실을 깨달았다. 일본군의 침투능력과 소련의 전차전술을 결합해 북한군은 한국군을 압도하고 미국뿐 아니라 전 세계를 놀라게 했다. 전쟁이 끝난 뒤 이틀 뒤, UN의 안전보장 이사회는 북한을 막기 위한 무력 사용을 허가했다. 소련 대표는 회의에 불참해 거부권을 행사할 수 없었다. 침공 후 5일째에 미국의 해리 트루먼 대통령은 지상군 투입을 허가했다. 그는 미국인들에게 이것을 "치안유지 활동"이라고 표현했다.

명분이 무엇이든 미국은 전쟁으로 뛰어들었다. 트루먼이 국무부 장관에게 말했듯 "저 놈들을 어떻게든 막아야" 했기 때문이다. 미국이 간섭하지 않는다는 김일성의 예측은 틀렸다. 또 북한군을 도와 수많은 남한 공산주의자들이 봉기해 제국주의자들을 말살하는 데 동참할 거라는 예측도 틀렸다. 그런 일은 전혀 일어나지 않았다. 스탈린 역시 미국의 외교정책을 완전히 잘못 판단했다. 그는 미국이 왜 아시아에서 싸우려는지 대해 감을 못 잡고 있었다.

그러나 약 2주일 동안 이런 오판은 큰 문제가 아니었다. 북한군은 한국에 도착한 미군 선발대를 유린했다. 미 육군 24사단에서 파견된 16,000명의 병력은 일본에서 안락한 점령 임무만 하면서 체력도 저하되고 훈련도 부실한 데다 장비도 불충분했다. 실전 경험자는 드물었다. 한국전 참전 2주일이 지나자 그 중 절반이 죽고 다치거나 실종됐으며 사단장 윌리엄 F. 딘 소장까지 여기에 포함됐다. 지프를 타고 가다 길을 잃고 포로가 된 것이다. 이는 미 육군 역사상 손꼽히는 굴욕적인 사태였다. 미국인들이 거의 알지 못하는 구석에 있던 한국이라는 나라는 최초로 벌어진 공산주의와의 대규모 결전 현장이 되었다. 그리고 미국은 여기서 참패하고 있었다.

스탈린은 미국이 참전한다는 이야기를 듣자 당황해서 슈티코프에게 전문을 보내 김일성이 "겁에 질렸는지, 아니면 잘 버티고 있는지"를 물었다. 하지만 8월 하순이 되자 스탈린은 침착을 되찾았다. 김일성의 군대는 미군이 지키고 있는 부산을 제외한 한반도 거의 전부를 지배하고 있었다. 크렘린에게 가장 중요한 것은 트루먼이 비밀리에 북한을 무장시킨 소련을 공개적으로 비난하지는 않는다는 것이었다. 스탈린이 걱정했던 것과 달리 미국은 한국전쟁을 3차 세계대전을 위한 구실로 삼지 않았다. 스탈린은 8월 하순에 평양에 다음과 같은 내용의 전문을 보냈다. "김일성 동지가 한국인들의 위대한 해방을 위한 투쟁에서 빛나는 성과를 거둔 것을 축하한다. 나는 가까운 시일 안에 한반도에서 간섭주의자들이 굴욕적으로 쫓겨날 것이라고 믿어 의심치 않는다."

스탈린의 기쁨은 오래 가지 못했다. 사실 그가 축하 전문을 보내기 몇 주일 전부터 북한군은 무너지기 시작했다. 붕괴의 원인은 김일성의 조급함과 군사적인 무능함이었다. 6월 25일 침공을 서두르다 보니 스탈린이 보낸 전차 대부분을 받지도 않고 전쟁을 시작했다. 89대의 전차가 7월과 8월 사이에 도착했다. 만약 이것들을 기다렸다면 T-34의 숫자가 거의 두 배로 늘어나고 그가 기대했던 신속한 승리의 가능성도 높아졌을 것이다. 김일성이 조금만 더 기다렸다면 받았을 다른 물자들도 1개 보병사단을 추가로 편성할 수 있는 수준이었다. 무엇보다도 소련이 지원할 장비와 식량, 연료들은 북한군의 야전 보급 사정을 크게 개선할 수 있을 터였다.

전쟁이 벌어지자 북한의 전차 및 여러 기계화 장비들이 며칠만에 고장나기 시작했다. 보급선은 빠르게 악화됐다. 초기에는 패주했으나 곧 여러 한국군 부대들이 예상 밖으로 고군분투하기 시작하면서 미군 증원병력이 대규모로 도착하기 전에 한반도 전체를 점령하려던 북한의 계획이 차질을 빚었다. 남쪽으로 내려가면 내려갈수록 많은 북한군 야전 지휘관들의 무능이 드러나면서 승리가 교착상태로 바뀌기 시작했다.

야전 지휘를 어떻게든 개선하느라 안달이 난 김일성은 스탈린에게 "공세가 실패한다"면서 소련 군사고문단을 최전선까지 내려오게 해달라고 하소연했다. 개전 단 2주일만에 슈티코프는 스탈린에게 보낸 전문에서 "김일성이 저렇게 우울하고 희망없어 하는 것은 처음 봤다"고 했다. 그 뒤 몇 달에 걸쳐 슈티코프는 김일성이 점점 혼란에 빠지는 깃을 볼 기회가 많았다. 북한군의 공세가 지연되면서 미군은 부산 교두보를 강화할 뿐 아니라 반격을 계획할 시간까지 벌었다.

개전 첫날부터 북한군에게는 피할 수 없는 약점이 있었다. 북한은 하늘로부터의 공격에 파멸당할 수 있었다. 신생 북한 공군에는 훈련된 조종사가 턱없이 모자랐다. 침공 2일차에 격추당한 한 북한 조종사는 심문 과정에서 북한에 조종사가 80명 뿐이고 그나마 쓸만

한 건 두 명뿐이라고 했다. 이 조종사들은 2차 대전 당시에 만들어진 프로펠러기를 타고 남침하다 쉽게 격추당했다. 개전 3주일 뒤 북한군의 항공기 약 132대 중 대부분이 파괴당했다. 그 대부분이 지상에서 기총소사를 당하거나 폭격당했다.

"항공전은 짧고 달콤했습니다." 개전 첫 해에 미 극동공군 사령관 조지 E. 스트랫마이어는 이렇게 말했다. "항공 우세는 빨리 달성됐습니다. 적군이 현대적인 공군을 가지고 있었다면 한국 전선은—지상, 항공, 해상전 모두의 시각에서—크게 달라졌으리라는 사실은 굳이 부인하지 않겠습니다."

폭격 계획을 짜는 미군 입장에서 보면 북한은 역사적으로도 손꼽히는 만만한 표적이었다. 방공능력은 약한데다 일본 및 오키나와에서 출격하는 폭격기들의 사정거리에 충분히 들었기 때문이다. 2차 대전중 일본 폭격계획을 입안하는 데 참가한 미 공군의 에밋 오도널 소장에 따르면 항공전의 목적은 북한에 "심한 타격을 입히고…북한 내 5개 주요 도시를 잿더미로 만드는 것"이었다.

미 공군의 공식 한국전사에서는 초기 몇 개월의 폭격에 대해 "편하게"라는 표현을 썼다. "우리는 정말 편하게 폭격했던 듯하다." 제22 폭격비행단의 제임스 V. 에드먼슨 대령은 이렇게 언급했다. "적의 저항은 없었고 폭격수들은 아주 느긋하게 폭격할 수 있었다."

거대한 4발 장거리 폭격기로 도쿄를 불바다로 만들고 히로시마와 나가사키에 원자폭탄을 투하한 B29폭격기들에서 폭탄이 떨어졌다. 비행기에 탄 공군 카메라맨들은 파괴의 현장을 필름에 담았다. 이 영상들은 곧 미국 각지에서 상영되는 뉴스 영상에 포함됐다. 고도 3,000m 높이에서 미국이 공산주의 침략자를 공격하는 모습은 효율적이고 압도적이며 시체도 안 보이니 말끔하기까지 했다. 1 개월 이내에 B29들은 북한에서 가장 중요한 공업도시들을 체계적으로 파괴했다. 2개월 이내에 B-29폭격기 폭격수들의 관점에서 쓸 만한 표적이 턱없이 부족해졌다.

B-29 승무원들은 한국전쟁을 '통근 전쟁'이라고 불렀다. 매일같이 일본과 오키나와의 안락한 기지에서 출발해 되돌아왔기 때문이다. 대부분 저녁시간 전에 귀환했다. 이들은 자신들이 떨어트린 폭탄의 인적 피해는 보지 않았고, 역사가 캐스린 웨더스비에 따르면 "이들의 전쟁 기억은 압도적으로 자신들의 비행기가 어떻게 비행했는지, 그리고(추락하거나 격추당한) 동료들에 대한 것에 집중되어 있었다".

미국 바깥에서는 도시를 표적으로 삼는 데 대한 분노가 끓어올랐다. 인도에서 자와할랄 네루는 인종차별적 관점에서 인명을 경시한다고 비난했다. UN에서 소련은 미국이 "야만적이고 무차별적으로 평화로운 도시와 민간인을 폭격한다"고 비난했다. 해외, 특히 영국 언론에서 이런 관점에 동조하는 보도가 많이 나왔다. 하지만 미국인들은 이것들 대부분을 듣지도 읽지도 않았고, 북한 민간인에 대한 대규모 살상은 미국 정치인들을 당혹시킨 일이 없었다.

휴전으로 전쟁이 멈춘 지 30년 뒤에 나온 개정판 미 공군 공식 한국전사에는 분명하게 "전략폭격은 북한 내의 적법한 군사적 표적 외에는 아무것도 파괴하지 않았으며 폭격이 워낙 정확해서 (파괴된) 공장 주변의 민간 피해도 거의 없었다"고 기록되어 있다. 공식 전사에서는 또 공군이 언제나 먼저 전단을 살포해 "공장 노동자들에게 폭격이 온다는 경고를 충분히 일찍 했다"고 서술했다.

폭격 작전의 책임자에게 보낸 축하 편지에서 스트랫마이어 장군은 "미 공군에서도 최근에 편성된 극동 공군 폭격사령부는 휘하 인원 모두가 자랑스러워할 역사를 만들었다"고 적어놓았다.

II

노금석은 역사가 청진에서 펼쳐지는 것을 지켜봤다.

미국의 폭격작전 입안자들은 7월에 청진을 주요 산업 목표로서 폭격 표적으로 지정했다. 해군 사관학교와 300명의 생도는 한국전쟁이 벌어지기 11개월 전에 이 곳으로 옮겨왔다. 청진에는 30만의 인구가 있었고 북한의 북동부 지역에서 정치와 산업과 물류의 중심지였다.

공습경보 사이렌이 7월에 처음 울리자 수많은 전단이 하늘에서 떨어졌다. 하지만 이 중 대부분은 시내에 떨어지지 않았다. 대부분은 바람에 날려 다른 곳으로 떨어졌다. 청진의 다른 주민들과 마찬가지로 노금석과 생도들 역시 적기에서 떨어진 전단을 줍지 말라는 엄격한 명령을 받았다. 삐라를 줍게 되면 정치장교에게 넘겨야 했다. 전단이 발견된 직후 사관학교의 교장은 생도 및 모든 학교 관련자들에게 인근 산으로 도망가라고 명령했다.

민간인들은 시내에 남았다.

노금석이 산 속으로 도망가는 동안 첫 번째 폭탄이 떨어졌다. 한 대의 미국 전투기도 엄호하지 않았지만 요격을 위해 이륙하는 북한 전투기도 없었다. 미군의 폭탄은 정확히 명중했고 사관학교 및 다른 청진 내의 군사 표적들을 파괴했다. 그 날 저녁에 해군 사관학교는 청진 북동쪽으로 약 16km 떨어진 곳에 임시 내무반을 마련했다. 생도들은 조명 없는 산 속 동굴에서 야전침대를 펴고 자야 했다.

몇 주일 뒤인 8월 19일, 노금석은 새벽 6시에 새로 옮겨온 산 속에서 보초근무를 막 서려는 참이었다. 마침 한 대의 B-29가 남쪽에서 날아와 청진 시내 상공을 훑고 지나갔다. 노금석은 시가지를 촬영하는 정찰기라고 생각했다. 30분 뒤, 4대의 B-29가 남쪽에서 더 날아왔다. 총을 땅에 놓은 노금석은 인근 참호로 들어가 그 뒤 5시간에 걸쳐 미군이 청진을 융단폭격하는 모습을 목격했다.

B-29는 청진의 남쪽 끝부터 폭격을 시작했다. 폭탄이 비행기에서 빠져나가자 마치 안도의 숨이라도 쉬듯 엔진의 소리가 변하면서 B-29들은 동쪽으로 빠져나갔다. 그 뒤 얼마 동안은 휘파람 소리 같은 음성만이 아침의 정적을 깼다. 그리고 폭발로 지축이 흔들리고 하늘은 연기와 불꽃, 비명으로 가득찼다. 산 속 참호 안에서 노금석은 떨기 시작했다. 2분 뒤에 또 다른 B-29편대가 나타나 첫 폭격이 이뤄진 지역 바로 북쪽 위를 폭격하기 시작했다. 이렇게 해서 총 63대의 B-29가 미 공군이 말하는 "전략폭격"을 실시했다.

마치 잔디를 깎듯 청진에 대한 폭격은 체계적이고 차분하게, 서두르지 않고 남서쪽에서 북동쪽 방향으로 차례차례 이뤄졌다. 이번에도 폭격기에는 호위 전투기가 없었다. 그럴 필요도 없었다. 북한 전투기도 나타나지 않았고 대공포화도 없었다. 참호에서 노금석은 청진 시민들이 어떻게 폭격에 대응하는지 목격했다. 그들은 폭격 시작 전에 대피하지도 않았고 폭격으로 이웃이 파괴되는 동안에도 대피하지 않았다. 이들은 집에 머물다가 대량으로 살상당했다.

전쟁이 끝난 뒤 미국은 폭격 전과를 평가하면서 북한의 22대 도시들 중 19곳이 최소한 절반이 파괴된 사실을 확인했다. 청진은 65%가 궤멸된 것으로 추정된다. 청진 폭격의 사상자 공식 수치는 없으나, 전후에 이뤄진 호구조사에서는 인구의 1/3인 약 10만 명이 감소한 것으로 나왔다.

노금석은 2차 세계대전 중 베를린이나 도쿄에 가해진 연합군의 폭격에 대해 신문에서 읽었다. 이제 그는 참호 속에서 겁에 떨며 폭격맞은 도시들의 주민이 어떤 경험을 했는지 이해했다. 이 폭격은 노금석을 공포에 떨게 하는 동시에 분노하게 했다. 그는 미국의 야만성을 경험한 것이다. 하지만 이것을 보고도 그는 북한을 빠져나가려는 목표를 버리지 않았다. 그의 목표는 그대로였다. 여전히 미국에서 살고 싶었다.

B-29편대들이 노금석이 숨으려 애쓰는 산을 향해 북쪽으로 날아왔다. 이걸 본 그는 자신이 땅에 파묻혀 죽으리라고 생각했다. 하지만 B-29들은 방향을 바꿔 인구밀집지역을 폭격하기 시작했다. 폭발이 끝나자 노금석은 떨리는 손으로 참호 밖으로 빠져나왔다. 그날 밤, 해변에 모인 노금석과 동료 생도들은 정치장교의 연설을 들었다. "해군 사관학교를 또 옮긴다." 정치장교가 말했다. 더 폭격받기 힘든 곳으로 향하는 것이었다. 그 곳은 청진과 소련 국경 사이에 있는 곳으로 약 100km 떨어져 있었다. 철도나 도로는 둘째치고 제대로 된 길도 없었다.

그래서 이들은 이틀 낮과 하루 밤에 걸쳐 산 속의 수풀을 헤치며 이동했다. 이들에게는 두 시간 행군마다 15분의 휴식이 주어졌다. 모든 생도들은 체력이 잘 단련된 덕분에 아무도 지쳐 쓰러지지 않았다.

초등학생때 노금석은 책에서 일본군 병사가 중국에서 오랜 행군 중 걸으면서 자는 법을 익혔다는 이야기를 읽었다. 국경지대를 향해 무거운 소총을 메고 걸어가는 동안 노금석은 때때로 걸으면서 잠에 빠졌다. 그는 짧게나마 '위대한 독재자'이전의 삶, 그가 아직 소년이고 아버지도 살아계실 때의 꿈을 꿨다.

그의 긴 행군과 짧은 꿈은 해안에 가까운 어두운 철도 터널의 입구에 도착할 때 끝났다. 곧 부설될 철도를 위해 굴착된 이 새로운 터널은 동해안의 가파른 산자락에 뚫려있었다. 아직 철도는 깔려 있지 않고 진창뿐이었다. 지친 생도들은 쉴 틈도 없이 터널 양쪽 끝을 모래주머니로 막고 전기와 전화를 연결한 뒤 야전침대를 설치했다. 나중에 이들은 나무를 잘라 침상을 만들었다. 여기가 새로운 해군 사관학교였다. 이들은 춥고 좁은 터널에서 자고 고원지대에서 보병 전술을 훈련했다. 훈련과 잠 사이에는 오랫동안 전쟁을 먼저 일으킨 미국을 비난하는 긴 시간의 정치 집회를 견뎌야 했다.

어느날 저녁, 터널 밖의 언덕배기에서 생도 하나가 소련제 기관단총을 청소하다 오발사고를 일으켜 세 발을 쐈다. 근처의 다른 생도가 배를 맞아 죽었고 동료 생도들은 공포에 질렸다. 이들은 공짜 대학교육을 받고 전쟁터에서 죽기 싫어서 지원했다. 그런데 이제는 산 속으로 행군해 들어가서 누가 봐도 보병 전투를 준비중이었고 생도는 벌써 총에 맞아 죽었다.

오발사고가 있은 다음날, 정치장교가 연설을 했다. 하지만 그의 발언은 오히려 모두를 무섭게 했다. 그는 사관학교는 사무실 직원을 뽑는 자리가 아니라 전투를 이끌 장교를 훈련하는 곳이라고 했다. 생도들은 부하들을 이끄는 지도자로서 전투에서도 겁이 없어야 하고 영광된 대의를 위해 죽을 각오가 되어야 한다는 것이었다.

이들이 터널로 옮겨온 지 며칠 뒤, 미국 군함이 주변 해안을 감시하다 생도들을 발견하고 포탄을 퍼붓기 시작했다. 계속 포격이 지축을 울렸고, 밤에 특히 심했다. 노금석은 터널 입구를 통해 멀리 동해바다에서 보이는 섬광을 목격했다. 섬광이 보이고 얼마 뒤에는 날아오는 포탄이 잠시 휘파람 소리를 낸 뒤 근처 산으로 날아들었다.

III

전쟁이 11주째로 접어들자 이번에는 더글러스 맥아더가 천재 역할을 맡을 차례였다. 그 휘하의 UN군은 이제 북한군에 심각한 타격을 입히고 있었다. 이를 통해 그들은 스탈린과 마오쩌둥에게 김일성은 현대적 군대를 지휘할 능력이 없는 오만하고 주의가 산만한 아마추어라는 사실을 보여줬다. 맥아더는 김일성에게 굴욕을 안겨주고 전쟁의 흐름을 바꾸던 그 때 70세였고 그 전까지 인생의 대부분을 유명인사로 지냈다. 그는 미국의 그 어떤 장군들보다도 전장의 창의력과 극적인 홍보를 결합한 경력을 가졌다.

"맥아더는 엄청나게 모순된 인물이었다." 그의 전기를 집필한 윌리엄 맨체스터의 기록이다. "그는 아주 매력적이며, 강철의 의지를 가졌고, 엄청난 지적 능력을 자랑했다." 하지만 동시에 "제복을 입은 군인 중 그보다 허황되고 어처구니없는 인물은 없었다. 불같은 성격에 오만하며 종말론적인 그는 홍학만큼이나 과시욕이 대단했고 실수를 인정하지 않으며 실수를 교활하면서도 유치한 속임수로 덮으려 했다."

1차 세계대전 중 맥아더는 승마바지를 입고 1.2m짜리 스카프를 걸치고 다녔다. 부하들은 그를 "싸우는 아재"라고 불렀다. 그의 대머리는 한 번도 촬영된 일이 없다. 늘 원래보다 과장된 모습을 고집한 그는 성조지의 사진기자에게 자기 사진을 찍을 때는 무조건 무릎을 꿇으라고 지시했다. 작가 윌리엄 스타이론에 따르면 맥아더는 사람들에게 자신을 "거의 자신을 의심하지 않는" 위대한 인물로 포장했다.

아첨을 한없이 좋아하는 맥아더는 어찌 보면 김일성과도 닮았다. 김일성과 마찬가지로 그는 주변을 "맥아더를 돋보이게 하기 위한" 무능한 아첨꾼들로 채웠다. 클레어 부스 루스의 말마따나 "맥아더의 성격은 이기주의로 점철됐고 그로 인해 주변 사람들은 그의 명령뿐 아니라 그의 생각과 인간성 그 자체에도 복종해야 했다. 그는 자신을 우상화하는 데 골몰했다."

보수적 공화당원들이 좋아하던 맥아더는 대통령이 되고자 하는 열망을 간직했고 그의 상관들을 짜증나게 하는 데는 일가견이 있었다. 하지만 창의적인 군사적 전략가인 만큼 민주당 대통령들도 참고 있었다. 아직 한국전쟁이 한창이던 1951년에 트루먼이 그를 해임할 때까지는.

수많은 결점에도 불구하고 맥아더는 대규모 전투에서 미군의 희생은 최소한으로 억제하면서 승리하는 거의 기적에 가까운 재능을 가지고 있었다. 그는 "정말 사람 목숨은 적게 소비했다." 2차 대전 중 태평양 지역 최고사령관을 맡은 그는 '섬 도약' 전략을 안성해 일본군의 가장 약한 곳을 타격하고 보급선을 끊은 뒤 잘 정비된 방어선으로 일본군의 자살적 돌격을 최소한으로 억제함으로써 수많은 미군의 목숨을 살렸다. 그는 불가능하다고 적이 믿는 방식의 공격으로 적을 기습해야 한다고 믿었다. 성공 확률이 낮을수록 적의 방어 태세가 약할 테고 미국인 청년들의 목숨도 최대한 아낄 수 있었다.

이 절대적인 원칙에 따라 맥아더는 서울에서 약 45km 남쪽에 있는 항구도시 인천에 상륙할 계획을 세웠다. 인천 상륙은 거의 모든 면에서 위험했다. 워싱턴의 관료들은 너무 위험하다고 봤다. 조수 간만의 차는 세계 최대급이었다. 상륙정을 위한 모래사장 대신 조수간만이 정확하게 조건에 맞는 시간을 못 맞추면 해병대원들을 진창에 빠트릴 갯벌만 넓었다. 여기에 더해 북한이 항구에 기뢰를 부설하기도 쉬운 데다 제대로 된 지휘관이라면 당연히 그럴 것이었다.

맥아더는 김일성이 제대로 된 쪽이 아니라는 데 걸었다. 그는 뛰어난 작전과 완벽한 실행이 모든 다른 장애물을 극복하리라 믿었다. 그가 옳다면 상륙작전은 서울까지의 최단거리 통로를 제공할 뿐 아니라 북한군의 보급로를 차단하고 김일성의 주력부대를 한반도 남쪽 끝에 고립시켜 공군력으로 궤멸시킬 수 있을 터였다.

"나는 운명의 시곗바늘이 움직이는 소리를 거의 들을 수 있습니다. 지금 실시하지 않으면 죽는 수밖에 없습니다." 맥아더는 8월 23일에 상륙작전 제안을 브리핑하면서 이렇게 말했다. "인천은 성공할 겁니다. 그것으로 수십 만의 목숨을 살릴 겁니다."

이 작전은 군사기밀이었다. 북한이 예상하지 못하고 준비를 못해야만 성공할 수 있었다. 하지만 몇 주일 전에 중국 정보부가 낌새를 눈치챘다. 병력과 함정이 대규모로 집결하는 것을 관찰한 뒤 상륙작전이 임박했다고 파악한 것이다. 게다가 이들은 일본을 상대로 태평양 전선에서 기습작전을 자주 벌였던 것처럼 인천에 상륙작전을 벌일 것이라고까지 예측했다. 당시 두 차례 중국을 방문한 북한 사절단에게 마오쩌둥은 미국이 인천을 공격할 것이며 북한에게 최악의 상황을 피하려면 후퇴해서 방어태세를 굳혀야 한다고 구체적으로 경고했다. 소련 군사고문단도 비슷한 경고를 내렸다. 상륙 11일 전, 평양주재 중국대사는 김일성과 만나 인천 상륙작전과 같은 사태가 벌어졌을 때 어떻게 해야 지나치게 분산된 북한군을 구할 수 있는지 토의하려 했다.

김일성은 베이징과 군사정보를 나누려 하지 않았다. 그의 정부는 중국에게 남침의 일정표를 알려줄 생각이 없었다. 중국측 관계자들은 신문 기사를 읽고 언제 무슨 일이 있었는지 파악할 지경이었다. 마찬가지로 김일성은 중국의 조언을 원하지 않았고 뭔가 도움이 들어와도 거의 언제나 무시했다.

"우리는 현 시점에서 미국의 반격은 불가능하다고 봅니다." 김일성이 중국 대사에게 말했다. "그들에게는 충분한 병력도 없고 우리 점령지역 후방에서의 상륙작전은 매우 어려울 겁니다."

인천 상륙작전 5일 전, 베이징은 맥아더가 곧 북한을 침공하리라는 사실에 거의 혼란에 빠졌고 중국 대사는 이 때문에 김일성과 면담했다. 중국 대사는 다시 한번 위대한 독재자에게 전략적 후퇴를 단행해 미국의 상륙작전으로부터 북한을 지키라고 권고했다.

"나는 후퇴를 생각할 일이 전혀 없습니다." 김일성은 답했다. 1930년대의 만주에서 김일성은 창의적이고 교활한 게릴라 지도자였다. 일본군을 공격할 때만큼이나 후퇴에도 능숙했다. 하지만 그의 지휘능력은 오래되고 제한적이었다. 그는 소총과 칼로 무장한 2백 명의 빨치산은 지휘해 봤지만 전차, 야포, 수백 킬로미터나 늘어진 보급선을 갖춘 수만 명의 병력을 지휘한 일은 없었다. 그의 무능 만큼이나 문제는 겁에 질린 그의 참모진이었다. 맥아더를 둘러싼 장교들만큼이나 그들도 지도자의 불만을 두려워했다. 김일성과 가까운 그 어느 누구도 북한군이 곧 패배하리라고 직언하지 못했다. 중국과 소련이 경고해도 그는 듣지 않았다.

1950년 9월 15일 새벽, 날씨는 인천 상륙작전을 위해 안성맞춤이었고 맥아더의 계획도 순조롭게 진행됐다. 13,000명의 해병대가 부두와 방파제를 덮쳐 겨우 2,000명에 불과한 북한군 수비대를 압도했다. 첫 날에는 겨우 20명의 해병대원들만 전사했다. 3일차에는 7만 명의 미군이 상륙했다. 10일 뒤 해병대는 서울에 도달했다. 한반도 남쪽에서는 미군이 부산 방어선을 돌파했고 북한군은 붕괴해 북쪽으로 후퇴했다. 김일성의 군대는 궤멸됐고 (남침에 투입한 것으로 추산되는 98,000명 중) 5만 명에 달하는 병력을 잃었다. 소련이 제공한 거의 모든 전차와 장갑차량들이 버려지거나 파괴되었다. 그러는 동안 미국 폭격기들은 북한의 도시들을 분쇄하고 있었다. 9월 하순, 슈티코프는 스탈린에게 김일성이 혼란에 빠지고, 절망적이며 희망을 잃었다고 보고했다.

스탈린은 전쟁이 벌어지기 전인 4월에 만약 북한이 "심한 타격을 입으면", 모스크바는 "손가락 하나 까딱하지 않겠다"고 단도직입적으로 경고했으며 마오쩌둥에게 도움을 요청할 수밖에 없다고 했다. 하지만 김일성은 어쨌든 소련에 애걸했다. 1950년 9월 29일, 전쟁이 시작된지 3개월하고도 4일 뒤, 맥아더는 공식적으로 한국 정부의 서울 환도를 선언했고 김일성은 스탈린에게 급전을 보냈다.

"저희는 현 상황이 지극히 불리하다는 사실을 보고드릴 수밖에 없습니다." 그는 이렇게 적었다. "적의 공군은 약 1천대의 항공기를 투입하지만 우리는 저들이 하늘을 지배하는 걸 막을 수단이 없습니다. 저들은 전후방을 가리지 않고 매일같이 시시각각 폭격을 퍼붓고 있습니다."

김일성은 스탈린에게 소련의 미그기와 북한 조종사들이 이를 조종하는 데 필요한 소련의 훈련을 간청했다. 그는 (정확하게) 미군과 남한군이 곧 북한으로 진격해 들어오리라고 예상했다. "적들이 38도선을 넘는 순간" 김일성은 적었다. "우리는 소련으로부터의 군사원조를 반드시 받아야만 합니다."

스탈린은 병력 파병을 거절했다. 그는 본국으로부터 멀리 떨어진 곳에서 미국과 지상전을 치를 생각이 없었다. 그 대신, 김일성의 다급한 전문을 읽은 지 이틀 뒤 그는 마오에게 전문을 보내 "한국 동지들의 상황이 절망적이다"라고 설명했다. 그는 중국이 이 문제를 해결해야 한다고 했다.

스탈린은 북한의 군사적 무능과 적절한 시간에 병력을 이동해 인천 상륙작전을 격퇴해야 한다는 자신의 충고를 받아들이지 않은 것을 질책했다. "북한에는 저항할 병력이 더 이상 없소." 스탈린은 마오에게 말했다. "38선으로 향하는 길은 훤히 뚫려있소."

김일성의 정권을 살리기 위해 스탈린은 마오쩌둥에게 "지체없이" 중국의 '의용군' 약 5~6개 사단(대략 10만 병력)을 보내 미군을 저지해야 한다고 권고했다. 그는 전문의 끝을 이렇게 맺었다. "나는 북한 측에 이를 알릴 생각은 없으나 알게 되면 기뻐할거요."

IV

해군사관학교가 된 진흙투성이 터널에서 정치장교가 생도들을 모았다. 그는 미국이 인천에 상륙했다고 했다. 더 이상의 설명도 없었다. 그 뒤로 생도들은 전쟁에 대한 공식 보도를 듣지 못했다. 그들에게는 소문만 들렸고 거의 전부가 겁에 질렸다.

미국의 상륙은 노금석을 흥분시켰다. 그는 인천 상륙—그리고 그 뒤를 이은 정보의 차단—이 위대한 독재자와 북한 공산정권의 종말의 시작이라고 추정했다. 그러나 동시에 큰 타격을 입은 육군은 곧 전선에서 싸울 보병을 하나라도 더 끌어오려 할 거라는 불길한 예감이 엄습했다. 그 어느 때보다 그는 끌려나가지 않을 구실을 찾아야 했다. 그 기회는 인천 상륙작전 1주일 뒤에 찾아왔다. 10여 명의 군의관이 무작위로 소집된 약 100명의 생도들에게 꼼꼼한 체력 검정을 실시했다. 노금석은 여기에 속하지는 않지만 군의관들이 무엇을 하는지 호기심을 가지고 지켜봤다. 군의관들은 몇몇 교수들에게 검정 결과 기록을 도와달라고 요청했다. 그 중 하나가 역사 교수로, 노금석은 이 과목에서 A를 받았다. 이 교수는 두 가지 "회전 테스트" 점수를 기록하고 있었다. 첫 번째에서 생도들은 회전의자에 앉아 20번 돌았다. 그리고 일어나서 똑바로 걷느라 애써야 했다. 두 번째에서 생도는 땅에 손가락을 딛고 그 둘레를 20번 돈 뒤 다시 서서 똑바로 걸으려 애써야 했다. 몇몇 동료들은 걸으려 할 때 쓰러졌다.

어지러워하는 동급생들을 본 노금석은 이들이 조종사 후보생을 찾는다는 사실을 깨달았다. 만약 선발된다면 최소한 1년은 훈련을 받을 터였다. 그렇다면 전쟁은 끝났을 것이다. 아마 조종 후보생들은 비행을 할 필요가 없을지도 몰랐다. 분명 최전선에서 대포밥이 될 턱은 없었다.

"교수님, 저도 테스트를 받을 수 있겠습니까?" 노금석이 질문했다.

교수는 잠시 주저한 뒤 그의 총애하는 열성적 공산주의자 제자를 바라봤다.

"그래." 그가 답했다. "이리 와서 받아보게."

노금석은 이 테스트에도 현기증을 느끼지 않았다. 그는 이 둘을 쉽게 통과했고 나머지 검사도 잘 받았다. 한참 뒤에 노금석은 이 회전 테스트가 삶과 죽음의 갈림길이었다는 사실을 알게 됐다. 이 테스트를 안 받았거나 실패한 생도들은 한국군과 미군과의 지상전에서 목숨을 잃었기 때문이다.

그날 저녁, 터널 밖의 절벽에서 노금석은 테스트를 통과한 다른 80명의 생도들과 함께 줄을 서라는 명령을 받았다. 9월 하순의 밤은 구름 한점 없이 달이 밝고 찬 바람이 불고 있었다. 바다로부터 들려오는 파도 소리가 노금석의 귀에 들어왔다. 그날 밤, 소련 공산당 역사를 가르치는 교수에 이끌려 이들은 약 30km를 행군해 또 다른 철도 터널까지 이동했다. 도중에 잠깐 휴식할 때 이 교수는 해군 사관학교의 기강이 터무니없이 엄격했다고 털어놓았다. 그는 그들에게 나중에 지휘관이 되면 좀 더 관용적이고 인간적이 되어달라고 당부했다.

노금서은 그 날 밤이 행군 동안 내내 들떠있었다. 김일성의 정부가 조종사가 되려던 꿈을 충족시켜줄 터였다. 이제 조종을 배운 뒤 비행기를 훔쳐 도망가면 됐다.

행군 끝에 도달한 터널에서 이들은 복지수준이 놀랄 만큼 향상된 것을 발견했다. 새로 정리된 침대가 기다리고 있었다. 아침에 일어나자 이들은 더 놀랐다. 드디어 승진한 것이다. 당번병이 노금석에게 어깨에 별 하나씩 달려 있는 새 제복을 가져왔다. 이제 그는 소위가 되었다. 터널을 나와 아침식사를 위해 장교식당으로 향하는 동안 그는 그보다 훨씬 나이가 많은 부사관 두 명과 마주쳤다. 그들은 당황스럽게도 노금석에게 경례했다. 아침식사 때에는 급사가 열심히 그들에게 봉사했고 식탁에는 흰 테이블보가 깔려있었다. 장교 식당의 음식은 충분했고 따뜻했으며 맛있었다.

첫날에 노금석은 소련 장교 몇 명을 목격했다. 이들도 철도 터널에서 지내면서 장교식당에서 밥을 먹고 북한 해군의 고문단 역할을 했다. 그 중 하나는 터널 주변에서 개를 산책시키고 있었다. 그날은 미국인들도 나타났다. 터널 위에 B-29편대가 나타난 것이다. 소련군과 북한군 모두 터널로 대피하러 들어갔다.

그날 밤, 미래에 대한 노금석의 낙관론은 해군 사관학교 부교장에 의해 사실로 확정됐다. 그는 새로 진급한 소위들에게 조종사가 될 것이라고 밝혔다. 그는 언제 어디로 갈 것이라고는 말하지 않았지만 당장 짐을 싸라고 명령했다. 그들은 그날 밤 다시 행군해 작은 철도 조차장에 멈췄고 그곳에서 2량의 객차로 편성된 열차에 타고 북으로 향했다. 열차는 미군의 폭격을 피하기 위해 동틀 녘에 터널로 숨었다. 노금석은 그 날 주변 강에서 수영을 즐기고 한 작은 마을에서 느긋하게 점심을 먹었다. 자정 무렵, 이들은 중국과의 국경인 두만강 남쪽의 역에서 기차를 갈아타기 위해 멈췄다.

"도강은 철저한 정숙 하에 실시한다." 이들이 검은 증기기관차가

끄는 중국 열차에 탑승하자 인솔장교가 말했다. "제복을 벗고 모든 계급장을 제거한다. 이 옷으로 환복한다."

노금석은 안에 솜이 누벼진 검은 바지와 상의를 지급받았다. 처음에 그는 작업복을 받은 줄 알았다. 하지만 열차가 강을 건너는 동안 그는 이것이 중국 인민해방군 제복임을 깨달았다.

5장

궁지에 몰리다

I

전술적으로 더 나은 선배들의 조언을 끈질기게 거절한 덕분에 4
개월도 지나지 않아 김일성은 대부분의 병력과 무기를 잃고 패배했
다. 그는 미국 항공력이 도시와 후퇴하는 병력을 유린하는 것을 막
을 방법이 없었다. 나중에 그의 휘하 지휘관 중 하나는 폭격이 북한
군을 "비탄에 빠지게" 만들었다고 기록했다. 병사들은 "낮에는 싸울
수도 움직일 수도 없었다… 비행기 소리가 들리는 순간 병사들은 너
무나 겁에 질려 신경쇠약에 빠질 지경이었다."

김일성의 전쟁은 10월 첫 2주일 사이에 속수무책으로 악화됐다.
한국군과 미군은 38선을 넘어 진격했고 북한을 지배하기 시작했다.
김일성은 평양을 등지고 북중 국경 인근에 숨었다. 항공 폭격을 두
려워한 그와 거의 모든 정부 요인들은 낮에는 대피호와 동굴, 터널
에서 지냈고 밤에만 이동했다. 김일성과 북한의 미래는 이제 전적
으로 스탈린과 마오쩌둥의 손에 달렸다.

스탈린은 한반도에서 공산당의 영향력을 확대하자는 아이디어를
찬양했고 미국이 이를 막기 위해 돈과 인명을 퍼붓는 것을 즐겼다.

하지만 미국과 직접 지상전을 벌이기는 싫었다. 인천 상륙작전 이후 북한의 패배 가능성이 높아지자 스탈린은 흐루쇼프에게 모스크바는 미국이 소련을 침공하지 않는 한 이들을 막기 위해 병력을 투입할 생각은 없다고 못박았다. '위대한 독재자'와 그의 나라는 소모품이었다. 스탈린은 미군이 소련과 중국 국경까지 도달하는 것도 참을 수밖에 없다고 털어놨다.

"어쩌란 말인가? 미국이 극동에서 우리 이웃이 되게 놔둘 수밖에 없네." 스탈린은 말을 이었다. "아마도 국경까지 미군이 오겠지만, 지금은 싸우면 안되네. 우리는 준비가 안되었다네."

스탈린과 마찬가지로 마오쩌둥도 김일성의 생존에 크게 신경쓰지 않았다. 김일성이야말로 이 모든 사태의 책임자였다. 전쟁이 시작되기 전, 마오와 처음 만난 김일성은 남침을 허락했다는 스탈린의 말을 전할 때 너무나 들떠있었다. 김일성에 대한 부정적 인상은 전쟁 초반에 김일성이 베이징에 전황을 전하지 않고 중국의 원조 제안을 거부하며 어쩌면 인천 상륙작전을 막았을지도 모르는 마오쩌둥의 조언을 거절하면서 갈수록 깊어졌다. 하지만 스탈린과 달리 마오는 미군이 자국의 동쪽 국경에 도달하는 것을 참을 수 없었다. 그는 미군이 만주로 침공할 수도 있고 내반의 국민당군을 무장시켜 침공해 들어올지도 모른다고 우려했다. "만약 미 제국주의자들이 승리한다면," 그는 8월 초에 정치국에 이렇게 말했다. "이들은 성공에 도취해서 우리를 위협할 수 있는 위치까지 들어올 거요. 우리는 조선을 도와야 하오."

인천에서 김일성이 참패한 직후, 중국은 이를 위한 대규모 준비를 시작했다. 10월 8일, 마오쩌둥은 중국 의용군 편성을 명령한 뒤 유명한 장군을 총사령관으로 임명하고 북중 국경에 병력을 집결시키기 시작했다. 김일성에게 보낸 전보에서 마오는 "우리는 침략자를 무찌르기 위해 조선에 의용군을 보내기로 결정했소."라고 적었다. 계획에는 10월 15일부터 중국군이 한반도로 진입할 예정이었다.

도움을 간절히 바라던 '위대한 독재자'는 행복으로 들떴다.

"훌륭합니다!" 그는 외쳤다. "완벽해!"

하지만 마오쩌둥은 김일성에게 중국이 미국과 싸우기 위해 필요한 핵심 조건을 말하지 않았다. 바로 항공 엄호였다.

중국군에게는 현대적인 공군이 없었다. 이 약점을 잘 알았던 스탈린은 7월에 마오에게 "만약 미군이 38선을 넘으면 우리는 중국군을 위해 최선을 다해 항공 지원을 할 거요"라고 말했다.

마오쩌둥은 말보다 더 현실적인 것이 필요했다. 자기 군대가 제공권을 장악한 미국에 의해 북한군처럼 일방적으로 학살당할 수도 있다고 우려한 마오는 소련 공군이 중국 보병과 함께 작전해 미군을 남쪽으로 밀어붙일 것이라고 기대했다.

1950년 10월 9일, 중국군의 참전 소식에 김일성이 기뻐한 바로 다음 날, 마오쩌둥은 비밀리에 최고위급 인사 두 명(저우언라이와 린뱌오)을 모스크바로 보내 스탈린과 회동하게 했다. 이들은 항공 지원 없이는 중국이 북한을 구할 수 없다고 말하라는 지시를 받았다. 중국 사절단은 흑해 연안의 별장에서 스탈린과 이틀에 걸쳐 회담했다.

"우리는 '소련 공군으로 우리를 도울 수 없습니까?'라고 요청했다." 나중에 저우언라이가 회고했다. "스탈린은 주저했고, 설령 북한을 잃어도 우리는 여전히 사회주의 국가이고 중국도 계속 존재할 것이라고 했다. 우리는 소련으로부터 공군력 일부를 원했을 뿐이고, 그래야 군을 투입할 수 있었다. 하지만 공군력 없이는 심각한 사태에 직면할 터였다. 스탈린은 공군을 투입할 수 없다고 했다."

스탈린의 게임에 분노한 마오는 개입 의사를 철회했다. 10월 12일에 보낸 전문에서 그는 스탈린에게 중국이 마음을 바꿨다고 했다. 북한을 돕지 않겠다는 것이었다. 하지만 그러면서도 그는 북중 국경에 계속 병력을 집결시키고 훈련도 계속했다.

마오의 전문은 스탈린에게 큰 변화를 가져왔다. 1주일 전까지만 해도 소련 정치국은 미국과 지상전을 치르느니 북한을 포기하자고 했기 때문이다. 마오의 전문을 받은 다음날 아침, 스탈린은 모스크바에서 북한에 관한 더 실망스런 소식들을 전해들었다. 소련 해군 총사령관은 맥아더가 북한 동해안에 또 한번 상륙작전을 실시할 예정이라고 알렸다. 3척의 항공모함과 전함 한 척, 세 척의 중순양함, 12척의 구축함, 2개 소해전단, 수백 척의 상륙정이 동해에서 목격됐다. 이 배들은 원산으로 향했다. 스탈린은 그러잖아도 참담한 상황이 더 악화되고 미국이 북한 전체를 장악할 것이라고 우려했다.

그날 오후, 스탈린은 더 이상의 손실을 막기로 결심했다. 그는 이례적인 전문을 작성했다. 그 어떤 미사여구도 지체도 없이, 스탈린은 김일성과 그의 군대가 한반도를 빠져나와 만주로 은신해 다음 지시를 기다리라고 했다.

"중국은 파병을 거절했음." 스탈린은 이렇게 적었다. "따라서 귀하는 조선을 빠져나와 최대한 빨리 북쪽으로 철수할 것."

김일성은 충격받았다. 북중 국경 인근도시인 고상진의 임시 사령부에 이 충격적 소식을 전하러 늦은 밤에 방문한 슈티코프가 나중에 스탈린에게 보고한 바에 따르면 김일성은 북한을 포기하는 것이 "아주 어렵다"고 말했다. 하지만 위대한 독재자는 명령받은 대로 도망칠 준비를 시작했다. 스탈린이 철수를 명령한 바로 그날 밤, 김일성은 슈티코프에게 북한을 떠나는 데 대한 조언을 부탁하고 소련에게 철수 계획을 짜 달라고 부탁했다. 그는 군 전선 참모부의 믿을 만한 장교인 최경덕 소장을 사령부로 불러 당장 만주로 떠나 거점을 확보하라고 지시했다. 그로부터 몇 시간에 걸쳐 김일성은 만주 시절부터 함께 싸운 빨치산 출신 최측근들에게 자기들이 다시 게릴라전을 해야 한다고 털어놓았다. 하지만 놀랍게도 마오쩌둥은 마음을 바꿨다.

스탈린이 북한을 포기한다는 전문을 보낸 지 몇 시간 뒤, 스탈린에게 마오로부터 보낸 전문이 도착했다. 소련의 항공지원에 관계없이 중국이 싸우기로 결심했다는 것이다. 몇 주일 이내에 26만명의 중국군이 압록강을 건너 북한으로 진입했다.

마오쩌둥은 미국이 한반도 전체를 지배한다는 사실을 참을 수 없었다. 맥아더가 북한에 무조건 항복을 요구했고 중국에 대해 적대적 자세를 취한다는 사실은 마오의 불안을 부추겼다. 그와 중국 수뇌부 모두는 미국이 곧 중국으로 진격해 들어오니 한반도에서 싸우는 게 낫다고 결정했다.

스탈린은 중국의 마지막 번복을 환영했다. 그는 김일성에게 편지를 보내 "조선을 위한 마지막이자 우호적인 결정이 마침내 내려진 것이 기쁘다"고 했다. 그 동안 김일성은 자신이 쥐새끼만큼이나 초라해진 것을 그저 바라만 보고 있어야 했다. 스탈린과 마오쩌둥의 변덕으로 인해 북한은 소멸될 위기에 처했다. 바로 다음날, 두 사람의 또 다른 변덕 덕분에 북한은 다시 존재를 허락받았다. 소련과 중국의 권력다툼 앞에서 위대한 독재자의 위상은 분명했다. 북한과 그 국민은 소모품이었다. 그도 마찬가지였다.

김일성의 굴욕—그리고 거기서 비롯된 적대감—은 북한의 대중/대소 관계에 영원히 영향을 끼친다. 장기적으로 김일성은 복수에 성공한다. 그는 두 공산 강대국의 권력투쟁을 이용해 군사원조 및 개발원조, 기술원조 등을 최대한 얻어낼 수 있었다. 하지만 단기적으로 중국이 그가 일으킨 전쟁의 주도권을 넘겨받으면서 김일성의 위상은 떨어지기 시작했다.

II

중국에서 노금석은 북쪽으로 기차를 타고 이동한 뒤 트럭으로 연길 비행장에 도착했다. 그곳에는 비포장 활주로와 약간의 낮은 벽돌 건물들이 있었다. 30대의 소련제 프로펠러 훈련기가 노천에 주기되어 있었고 날씨는 곧 아주 추워졌다. 그곳에 있던 교관들은 전쟁 초반에 미군의 폭격으로 모(母) 기지와 항공기를 잃은 북한 조종사들이었다.

비행장이 있던 곳은 1950년대에만 해도 아직 만주라고 흔히 말하던 지린성에 있었다. 그 곳은 김일성이 일본군과 게릴라전을 벌이던 지역 중 하나였고 여전히 인구의 상당수가 한국계였다. 연길에서 노금석은 아직 한국에 있는 것처럼 느꼈다. 신문도 한글로 발행됐다. 이곳의 대학에는 한국어로 강의가 진행됐다. 노금석은 지역 라디오 방송에서 한국 음악을 듣고, 동네 식당에서 한국 음식을 먹으며 지역 극장에서 한국 연극을 봤다. 연극 도중 배우들이 "우리

나라"라고 하는 게 중국이라는 사실을 깨달았을 때 노금석은 불현 듯 자신이 외국에 있다는 사실을 상기했다. 중국에 있는 덕분에 이들은 비행 훈련을 할 수 있었다. 만약 생도와 비행기, 교관들이 모두 북한에 있었다면 이들은 미국 폭탄에 박살났을 것이다.

초강대국들끼리 정한 비공식적인 규칙 아래에서 벌어진 한국전 쟁에서는 어디에 있느냐가 안전에 가장 중요했다. 이들은 모든 폭격 과 총격, 살상은 한반도 안으로 국한시키고 폭력이 더 큰 전쟁으로 퍼지는 것은 막기로 했다. 워싱턴, 모스크바, 베이징의 지도자들은 전쟁을 더 확대시킬 수도 있었지만 그러지 않기로 했다. 트루먼은 미국 조종사들에게 만주나 소련 극동지방의 지상 표적을 공격하지 말라고 했다. 그의 자제심은 한반도에 중국군이 밀려올 때 시험대에 올랐다. 그의 장군들은 만주에 핵폭탄을 떨어트릴 계획을 입안했고 미군 조종사들은 몰래 국경을 넘어 비행중인 적기를 사냥하려 했다. 하지만 만주의 지상 표적들은 전쟁기간 내내 안전을 보장받았다.

그 덕분에 노금석은 새로운 거처가 조용하고 놀랄 만큼 안락하다 는 사실을 깨달았다. 동굴이나 터널에서 벌벌 떠는 대신 그는 난방 이 잘 된 내무반에서 짚을 넣은 매트리스를 깔고 지냈다. 국에는 고 기도 넉넉하게 들어있었다. 연길에서 북한군의 목표는 젊은 조종사 들에게 최대한 빨리 비행을 가르치는 것이고 쓸데없이 괴롭히며 군 기잡는 것이 아니었기 때문에 이들에게는 적당한 수준의 수면시간 이 보장됐다. 이들은 아침 6시에 일어나 밤 9시나 10시에 자도록 권고받았다.

노금석은 한 번도 비행기를 조종하기는 커녕 근처에 간 일도 없었 다. 심지어 차도 운전한 일이 없었다. 다행히 동료들 역시 마찬가지였다. 이들은 4주간 강의실에서 내연기관이 어떻게 작동하는지, 비행의 원리는 무엇인지, 방향타나 플랩과 같은 비행기의 각 부위 명칭은 어떤지 등 기초지식을 배우면서 전투기 조종사로서의 길을 시작했다. 초겨울이 되자 만주는 눈에 뒤덮였고 이들은 강의실을 나와 소련이 열차로 실어다 준, 2차 대전 때 만든 프로펠러 훈련기에 몸을 실었다. 교관들은 이들에게 캔버스 천으로 겉을 감싼 경량 2인승 연습기인 야크 18 비행법을 가르쳤다. 300마력의 엔진을 가진 이 비행기는 만약 아버지가 반대하지 않았다면 가미카제 조종사가 되어 몸을 실었을지도 모를 일본의 제로 전투기와도 닮아있었다.

첫 비행에서 노금석은 야크 18의 앞자리에 앉았고 그의 뒷자리에는 교관이 앉았다. 이륙이 어찌나 부드럽던지 노금석은 자신이 공중에 떠있는 것도 느끼지 못했다. 점차 교관은 노금석에게 조종을 맡기면서 실속하지 않으려면 어느 정도의 속도를 유지해야 하는지 알려줬다. 노금석은 이를 이해하고 모든 것을 기억했다. 다음번 비행에서 그는 배운 것을 완벽하게 반복했다. 그는 항법 감각이 좋았고 비행에도 소질이 있었으며 자신감이 더할나위 없이 높았다. 또 비행기가 뒤집어진 상태로 비행해도 멀미가 나지 않았다. 무엇보다 비행을 배우면서 희망이 생겼다. 이제 북한을 빠져나갈 수단이 생긴 것이다.

그는 30시간의 훈련 후 야크 18 단독비행에 성공했고, 더 무겁고 완전 금속제이자 더 조종하기 힘든 프로펠러 전투기인 야크 11로 옮겨갔다. 더 큰 항공기로 첫 단독비행에 나선 그 날, 비행장에는 눈이 덮여 있었고 노금석은 첫 비행을 자원했다. 30분 뒤, 착륙하러 돌아왔을 때 강한 바람과 겨울 햇살, 그리고 눈 덮인 활주로는 그의 시야를 혼란스럽게 했다.

고도가 얼마인지 감각을 잃어버린 그는 비행기를 실속시켜 활주로에 닿자마자 다시 떠올랐고, 또 활주로에 닿아 튀어오른 뒤 간신히 멈췄다. 우연히 이를 목격한 기지 사령관은 노금석을 경멸하며 쳐다봤다.

"그따위로 착륙하는 건 처음 봤네."

하지만 이 엉터리 착륙도 북한 공군에서의 노금석의 지위를 해치지는 않았다. 그들은 조종사의 비행 능력보다 충성도를 더 따졌다. 정치장교들은 조종 생도들을 면밀히 관찰하며 누가 단독비행의 특권을 악용해 남한으로 망명할지 주시했다.

바로 그 망명을 꿈꾸던 노금석은 이를 감추기 위해 애국심을 둘러야 했다. 그는 친 공산주의 신문을 비행장에서 만들고 스스로 극렬 공산주의자 편집장에 취임했다. 그가 만든 '전투 일보'에서 노금석은 위대한 독재자에 대한 헌신을 확인하고 비행장에 있는 고위 장교들에게 아첨했다.

1년 이상 함께 먹고, 자고, 일했음에도 노금석에게는 조종 후보생들 중 친한 사람이 거의 없었다. 이들과 거리를 두는 것은 공산당 연기를 더 쉽게, 덜 지치게 만들었다. 모든 북한 조종사들은 서로를 밀고할 의무가 있었으며 조금이라도 의심스럽거나 충성을 의심스럽게 만드는 모든 대화와 행동을 주기적으로 보고했다.

노금석이 연길에서 믿은 것은 '근수성'이라는 이름의 인물 단 한 명이었다. 그도 해군 사관생도였다 조종후보생이 되었다. 노금석보다 6년 연상인 근수성은 교육수준도 높았고 다른 북한인들보다 바깥세상에 대한 안목이 높았다. 2차 대전중 일본이 한국에 설립한 상선용 선원 학교에 다녔기 때문이다. 노금석과 마찬가지로 근수성도 가짜 공산주의자였다. 이 두 젊은 조종사들은 서로의 거짓말을 눈치채고 김일성 정부에 대한 서로의 증오를 직감했다. 그들은 서로의 비밀을 털어놓았다. 근수성은 전쟁이 끝나면 영국으로 가고 싶다고 했다. 그는 살아남기 위해서는 자신이 당원인 조선 노동당과 김일성에 대한 애정을 나타내야 한다고 믿었다.

근수성은 전투일보를 노금석과 함께 만들었다. 이들은 매일 밤 서너 개의 기사거리를 쓰고 그렸다. 글은 노금석이 손으로 썼고 근수성은 삽화와 만화를 그렸다. 기지에는 타자기도 등사기도 없었다. 노금석과 근수성은 먹지에 펜으로 최대한 세게 눌러서 쓰고 그렸다. 이렇게 해서 원본과 몇 장의 희미한 사본을 도화지에 붙인 뒤 휴식중인 생도들과 교관들, 그리고 몇몇 상급 장교들에게 매일같이 보여줬다.

전투 일보는 유머를 이용해 생도들이 비행 능력을 높이는 한편 비행시간은 절약하고 연료 소비도 최소한으로 줄이려 했다. 이 신문은 비행기와 활주로를 파손시킬 실수를 피하게끔 경고했다. 노금석과 근수성은 북한군, 특히 미국과 전선에서 싸우는 보병들의 용맹과 희생을 찬양하는 데 특히 노력을 기울였다. 신문의 모든 기사는 젊은 파일럿들에게 현명하고 근면한 상급자들에게 복종할 것을 강조했다.

정치장교들은 이들을 주목했다. 이들은 노금석을 이념 집회에서 칭찬했다. 노금석은 이런 집회들에서 최대한 일어나서 미 제국주의를 비난하고 위대한 독재자의 용기와 지혜를 찬양했다. 노금석의 애국자 행세는 북한에 있을 때 사관학교에서 오랫동안 분열 연습을 한 덕을 톡톡히 봤다. 연길의 지휘관은 이들이 비행장에서 러시아어로 혁명가를 부르면서 똑바로 행진할 때 활짝 웃었다. 그는 이들을 특별한 생도들이라고 칭찬했다.

노금석이 만주에서 겨울을 지낼 때 듣지 못한 것은 김일성의 목소리였다. 위대한 독재자의 선전은 이번에는 정말 존재감이 낮았고 노금석은 왜 그럴지 신경이 쓰였다. 위대한 독재자가 최근에 내놓은 연설을 칭찬하는 것은 상급자들에게 자신의 애국심을 입증하는 가장 쉬운 방법이었다.

이제 칭찬할 것이 없었다. 위대한 독재자가 침묵하고 있었다.

III

중국군이 북한으로 진입하려 준비하는 동안, 그들의 사령관인 펑더화이는 야전 지휘관으로서의 김일성의 자질을 평가한 뒤 그가 모험을 두려워하지 않는 바보라고 평가했다.

"장기적인 계획은 없고, 모험심 외에는 볼 것이 없군!"

펑더화이는 김일성이 전쟁 초반 수개월간 보여준 통솔력을 평가하며 이렇게 썼다. "군에 대한 지휘는 더할 나위 없이 유치하다." 이는 중국만의 시각이 아니었다. "김일성은 자기 운명을 임기응변과 운에 맡기는 유형의 모험가이다." 김일성의 옛 동료중 하나는 이렇게 썼다. "그는 언제나 무모한 공격을 명령하고는 효과적이거나 시의적절한 철수는 계획하지 않았다."

펑의 평가는 베이징에 큰 영향을 줬다. 그는 중국의 최고 장성이었고 국공내전의 영웅이며 마오쩌둥의 친한 친구(비록 나중에 의견이 엇갈리면서 펑더화이는 중국 감옥에서 죽었지만)였다. 마오쩌둥은 그가 쓴 시에서 펑더화이를 "우리의 유일한 장군"이라고까지 칭송했다. 빈농의 아들로 태어나 찢어지게 가난한 유년기를 보낸 그는 이상적인 공산주의자이자 군대는 반드시 적의 능력을 이해하고 그에 맞춰 싸워야 한다고 믿은 노련한 군인이었다. 장제스의 국민당과 내전에서 싸워 이기는 과정에서 그는 절대로 정면 공격을 감행하지 않았다. 그 대신 그는 속도와 은밀성을 내세워 적의 허를 찔렀다. 한국전쟁에서 그는 미군이 항공력은 치명적이고 지상에서도 갈수록 강해진다고 여겼다. 만약 중국군이 미군과 싸워 이기려면 펑더화이는 김일성의 아둔함을 어떻게든 막아야 한다고 믿었다. 펑더화이는 중국군뿐 아니라 북한군의 지휘권까지 장악하려 했다. 북한에서 군사적 주도권을 잡기 위해 그는 김일성에게 고함치며 다른 관계자들 앞에서 그를 힐난했다.

"귀하는 빠른 승리만 믿고 제대로 준비를 안한 탓에 전쟁을 길어지게 만들었소." 펑은 김일성에게 말했다. "귀하는 운만 믿고 전쟁이 끝나길 빌었소… 나는 귀하처럼 적을 오판하는 실수를 절대 범하지 않겠소."

김일성은 그의 만신창이가 된 군대가 중국군의 보호를 빈는 동안에도 이 요구에 몇달이나 저항했다. 북한의 지도자는 통합 지휘체계를 찬성할 수 없었다. 그는 중국 의용군도 자기 사령부에서 지휘하기를 바랐다. 그는 중국군이 북한 화폐를 쓰고 사용하는 장작도 시장가격을 주고 사라고 요구했다. 중국군과 북한군은 곧 서로의 이동 및 전투, 보급에 사사건건 간섭했다. 중국군이 처음 참전했을 때, 펑더화이의 의용 제39군은 10월에 한 미군 사단을 포위하려 했다. 그 때 북한군 전차가 실수로 중국군을 공격했고 미군은 그 틈에 포위망을 빠져나갔다. 김일성에 대한 펑더화이의 불만은 높아져 갔고, 이를 마오쩌둥에게 보고했다. 그리고 마오는 스탈린에게 불평했고, 곧 스탈린은 김일성에게 중국의 요구를 들으라고 명령했다. 중국은 곧 도로와 철도, 항만, 비행장, 비축식량, 전투 및 물자운반을 위한 인력 모집을 통제하게 되었다.

펑더화이는 일단 지휘권을 확보하자 기습을 통해 11월 하순부터 대규모 공세를 통해 북한에서 중국군을 몰아내려던 미군을 압도했다. 맥아더는 북한을 과소평가하듯 중국군을 과소평가하면서 이 공세로 "병사들이 크리스마스까지는 집에 갈 수 있을 것"이라고 호언장담했다. 하지만 18만명의 중국군은 한반도 서쪽으로 진격하던 미 8군에 큰 타격을 입혔다.

1950년 12월 2일 무렵에는 크리스마스 전까지 병사들을 집에 돌려보내려 시작했던 공세가 "끔찍한 악몽"으로 돌변했다. 8군은 평양을 포기하고 38선까지 거의 200km를 후퇴했다. 미군 역사상 가장 긴 후퇴였다.

동시에 중국은 한반도 동부에 있는, 일제 강점기 때 만들어진 인공 저수지 장진호 인근에 또 다른 덫을 설치했다. 노금석과 그의 부모는 종종 여름의 무더위를 피해 이곳에 놀러왔었다. 하지만 겨울에 이 곳은 살인적으로 춥고, 대부분이 겨울에는 걸맞지 않게 입은 미군들이 시베리아 한랭기단에 휩싸인 1950년 11월에는 특히 그랬다. 기온은 영하 37도까지 떨어졌다. 총도 발사되지 않았다. 혈장은 의료 텐트 안에서 얼음덩어리가 되었다. 지상 병력이 미군의 두 배나 되는 중국군은 미 육군 제10군단과 미 해병 1사단을 궤멸시키려 했다. 뛰어난 통솔력과 해병대의 치열한 전투 덕에 미군은 간신히 궤멸을 면하고 중국군의 포위망을 돌파할 수 있게 했다. 하지만 후퇴는 후퇴였다. 펑더화이의 지휘능력 덕분에 중국군은 미군을 유린하고 맥아더에게 망신을 준 뒤 3개월도 안되어 북한 전역을 탈환했다.

위대한 독재자는 이 승리에 사실상 한 일이 없었다. 뒷전으로 밀려난 데 분노하면서 김일성은 만주에서 자기 군대를 부활시킬 그림의 떡과도 같은 계획을 꾸몄다. 그의 계획에는 스탈린의 도움이 필요했고, 여전히 협조적인 소련 대사 슈티코프를 통해 자기 뜻을 스탈린에게 전달했다.

"우리의 북한 친구는 9개 사단에 해당하는 병력을 끌고 만주로 후퇴하려 함." 슈티코프는 스탈린에게 이런 전문을 보냈다. "우리 동지들은 90명의 소련 군사고문단을 파견받아 9개 사단에 대한 교육 및 훈련시설 구축을 하려 함. 북한 측에서는 이런 도움을 받지 못한다면 직접 전투할 능력을 키우는 데 1년이 걸릴 것이라 함."

스탈린은 거절했다.

김일성은 이 소식을 듣자 잠시 침묵한 뒤 "어쩌다 이렇게 됐지?"라고 했다.

김일성에게 상황은 더 악화됐다. 1950년 끝무렵, 스탈린은 5년이나 김일성에게 가장 협조적인 소련 대사이자 스탈린에 대한 유일한 직통 채널이던 슈티코프를 해임했다. 오랫동안 대사직에 종사한 그는 김일성과 너무 가까운 탓에 경력을 마친 듯했다. 슈티코프를 대체한 인물은 스탈린의 신임을 받지 못했고 김일성의 불평은 더 이상 소련 지도자에게 직접 닿지 못했다. 북한은 곧 소련의 그저 그런 위성국들 중 하나가 되어버렸다. 모스크바에 대한 북한의 하소연은 베이징을 거쳐 넘어갔다. 소련으로부터 돈과 물자, 군사고문단을 받으려면 김일성은 펑더화이와 마오쩌둥의 환심부터 사야 했는데, 펑더화이는 김일성을 머저리라고 생각했고 마오도 마찬가지였다. 회고록에서 흐루쇼프는 평양주재 소련 대사가 김일성의 정신상태에 대해 "아주 비극적인 보고"를 보냈다고 기록했다.

1950년 가을, 김일성은 작년에 사망한 아내의 죽음을 여전히 슬퍼하는 38세의 홀아비였고 그의 둘째 아들은 1947년에 연못에 빠져 익사했다. 그는 거의 존재하지 않는 국가의 수장이었고 늘 도망다니며 미국의 폭격을 피하기 위해 대피호에 아들과 딸과 함께 틀어박혀 있었다.

하지만 힘든 상황에서 고통받는 것은 김일성에게 낯선 경험은 아니었다. 만주에서 게릴라를 이끌면서 그는 일본군과의 전투에서 패배를 견뎠고 중국의 수많은 배신으로부터 살아남았다. 역사가 아드리안 부조의 표현을 빌리자면 그는 "약탈적이고 무력이 지배하는 정치환경 속에서 성장하면서 잔혹함과 범죄성을 일상으로 받아들이는 시각을 키웠다."

김일성은 곧 전쟁중의 무기력함에서 깨어나 1950년 끝무렵에 중국군이 평양을 탈환하고 북한 전역을 되찾으면서 맹수와도 같은 본능을 되살렸다. 전쟁의 흐름이 뒤바뀌자 김일성은 12월 21일에 폭격으로 폐허가 된 강계에서 노동당 당대회를 개최했다. 그곳에서 그는 "거의 모두를 공격했다." 그는 자신의 실패를 부하들의 무능력과 비굴함, 기강해이 탓으로 돌렸다. 오랫동안 그는 자기 군대와 자기의 선전조직, 자신의 보안조직, 그리고 전쟁이 일어나면 도울 것처럼 말했지만 실제로는 아무것도 안 한 남쪽의 공산주의 게릴라 지망생들을 비난했다. 그리고는 자신의 연설을 검열해 대부분의 북한인들(만주의 비행장에 있는 노금석을 포함해)이 위대한 독재자가 무슨 말을 했는지 알기 힘들게 했다.

중국은 전쟁의 주도권을 쥐었으나 소련과 달리 북한 정부의 내부 사정에는 간섭하지 않았다.

모순 같지만 김일성은 자신의 무능함 덕을 봤다. 중국은 지상전이라는 힘든 일을 떠맡았고 덕분에 김일성은 전쟁을 직접 관리할 필요가 없어지면서 그 시간에 정적을 제거하는 데 집중했다. 그의 무능함은 동시에 그 동안 그의 행동을 관리하던 소련 고문단과의 관계를 약화시켰다. 이들의 영향력을 배제하자 그가 만주에서 키워온 잔인함이 고개를 들었다.

12월의 당 대회에서 김일성은 어떤 독재자가 될 것인지의 면모를 보이기 시작했다. 스탈린을 찬양할 때가 되자 그의 아첨은 줄었고 보다 강경해졌다. 위대한 소련과 세계 혁명을 위한 영광된 지도자를 거론하던 시절은 갔다. 그 대신 그는 당에게 "사령관의 명령 아래에서 마치 한 사람이 된 것처럼" 행동하라고 요구했다.

펑더화이가 파악했듯 김일성은 미국 같은 강력한 적을 상대하기에는 너무 유치하고 너무 참을성이 없었다. 하지만 정치는 달랐다. 김일성은 자기가 법을 만드는 만큼 내정에서는 승리할 수 있었다. 그의 공식 전기 작가는 김일성의 새로운 세계에 대해 이렇게 설명했다. "전쟁에서 이기려면 모든 당원들과 노동자들이 단일화된 이념 체계를 건설하고, 지도자의 사상으로 단단하게 무장하며, 지도자의 가르침을 충실하게 따르고, 목숨을 경애하고 존경하는 김일성 동지에게 그 어떤 고난 속에서도 주저없이, 어느 때나 어느 곳에서도 위탁하며, 지도자 동지의 가르침과 당의 결정을 조건 없이 받아들일 뿐 아니라 실행해야만 한다."

1950년 마지막 몇 주일 동안, 김일성은 여전히 미국이 폭격을 계속해 불타는 평양에 돌아왔다. 미 공군은 평양의 75%가 파괴되었다고 추정하며 북한 정부는 두 곳을 제외한 평양의 모든 현대적 건물이 파괴되었다고 주장한다. 위대한 독재자는 자기가 일으킨 전쟁을 지휘하지도 못한 채 종종 지하실에서 지내야 했다.

IV

1951년 초봄, 노금석의 전쟁은 럭셔리하게 변모했다. 그는 수입된 캐비어를 먹고 입술을 갓 세탁된 천 냅킨으로 닦았다. 그는 생전 처음으로 스프링이 들어간 매트리스가 깔린 침대에서 잤다. 3일마다 그는 모스크바에서 공수된 새 영화를 보았다. 대부분이 키 큰 금발의 수다스러운 러시아인 조종사들인 식당에서 그는 보르쉬(러시아식 수프)와 보드카, 피로시키, 생선 파이, 그리고 버터와 흑빵을 마음껏 먹었다. 이 음식 대부분은 소련에서 공수되었고 베이징의 외국인용 호텔에서 온 주방장들이 만들었다. 웨이터들도 특급호텔에서 동원되었고 깔끔한 흰 제복을 입고 식당을 누비며 많을 때는 다섯 접시를 한 손에 들고 다녔다. 노금석이 더 달라고 하면 웃으면서 가져다 주었다. 지금까지 비행교육을 받으며 가장 좋은 것은 음식이었다.

노금석은 제트기 조종훈련을 받게 되자 이런 호사스런 음식을 누리게 되었고 함께 조종후보생이 된 해군 사관생도들도 대부분 마찬가지였다. 이 훌륭한 음식들은 중국의 제철 도시이자 북한 국경에서 북서쪽으로 240km정도 떨어진, 산악지대가 평야로 바뀌기 시작하는 지점인 안산(鞍山)에 있는 소련이 운영하는 비행장에서 맛볼 수 있었다. 1951년 3월 7일에 열차로 이곳에 도착하자마자 노금석은 오랫동안 겪었던 것보다 훨씬 안락하다고 여겼다. 그와 함께 식사하는 러시아인 비행교관들은 20대 후반이었다. 이들은 사교적이고 지적이며 도회적이었다. 삶에 찌든 북한인 동료들보다 훨씬 즐거운 상대였다. 특히 언어 덕분에 그랬다. 1등 공산주의자가 되기 위해 그는 오랫동안 러시아어 회화를 갈고 닦았다. 고등학교를 졸업한 뒤에는 3년에 걸쳐 대학 수준의 러시아어를 흥남 화공대학과 해군사관학교에서 연마했다.

안산에서 대부분의 북한 조종사들은 통역 없이는 의사소통을 할 수 없었다. 하지만 노금석은 러시아인 교관들과 정비병들—한국어와 중국어는 거의 못하는—에게 직접 대화를 걸 수 있었다. 그 덕분에 그는 제트 전투기 조종법을 더 배울 수 있을 뿐 아니라 다른 동료들보다 더 빨리 배웠다.

비록 만주에 6개월이나 있었지만 조종 후보생들 대부분은 북한에서의 고된 훈련으로 인해 마음 깊이 상처를 입었고 특히 해군사관학교의 동굴과 터널 생활 동안 심한 상처를 입었다. 이들은 강등은 물론 비행기가 추락하거나 잘못된 말을 할 때, 혹은 이념 검증을 통과하지 못했을 때 죽을지도 모른다는 공포에 시달렸다

제트전투기 조종에 선발되지 못한—대신 낡은 프로펠러기를 몰게 된—조종사들이 열등한 조종사들이라는 보장은 없었다. 대부분

은 연기를 못했다. 노금석과 달리 이들은 위대한 독재자의 헌신을 찬양하는 데 실패했다. 이념적 향상을 위한, 거의 끝이 없고 사람의 마음을 마비시키는 집회들에서 이들은 정치장교에게 아부하는 데 실패했다. 이 불행한 후보생들 중 하나인 이영철은 노금석의 흥남 고등학교 시절 동급생이자 해군 사관학교 동기생이었다. 그는 제트 전투기 조종을 못하게 된다는 사실을 알자 분노했다. 누군가 그가 "소련제 프로펠러기로 미군과 싸우느니 남쪽으로 도망가겠다"는 말을 한 것을 들었다. 이 말실수로 인해 그는 비밀리에 처형당했으나 그의 죽음에 대한 소문은 후보생들 사이에 돌았고 모두를 공포에 질리게 만들었다.

반면 노금석이 식당과 활주로에서 본 러시아인 조종사들은 그가 상상 속에서 만난 미국인들처럼 자유인이라도 된 양 행동했다. 이들은 자신감에 넘치고 자유롭게 의견을 발표했으며 재미있었다. 보드카를 마시면 이들도 시끄럽고 장난이 심해졌지만 잔인하거나 폭력적이 되는 일은 거의 없었다. 이들은 그가 5년 전에 강계에서 만난 러시아인들과는 너무나 달랐다. 그 때의 소련군은 뚱뚱하고 더러우며 북한 주부들을 강간하고 길거리에서 토하는 쓰레기들이었다.

안샨에서 그를 가르친 교관 알렉세이 니키첸코 대위는 인내심 많고 세련된 모스크바 출신이었다. 늘씬하고, 신사적이며 섬세했다. 그는 노금석에게 아내와 두 어린 아들의 사진을 보여주며 종종 가족이 그립다고 했다. 안샨의 교관들은 소련 최고의 제트전투기 조종사들이었다. 상당수가 2차 세계대전 중 독일군과의 공중전을 경험했다. 만주에 오기 전에 이들은 모스크바에 주둔하며 언제 올지모를 미국의 폭격을 방어하는 한편 붉은광장에서의 공중분열에도 참가했다.

이들의 지휘관은 소련에서 가장 유명한 군인중 하나인 이반 N. 코제두프였다. 숙달되고 겁 없는 조종사로 매와도 같은 푸른 눈을 가진 그는 2차 대전중 무려 62대의 독일기를 격추한 대기록을 달성했고 소련 최고의 영예인 소연방 영웅 칭호를 세 번이나 받았다. 코제두프의 영예와 지위, 그리고 그 부하들의 뛰어난 비행 능력은 안산 비행장에서의 사치스런 대접의 원인중 일부였다. 이들을 이곳에 파견하기 위해 스탈린이 직접 내린 명령도 중요한 몫을 했다. 1950년 11월 20일에 보낸 암호전문에서 스탈린은 김일성에게 북한 공군의 2개 전투비행 연대를 양성할 제트 전투기 조종 교관들을 파견하겠다고 약속했다. 1개월 뒤 코제두프와 그의 부하들은 극동지방으로 향하는 열차에 몸을 실었다. 노금석이 3월에 첫 북한 조종후보생의 일원으로 안산에 도착할 무렵, 소련 조종사들은 두 달 넘게 이들을 기다리고 있었다.

이 엘리트 소련 조종사들은 그 곳에서 싸움이 아니라 교육을 위해 있었다. 스탈린은 미국과의 전면전 가능성을 최소한으로 줄이려 했다. 하지만 방해받지 않는 미국의 항공력은—특히 중국이 참전한 뒤에는—스딜린의 생각을 바꿨다. 미국 항공전력은 압록강의 다리란 다리는 차례차례 파괴해 보급선을 마비시켰고 북한에서 항공엄호 없이 싸우는 중국군을 대량으로 살상하고 있었다.

맥아더는 자아도취로 인해 벌어진 실수를 만회하기 위해 폭격을 더욱 강화했다. 그는 인천에서의 승리에 너무 오래 취한 나머지 중국군이 북한에 진입한다는 첩보를 무시했다. 중국군이 미군을 죽이고 영토를 탈환하자 맥아더는 초토화 전술을 요구했다. 그는 소이탄 사용을 허가하고 공군에게 북한의 "모든 통신 및 교통수단과 모든 시설, 공장, 도시, 마을"을 파괴하라고 명령했다. 그는 폭격기들이 "사막"을 만들어 UN군의 최전선과 북중 국경 사이에 공산군을 지원할 수 있는 그 어떤 것도 없게 만들라고 명령했다.

중국군 참전 이전에 미 공군은 북한에 일반 고폭탄을 투하했다. 이 폭탄들은 청진에서 노금석이 목격했듯 건물을 찢어버리고 교량을 무너트리며 수만 명을 죽였다. 하지만 도시 전체를 화염에 휩싸이게 하지는 않았다. 워싱턴의 정치가들과 장군들은 전쟁 초반에는 사람의 피부에 붙어 오랫동안 타는 네이팜탄 같은 화학물질이 든 폭탄을 쓰고 싶어하지 않았다. 2차 세계대전중 B-29에서 투하된 소이탄은 일본의 대도시들에서 화염 폭풍을 일으켰다. 1945년 3월의 어느 바람 부는 밤에 미군은 약 363톤의 네이팜탄을 한 시간도 안 되는 사이에 투하했고, 약 39제곱킬로미터의 범위에 엄청난 불폭풍을 만들어 거의 10만명을 죽게 했다. 어찌나 불길이 거세던지 폭격기의 바닥 페인트가 녹았고 조종사들이 "사람의 살이 타는 냄새"를 맡을 정도였다.

중국군이 미군을 밀어내자 워싱턴은 논쟁을 그만두고 북한 도시들에 네이팜탄을 썼다. 이들은 공군 전략가들의 "네이팜탄은 경제적이고, 효율적이고, 신속하다"는 주장에 동의했다. 최초의 북한에 대한 소이탄 폭격은 1950년 11월 4일에 26대의 B-29가 노금석이 중학교를 다녔던 도시인 강계를 찾으면서 시작됐다. 악천후로 인해 표적은 청진으로 변경됐고, 8월에 노금석이 목격했던 집중폭격으로 이미 폐허가 된 도시를 불바다로 만들었다. 이틀 뒤, 펜타곤은 공군에게 만주와의 국경에 있는 압록강의 교량들을 모든 수단을 동원해 파괴하라고 지시했다. 국경도시 신의주는 70대의 B-29로부터 소이탄 폭격을 당했다. 화염 폭풍으로 도시는 완전히 타버렸고 2,000명 이상의 시민이 목숨을 잃었다.

그 뒤 3개월에 걸쳐 미 공군은 한국전쟁 전체에 걸쳐 사용한 폭탄 중 40%를, 네이팜탄의 2/3를 사용했고 북한의 대도시 대부분과 많은 소도시들이 불바다가 되었다. 미국의 전폭기 조종사들은 네이팜탄을 즐겨 썼다. 한 조종사는 "마을을 공격할 때 화염이 치솟는 것을 보면 뭔가 달성했다는 느낌이 든다"고 했다.

미군은 한국전쟁에 32,000톤의 네이팜탄을 투하했다. 이는 1945년에 일본에 투하한 양의 두 배였다. "괜찮은 날"에는 평균 26만 리터를 하루에 투하했다. 그로 인한 인명피해는 맥아더조차 겁에 질리게 만들 정도였다. 트루먼에게 해임된 후 그는 의회에서 이렇게 증언했다. "저는 왠만큼 유혈사태와 재난을 본 사람이라고 생각합니다. 하지만 한국은 제 기준으로도 심각했습니다. 폐허와 수많은 부녀자와 어린이들을 본 뒤 저는 구토했습니다."

스탈린이 북한의 주요 도시들이 미국 네이팜탄에 불덩어리가 되는 걸 막기 위해 소련 공군을 동원한 적은 없었다. 소련의 문서기록을 보면 스탈린에게 북한의 대규모 민간인 살상은 중요한 일이 아니었고 전략적 고려대상도 아니었음이 나타나 있다. 하지만 전쟁이 가열되고 맥아더의 항공 공격이 더욱 심해지면서 중국군의 피해도 가중되자 중국을 하늘에서 돕지 않겠다는 스탈린의 생각도 바뀌었다. 그는 압록강 주변 상공에 더 많은 제트 전투기를 투입해 북한으로 들어가는 중국군과 그들을 위한 보급로를 지키려 했다.

한동안 스탈린은 최고 제트 전투기 조종사들을 실전에 투입하지 않고 2선급 조종사들만 투입하려 했다. 하지만 이들에게는 B-29 엄호를 위해 파견된 미군 조종사들과 맞설 기량도, 자신감도, 실전 경험도 없었다. 1951년 3월, 몇달에 걸쳐 전투를 겪고 계속 격추당하자 이들 2선급 소련 조종사들은 "도망가고 전투를 회피하기 시작"했다. 정예 전투비행대를 지휘하던 예프게니 페펠랴에프 중령은 압록강 상공에서의 공중전에서 공산당이 "도망가고 허둥지둥하는" 쪽이 되어버렸다고 할 정도였다.

노금석이 강의실에서 활주로로 자리를 옮기고, 제트 추진 이론을 이제 조종석에서 직접 체험하려던 그 순간, 스탈린은 안산 기지에 있는 모든 정예 러시아 교관들에게 실전 투입을 명령했다. 압록강 상공은 곧 유명한 "미그 회랑"이 되었다. 세계 최초의 제트 공중전이 벌어질 찰나였다. 노금석의 교관이자 가족을 보고 싶어하던 니키첸코 대위도 전투에 참가했다. 노금석 역시 공중전에 투입되지만 몇 달 뒤의 일이었다. 그는 아직 미그기를 조종하지 못했다. 적어도 지금은 스탈린 덕분에 탈 미그기조차 없었다. 교관들이 실전에 투입되면서 현지에 있던 65대의 미그기가 전부 동원된 것이다.

6장

미그기

I

위대한 독재자는 평양의 벙커를 새벽에 출발했다. 9살의 아들이
자 장래의 후계자가 될 김정일도 그 뒤를 따랐다. 국방색으로 칠한
러시아제 리무진을 타고 이들은 중국과의 국경을 향해 북서쪽으로
달렸다. 그들과 함께 7대의 승용차와 5대의 트럭이 약 100명의 사
복경찰과 제복군인들을 싣고 달렸다.

때는 1951년 10월 초였고 이 대열은 미그 회랑의 심장부에 있는
국경도시 의주로 향했다. 중국인들이 막 콘크리트 활주로를 건설했
다. 압록강에서 약 800미터 떨어진 이 곳은 당시 북한에서 제트기
운용이 가능한 유일한 비행장이었다.

리무진이 활주로 끝자락에 멈추고 위대한 독재자가 내리자, 새로
훈련받은 북한 전투기 조종사 8명이 경례했다. 이들은 방금 전에 국
경 너머의 안산으로부터 짧은 거리를 비행해 착륙했다. 조종사들
은 위대한 독재자가 곧 의주에 배치될 제트 전투기들을 보고 싶어
한다고 들었다. 만약 악수를 요청받으면 손을 너무 세게 쥐지 말라
는 당부를 들었다.

가을치고는 따뜻한 아침에 나와 있던 조종사들 중 가장 어린 사람은 노금석이었다. 그는 여전히 3년 전에 위대한 독재자를 비료 더미에서 본 뒤부터 가짜 공산주의자 노릇을 계속하고 있었다. 하지만 제트기 조종훈련은 그의 상상을 뒤흔들고 행동을 복잡하게 만들었다. 그는 미그 15 전투기를 타고 전쟁에서 탈출하는 꿈을 꿨다. 하지만 아직까지는 비행능력도, 배짱도, 계획도 없었다. 그는 탈출의 꿈과 현실 사이에서 방황하고 있었다.

의주에서 두 번째로 김일성을 본 그에게 새롭고 위험한 환상이 싹텄다. 위대한 독재자를 쏴버리고 싶었다. 아버지의 죽음 이후로 노금석은 김일성 때문에 가족이 찢어지고 어린 시절이 무너졌다고 분노했다. 그는 또한 그가 북한을 공산주의와 편집증, 공포로 오염시키기 때문에 증오했다.

김일성과 그 아들을 지키는 경호원들을 보니 이들은 미그기 조종사들보다는 기관단총을 든 군인들을 더 신경쓰는 듯했다. 노금석은 옆에 장전된 러시아제 토카레프 TT-33권총을 차고 있었다. 그는 사격술도 좋았다. 원한다면 경호원들이 총질을 시작하기 전에 김일성에게 몇 발쯤 명중시킬 수 있었다. 하지만 권총에는 손도 대지 않았다. 당장 정의를 실천하려는 치기를 부리기에는 너무 멀리까지 왔다.

꿈을 한편으로 치운 그는 마오쩌둥처럼 인민복과 인민모를 걸친 두 김씨를 바라보고 대화를 들었다. 전쟁은 위대한 독재자를 늙게 했다. 김일성은 39살 치고는 더 주름지고 더 지쳐 보였다. 3년 전만 해도 새카맣던 그의 머리는 희끗희끗했다. 그리고 더 살쪘다.

미그기 중 한 대를 둘러보던 김일성은 기수 앞에 있는 3문의 포에 시선을 모았다. 그 중에서도 가장 큰, 680그램의 고폭 탄두를 1.6킬로미터 밖까지 쏴 날릴 수 있는 37밀리미터 기관포에 시선이 집중됐다. 미그 15는 40발의 37밀리미터 포탄을 6초 이내에 발사할 수 있었다. 소련 기술자들은 두 발만 맞추면 미국 제트 전투기를 격추할 수 있고 8발이면 52톤짜리 B-29도 떨어트릴 수 있다고 믿었다.

"이거 정말 대단한 무기구면." 김일성은 무의식중에 내뱉었다. "이 정도면 미국인들 할애비들도 죽일 수 있겠어."

그는 아들에게 너도 커서 미그기 조종사가 되고 싶냐고 물었다.

"예." 제트기 조종석을 보기 위해 사다리 위에 올라와 있던 김정일이 대답했다.

"이런 비행기를 몰고 싶으면 더 열심히 공부하거라."

아버지와 아들의 시찰은 시작만큼이나 갑작스럽게 끝났다. 악수도 연설도 없이 김일성은 리무진으로 돌아갔다. 그와 아들은 15분도 안되어 돌아갔다. 노금석과 그 동료들도 곧바로 조종석에 올라 만주로 돌아갔다. 그로부터 약 1개월 뒤 의주는 북한 내의 최초이자 유일한 미그기 운용 비행장이 된다.

짧기는 했지만 노금석이 김일성 부자와 만난 것은 1951년의 한반도 항공전에 중대한 변화가 있음을 보여준다. 위대한 독재자는 이제 미국의 폭격 가능성에도 불구하고 자신은 물론 귀중한 아들까지도 대낮에 노출된 활주로 위에 모습을 드러낼 수 있을 정도로 안전을 확신하게 된 것이다.

김일성은 미국 폭격기들의 활동이 위축된 덕분에 위협을 감내할 수 있었다. 압록강 주변에서 미국 폭격기들은 더 이상 느긋하게, 위험 없이 다니면서 교량과 보급창고, 비행장을 폭격할 수 없었다. 맥아더는 이 변화의 원인을 갑자기 늘어난 미그기에서 찾았다. 그는 "현대적인 성능의 제트기"가 만주에서 작전중이며 이것들이 미국의 공중우세를 위협한다고 했다. 김일성이 의주를 방문한 바로 그 달, 미그기들이 8대의 B-29를 격추하면서 55명의 미 공군 승무원들이 목숨을 잃었다. 한국전쟁에서 미 공군이 겪은 가장 힘든 달이었다. 최악의 날은 10월 23일로, 검은 화요일로 불리게 된다. 84대의 미그기가 미국 폭격기 편대를 덮쳐 5대 편대 전체에 피해를 입히고 그 중 세 대를 격추하게 된다. 그 과정에서 미그기들은 이들을 호위하던 55대의 F-84 선더제트 전투기들보다 우세한 싸움을 펼쳤다. 미군의 주장과 달리 단 한 대의 미그기도 격추되지 않고 단 세 대만이 피해를 입었다. 미 공군 공식 한국전사에서는 이 날이 "한국 항공전 사상 가장 잔인하고 피해가 큰 날 중 하나"였다.

미그기들은 싸우고 싶어 안달이 났다. 10월에 UN군 조종사들이 마주친 미그기의 숫자는 누계 2,500대를 넘었으며 85%가 마치 공중전을 하고 싶은 것처럼 행동했다. 그 달에 격추된 B-29의 숫자가 많다보니 미 공군은 미그 회랑 상공에서는 주간 폭격을 중지했다.

지상에서는 1951년 가을에 이르면 중국군과 UN군의 전투는 1차 대전식의 참호전으로 고착되었다. 7월에는 첫 휴전회담이 열렸고 그 동안 지상에서는 잔인하지만 승패가 확실하지 않은 전투가 2년 이상 이어졌다. 이제 한국전쟁의 진짜 전투—신문 첫 페이지를 장식하는—는 땅에서 벌어지지 않았다. 바로 미그 회랑의 하늘에서 벌어졌다.

II

검은 화요일, 그리고 김일성이 의주까지 아들을 데리고 가도 안전하다고 느낄 정도의 공산측 공중우세를 달성한 미그기 조종사들은 노금석과 함께 캐비어를 먹던 러시아 조종사들이었다.

1951년 4월, 북한 국경에서 겨우 몇 킬로미터 떨어진 단둥 비행장에 주둔한 이들은 미 공군의 최고 조종사들중 일부를 능가할 정도로 잘 싸웠다. 공포와 존경심을 담아 미군 조종사들은 이들을 혼초(Honcho)라고 불렀다. 일본어로 두목을 뜻하는 한초(藩長)에서 파생된 것이지만, 이들이 소련 조종사들에게 느낀 감정이 어떤지 잘 보여줬다.

혼초들은 은밀하고 기이하기까지 한 스탈린의 명령을 받고 비행했다. 미군과 교전하기 전에 이들은 중국인 행세를 해야 했다. 이들은 가짜 중국 이름을 받고 푸른 바지와 오렌지색 장화, 카키색 상의로 구성된 중국 비행복을 입었다. 이들은 비행중에는 신분을 확인할 그 어떤 서류도 휴대하지 않았다. 코제두프 대령의 부대는 기체에 북한군 표식을 그렸고 다른 정예 미그기 부대는 중국군 표식을 그렸다. 이들은 한국전쟁에 참전했다는 말을 누구에게도 하지 말라는 비밀보장 각서에 서명했다. 적에게 붙잡히면 이들은 소련 출신 유럽계 중국인이라고 주장해야 했다. 만약 북한군이나 중국군에게 잡힌다면 신분증명 서류가 없는 것은 큰 문제였다. 이들은 백인은 누구나 제국주의 개자식들이라고 생각했기 때문이다.

미그기에서 소련 조종사들은 중국어로만 교신하라는 명령을 받았다. 이 명령은 말도 안되고 모두가 싫어했으며 불가능했다. 애당초 중국어를 못했기 때문이다. 이들은 전사자들도(모스크바로 후송된

고급 장교들의 시신을 제외하면) 소련의 극동 거점인 포트 아르투르(뤼순)에 비밀리에 매장됐다. 이 명령은 스탈린이 중국을 보호하지만 미국과의 확전은 막기 위해 "세심하게 계획한 발레"의 일부였다. 미국인들은 속지 않았다. 종종 미그기 조종사들이 무선에서 러시아어로 말하는 것을 들었기 때문이다. 하지만 미국은 반응하지 않기로 했다. 한국전쟁을 연구하는 중국 학자인 셴 지후아는 이를 두고 "흥미로운 이중 부정"이라고 평가했다.

스탈린과 마찬가지로 트루먼도 저 멀리 타는 불에 굳이 기름을 부을 생각은 없었다. 그와 주변의 관계자들 모두 미국 대중에게 러시아인들이 하늘에서 미국 청년들을 공격한다고 알릴 이유가 없다고 생각했다. 이들은 대중의 여론이 핵무장한 소련과의 대규모 보복전쟁으로 번질지도 모른다고 우려했다.

그래서 모두가 평화를 위해 거짓말을 했다. 소련 공군은 7천7백명 정도의 조종사와 포병, 기술자를 한국전쟁에 동원했다. 그리고 미국은 항공전 상황을 악화시킨 원인을 중국에 뒤집어씌웠다. 중국은 소련보다는 군사력이 약했고, 미국 대중은 이미 중국이 한국에서 싸운다는 정도는 알았다. 1951년 가을에 극동지역을 방문하고 돌아온 호이트 반덴버그 공군 참모총장은 워싱턴에서 기자단에게 항공전에서 겪고 있는 위기에 대해 우울한 표정으로 이런 거짓 답변을 내놓았다.

"하룻밤 사이에 공산 중국이 세계적으로도 손꼽히는 공군력을 갖췄습니다."

이런 미국의 은폐전술은 한국전 종전까지는 물론이고 아이젠하워 행정부 기간 내내 지속됐다. 소련은 한번도 공식적으로 한국전쟁에서 뭘 했는지 인정한 적이 없었고, 그 덕분에 냉전은 계속 차갑게 유지될 수 있었다. 하지만 러시아 조종사들은 이 거짓말에 기분이 편치 못했다. 그래서 이들은 여기에 대한 인종차별적 농담을 만들었다.

> 러시아인 1: 우리는 세계 최고의 조종사들을 가졌지.
> 러시아인 2: 어째서?
> 러시아인 1: 손을 안 쓰고도 조종하거든.
> 러시아인 2: 어떻게 그게 돼?
> 러시아인 1: 미국인들이 한국인이라고 생각하게 하려고 손으로
>   눈을 찢고 있거든.

스탈린의 명령으로 소련 조종사들은 공세에 나설 수 없었다. 이들은 중국 지상군과 합동작전을 한 적도 없고 중국이나 북한 지상군에 대한 근접지원에 나선 일도 없다. 이들은 바다 위를 날지도 못했고 미군 점령지를 날지도 못했으며 심지어 전선 주변에서도 날지 못했다. 격추되어 러시아인이라는 사실이 드러나면 안됐기 때문이다. 이 명령은 아주 잘 지켜진 듯하다. 전쟁중에 UN군에 포로로 잡힌 소련 조종사는 없다.

러시아인들은 압록강 주변의 교량과 보급로를 공격하는 미국 폭격기와 제트전투기들이 나타날 때까지 기다리는 인내심 많은 맹수가 되어야 했다. 미국 항공기가 하늘에 나타나야 비로소 러시아인들이 이륙해 이들을 격추하려 애써야 했다. 이것 역시 러시아인 조종사들을 짜증나게 했다. 소련 제303 방공 사단의 사단장인 G.A.

로보프 중장은 "우리는 몇 시간이나 조종석에 앉아 있어야 했다"고 토로했다. "우리는 계속 준비태세를 갖추고 대기해야 했지만 미국인들은 원하는 시간을 고를 수 있었다. 이것이 아주 사기를 떨어트렸다. 미군기들이 접근한다는 경보가 울리면 우리가 준비할 수 있는 시간은 너무 짧았다. 작전을 미리 준비할 수 없었다."

그 모든 혼란과 위장, 스탈린이 정한 제약에도 불구하고 정예 소련군 조종사들과 미그기는 아주 효과적이었다. 거의 1년 가까이 중국군을 보호하면서 북한의 생존에 큰 역할을 했고 미군의 작전 전체를 괴롭혔다. 이들은 북한군과 중국군에게 새로운 기지를 짓고 기존의 기지는 수리할 시간을 줬다. 공중정찰이 어려워지자 1951년의 미군 장성들은 중국군 증원병력이 어디로 어떻게 투입되는지 알 수 없었다.

III

스탈린은 미그 15 덕분에 이길 수 있었다. 이 기체는 한국전쟁 초반 6개월 동안 미국이 동원한 그 어떤 항공기보다 최소 160킬로미터쯤 더 빨랐다. 게다가 당시의 그 어떤 미국 전투기보다 상승속도가 빠르고 상승고도가 높았다.

노금석은 최초의 미그 15 단독비행에서 놀랐고 당황했다. 엄청난 추진력 때문이었다. 활주로를 벗어난 이 시가 모양의 제트기는 거의 1분에 3킬로미터를 상승했다. 마치 날개달린 로켓 같았다. 소련은 약 12,000대의 미그 15를 생산했고 1950년대 초반에는 생산된 기체의 대부분이 철도로 만주에 파견됐다.

속도는 빨라도 미그 15는 작고, 불편하고, 조종이 어려웠다. 전설적인 미국의 테스트 파일럿인 척 예거는 미그 15를 "날으는 함정"이라고 부르면서 "많은 조종사들을 잡았을 기묘한 비행기"라고 평가했다. 또 다른 미국 테스트 파일럿 톰 콜린스는 "작고, 가벼운 장난감총같은 기체"라고 평가했다. 미그 15는 갑자기 기수가 위로 향하거나 예고도 없이 실속했고, 일단 제어불능의 스핀(수직축을 중심으로 비행기가 회전하며 아래를 향해 추락하는 현상— 역자 주)에 빠지면 다시 회복하는 경우는 드물었다. 교범에서는 최대 가속을 10분 이상 유지하면 엔진에 화재가 발생한다고 경고했다. 워낙 소련 공장의 품질관리가 엉망이라 미그 15의 양쪽 날개는 사이즈가 대체로 달랐다. 기체가 음속에 접근하면 크기가 다른 두 날개로 인해 기체가 갑작스럽게 제어불능의 회전상태에 빠졌다. 조종석은 인체공학적으로는 악몽에 가까웠다. 조종사는 좁디 좁은 조종석에 낮게 앉았고 시야도 나빴다. 난방과 공조체계가 부실하다 보니 미그 15는 더운 날에 활주로 위에서는 한없이 뜨거웠고 고공에서는 얼어붙게 추웠다. 조종석 기압과 산소공급은 제대로 정비되었다면 적절했다. 그렇지 않다면 조종사가 직접 의자 밑에 있는 작은 손잡이와 씨름하며 기압을 조절해야 했고 일천 미터 이상의 상공에서 안전하게 호흡하려면 산소공급장치의 밸브에 주의를 기울여야 했다. 밸브를 너무 열면 기체에 저장된 산소가 금방 소모됐다. 너무 적게 열면 조종사의 손톱이 파랗게 변했다. 산소결핍의 초기증상이었다. 그러면 곧 의식불명과 추락 후 사망으로 이어졌다. 여러 위험하고도 짜증나는 방법으로 조종석은 조종사가 후미에서 적기가 추적하는 것을 못 보게 방해했다. 백미러도 없었다. 정비가 제대로 안됐다면 고공에서 캐노피에 쉽게 얼음이 붙었다. 약 1,200미터 이상에서는 캐노피 뒤부터 얼음이 얼기 시작했고 곧 얼음이 퍼지면서 시야 전체를 막았다.

"약 4,500피트(1,400미터) 고도에서는 마치 머리 위에 흰 봉투를 뒤집어 쓴 것 같다" 톰 콜린스가 말했다. "작은 칼이나 날카로운 손톱이 있다면 작은 구멍을 뚫고 밖을 볼 수 있다. (저고도로 내려가면) 얼음은 녹지만, 이번에는 캐노피 위에 수증기가 생겨서 시야를 가린다."

캐노피에 얼음이 붙거나 김이 서리지 않는다면(정비를 잘하면 대체로 이런 문제는 없었다), 이번에는 거대한 수평안정익이 달린 거대한 T자형 꼬리날개가 위나 아래에서 접근하는 적기를 발견하기 힘들게 했다.

러시아인 교관들은 젊은 북한 조종사들에게 근력을 키워서 1950년에 만주에 파견된 초기형 미그 15의 조종간을 다룰 수 있게 하라고 말했다. 조종계통에는 유압식 보조장치가 없어서 고속에서, 그리고 저공에서는 거의 다룰 수 없었다. 노금석은 사관학교때 들인 버릇대로 하루에 백 번의 팔굽혀펴기를 했음에도 조종간을 다루느라 애먹었다. 초기형 미그기들에는 이상한 동독제 버튼들이 좁은 계기판에 달려있었다. 비행중 조종사들은 버튼 하나를 누르려다 다른 버튼들도 실수로 같이 눌러버렸다.

상대적으로 느린(미그기 치고는) 시속 208킬로미터의 속도에서 미그기의 횡(橫)안정성은 콜린스에 의하면 "엉망이 됐다". "미그기가 요동치기 시작하면 조종간과 씨름하며 안정을 찾느라 애써야 한다… 실속을 시작하고, 제어불능이 되면 곧바로 추락하게 된다."

미그 15에서 모든 것이 잘못되면 탈출용 사출좌석 역시 멀쩡하지 못했다. 여기에 T자형 꼬리날개도 단두대 노릇을 했다. 때때로 탈출하느라 조종석에서 빠져나온 조종사가 여기에 맞아 목숨을 잃곤 했다. 심지어 사출좌석이 작동해도 죽을 확률이 높았지만 북한 조종사들에게는 아무도 이를 알려주지 않았다. 이들은 대략 490미터 이상의 고도라면 언제라도 안전하게 탈출할 수 있다고 배웠다. 전쟁중에 이들은 몇몇 미그기 조종사들이 고도 1만 미터에서 탈출했다가 땅에 닿기 전에 얼어죽었다는 사실을 알지 못했다. 이런 '말썽'들을 제압하고 미그 15를 효과적인 전투기계로 변신시키기 위해 조종사들은 먼저 다른 항공기 비행 경험을 몇 년은 쌓아야 하고 유능한 교관으로부터 1년은 조종을 배우면서 300시간(1주일에 40시간 비행 기준으로 7주)의 단독비행 경험을 쌓아야 했다.

이 정도의 훈련을 받으면 이들은 미그기의 속도와 고공 기동성, 놀라운 상승능력을 최대한 활용할 수 있었다. 이들은 수백 킬로미터의 속도로 비행하는 적기를 맞추기 위해 사격술 연습에도 많은 시간을 투자해야 했다. 미그 15의 조준경은 거의 쓸모없는 물건에 가까울 만큼 설계에 문제가 있었기 때문이다. 러시아인 혼초들은—노금석과 함께 식사하고 1941년 가을에 미국인들을 곤혹스럽게 만든—바로 이런 경험과 훈련을 겪었다. 이들 중 대부분은 극동에 오기 전에 300시간 정도의 제트기 조종 경험을 쌓았다.

한국전에 참전한 미군 조종사들도 비슷했다. 사실 이들은 더 많은 비행시간을 자랑했다. 미 공군에서 가장 뛰어난 제트전투기를 운용하는 제4 요격전투비행단의 조종사 대부분은 2차 대전 참전용사였다. 이들 모두에게는 1950년 끝무렵에 한국에 도착하기 전에 자기 기체를 1년 반 동안 조종한 경험이 쌓여있었다.

IV

노금석은 혼초라고 불릴 정도의 훈련을 받지 못했다. 다른 북한의 동료 조종사들도, 중국 조종사들도 마찬가지였다. 스탈린에게는 이를 참을 인내심 따위는 없었다. 그는 만주의 소련 공군 장성들에게 전문을 보내 그들이 북한 조종사들을 "너무 느리게" 훈련시키며 "중국인들을 전투 조종사가 아니라 교수로 키우려 한다"고 힐난했다. 스탈린은 속성으로 조종사를 양성하기 위해 원래 1년인 조종사 양성 과정을 절반으로 줄이라고 지시했다. 만주에서 훈련중인 생도들의 경력을 감안하면 그야말로 빨리 죽으라고 내모는 격이었다. 이들 중 러시아어를 할 줄 아는 사람은 거의 없었고, 대부분은—그중에서도 소작농 출신 중국 병사들—8~15세 이후 학교에 다닌 적이 없었다. 이들은 모국어로도 항공 및 항법을 이해하는 데 애를 먹었다. 이러니 소련에서 조종사를 양성할 때보다 비행 기초를 교육하는 데 두 배의 시간이 필요했다. 따라서 중국과 한국 최고의 후보생들조차 가장 신참 러시아 조종사들보다 1/4의 정보만을 습득하게 된 셈이었다. 그리고 기초 비행과정을 통과한 중국과 한국인 후보생 조종사들에게는 제트기 조종이 두 달로 압축되었다.

중국인 조종사가 미국 전투기와 싸울 무렵에는 50에서 80시간의 비행경력밖에 없었고, 그 중 미그 15는 16시간 정도에 불과했다. 이래서는 중국인 조종사들이 실수로 목숨을 잃는 것조차 막을 수 없었다. 1951년 상반기에만 해도 100명 이상이 사고로 죽었다. 중국 공군의 자체 규정조차 실전 투입 전에 300시간의 비행경력을 쌓으라고 되어있었다. 중국 조종사들이 모는 미그 15는 미국 전투기와 마주치면 먹잇감이 되었다. 이러자 전투 기피가 흔해졌다. 중국 조종사들은 적기가 오면 도망쳤다. 한국전쟁 중 미그기를 몰았던 중국 참전자들은 자기들의 능력부족과 경험부족을 잘 알았기에 싸우는 것보다 도망치는 것을 선호할 수밖에 없었다.

노금석의 훈련은 그나마 좀 나았다. 러시아어 회화가 되는 데다 교육도 잘 받았고, 비행을 좋아했으며, 실전에 투입되기 전에 제트전투기를 비행할 시간을 조금 더 얻었기 때문이다. 하지만 그의 훈련은 시작이 좋지 않았다. 1951년 4월 중순, 소련 교관들이 갑자기 실전에 투입되어 전투기들도 함께 끌고 떠나자 노금석과 다른 북한 조종 후보생들은 만주의 다른 비행장으로 이동했다. 둥펑 비행장에는 활주로는 있었으나 미그 15는 물론이고 제트기 자체가 없었다. 제트기를 몰아본 교관도 없었다. 그곳의 교관들은 러시아어를 한다는 이유로 뽑힌 자들이었다. 이들은 러시아어 미그기 비행교범을 한국어로 번역했고 이 번역본을 보고 노금석과 동료들은 제트엔진 운용의 기초를 배우려 애썼다. 하지만 교관들조차 교범에 있는 기술용어를 혼동했다. 노금석은 둥펑에 한 달 있었지만 거의 배운 것이 없었다.

그의 다음 이동지는 베이징 근처에 있고 전장에서는 아주 멀리 떨어진 톈진이라는 도시였다. 드디어 제대로 된 교육이 시작됐다. 2개월간 동틀녘부터 해질 때까지 강의와 훈련비행이 이어졌다. 훈련은 고됐지만 노금석은 들떠있었다. 며칠 이내에 그는 시속 600킬로미터 정도의 직선익 터보제트 기체인 야크 17로 단독비행을 시작했다.

그의 소련인 교관 조종사들은 새로 도착한 미그기 부대의 일원이었다. 이들은 밝은 색깔의 운동복 셔츠를 입고 때로는 심할 정도로 보드카를 즐겼으며 때때로 두통 때문에 아침에 나타나지 못했다. 하지만 이들은 우호적이고 말이 많았으며 유능한 교관들이었다. 노금석은 소련 조종사와 정비사 모두를 좋아했다. 러시아어를 할 줄 아는 덕분에 노금석은 비행장에서 이들과 함께 하는 시간을 애타게 기다렸다.

중국의 비행장에서 일 말고는 다른 것을 할 수 없던 러시아인 정비사들은 그들의 여자 경험에 대해 말하기를 즐겼다. 노금석은 주의깊게 그들의 말을 듣고 음탕한 러시아어를 잔뜩 배웠다. 북한 조종사들은 여자 이야기를 할 수 없었다. 전시에 애정행각은 엄격히 금지되어 있었다. 하지만 러시아인들과 함께 있던 노금석은 이 규칙을 무시하고 자기 자신의 로맨스 경험담을 걸죽하게 털어놓기 시작했다.

이야기꾼인 노금석은 굳이 여자, 섹스, 로맨스에 대해 직접 경험한 것만 말할 필요는 없었다. 그는 19살의 총각이었다. 여자친구도 없었다. 심지어 여자 형제도 없었다. 하지만 영화는 종종 봤고, 3년간 충직한 북한 공산주의자 연기를 하면서 상상력은 있는 대로 돌아가고 있었다. 이러니 자신을 러시아 아가씨 후리는 게 주특기인 카사노바로 포장하는 것은 일도 아니었다.

그는 나타샤(그가 본 소련 영화 '위대한 시베리아 대지의 노래'라는 영화에서 기억한 이름)라는 애인을 창조했다. 그가 말하는 나타샤와의 모험담은 러시아인들을 웃게 했다. 앳된 얼굴에 섹스에 대한 이해는 유치했고, 한국어 액센트로 러시아어를 말하면서 바깥 세상에 대해 잘 아는척 하려 애쓰는 그의 모습이 우스웠을 것이다. 이들은 그의 '애인'에 대해 말하라고 부추겼다. "나타샤는 어땠어?"

노금석은 톈진에서의 2개월이 거의 끝날 무렵에 미그 15 단독비행에 성공했다. 비행이 아주 힘든데다 북한 조종 후보생들은 첫 단독비행에 기체를 손상시키는 일이 있어 한 번에 한 명의 생도만 단독비행을 허락받았다. 첫 비행에서 러시아인 정비사가 사다리에서 미그기의 조종석에 몸을 기대고 노금석에게 낙하산을 착용시킨 뒤 조종석 안전벨트를 매 줬다. 녹색 신호탄이 발사되자 그는 이륙했고 몇 분 안에 수천미터 상공에 도달했다. 그가 가속을 멈추고 기체를 수평에 맞추려 처음 시도하자 고도계가 갑자기 거꾸로 돌기 시작했다. 제어불능의 속도로 하강한다는 신호였다. 그는 거의 기체를 통제하지 못했다. 늘 그렇듯 그는 강의실에서 배운 착륙절차를 기억해냈다. 하지만 잘 해낼 수 있을지 자신이 전혀 없었다. 그는 활주로에 너무 빨리 접근했고 착지하면서 오른쪽 날개 끝이 활주로에 긁혔다. 하지만 다른 많은 생도들과 달리 기체를 박살내지는 않았다.

6월 말, 노금석과 다른 생도들은 안산 비행장에서의 최종 훈련을 위해 돌아갔다. 북한 국경—그리고 전쟁—에 가까이 다가간 것이다. 그 곳에는 70대의 신품 미그 15가 기다리고 있었다. 각 조종사에게 전투기가 배정되었다. 노금석의 기체에는 008번이 기수 양 옆에 붉게 그려져 있었다. 공장에서의 실수로 인해 이 기체들 중 몇 대는 농체 좌우 대칭이 안 맞았다. 다른 기체들은 엔진에 문제가 있거나 조종간이 너무 뻑뻑했다. 노금석의 기체는 좋은 것 중 하나였다. 적어도 그의 기체를 때때로 빌리는 러시아인 교관은 그렇게 말했다. 노금석은 모의 공중전에 참가했다. 그의 교관은 피사넨코라는 우크라이나인으로 시속 990킬로미터로 속도를 유지하면서 편대비행하는 법을 가르쳐줬다. 이 우크라이나인은 그에게 만약 그보다 느리면 미국 전투기와 싸울 때 승산이 없다고 말했다.

1951년 늦여름에 노금석의 훈련이 끝났을 때 미그기 비행시간은 50시간이었다. 한국전 당시 참전한 평균적인 중국이나 북한 미그기 조종사의 두 배를 넘었다. 다른 동료들의 비행능력을 본 그는 자신이 북한 최고의 조종사라고 자부했다. 그는 다른 대부분의 후보생들보다 먼저 네 종류의 다른 소련제 기체들로 단독비행했다. 그의 비행기술은 훈련과정에서 보여주듯 뛰어났다. 그는 비행대장과의 모의전에서도 이겼다. 하지만 러시아의 혼초들에, 그리고 곧 그를 죽이려 덤벼들 미군 조종사들에 비하면 그는 손쉬운 먹잇감이었다. 그의 교관들은 미그기의 기관포를 어떻게 쏘는지 가르쳐주지 않았고 노금석 본인도 어차피 기다리면 배우겠거니 하고 따로 물어보지 않았다.

7장

북한으로의 귀환

I

1951년 11월, 김일성은 새로 양성된 미그기 조종사 26명에게 만주에서 이륙해 국경을 넘어 북한 영내에서 전투태세를 갖추라고 지시했다. 조종사들과 미그15 전투기들은 김일성과 그 아들이 한 달전에 시찰한 의주의 새로운 비행장으로 이동했다. 이 타이밍은 나름대로 적절했다. 전쟁에 참가한 미그기의—소련, 중국, 북한 조종사들이 모는 모든 기체를 합쳐—숫자는 500대 넘게 불어났다. 이들은 북중 국경 사이에 듬직한 방패를 형성했다. 하지만 이들을 북한 국내로 들여보낸 진정한 이유는 정치적인 것이었다. 평양의 지하에서 초라하게 지내던 김일성은 자신의 위대함을 홍보할 절박한 이유가 있었다. 중국은 김일성이 망친 지상전을 넘겨받았고, 그 때문에 전쟁이 끝나면 마오쩌둥이 자신을 아예 제거하거나 하수인으로 전락시킬 우려가 있었다. 미그기를 북한으로 이동시키는 것은 결단력의 상징이었다. 이를 통해 전쟁으로 큰 타격을 입었던 정부가 다시 일어나 미국의 항공력에 맞서 싸우고 공산세계에서 가장 무서운 전투기를 이용해 북한 조종사들이 직접 조국을 지킨다는 사실을 보여주려 했다.

하지만 동시에 이는 김일성이 군사전략이나 부하들의 안위보다는 이미지 연출에 더 매달리는 무모한 모험가라는 사실을 다시 입증했다. 그가 만약 그의 최고 전투기 조종사들을 만주의 비행장에 남게 했다면 이들은 최고의 지원과 안정된 통신지원을 받고 미그 회랑에 빨리 출동할 수 있는데다 낮에는 계속 공중전에 종사하고 밤에는 안심하고 쉴 수 있었다. 미국 폭격기와 전투기들은 이들이 지상에 있으면 공격할 수 없었다. 하지만 미국이 의주의 비행장에서 미그기를 발견하면 기체도 조종사도 정당한 공격 목표로 삼을 수 있었다.

그 때문에 노금석은 자기가 쏘지 않기로 한 위대한 독재자의 명령으로 언제라도 폭격당할 수 있는 비행장에서 전투조종사 임무를 시작했다. 11월 7일, 노금석은 만주로부터 짧은 비행을 거쳐 의주에 착륙했다. 의주 비행장은 기지라기보다는 활주로에 불과했다. 활주로 길이는 약 2,200미터로 미그기를 감당하기에 충분했다. 사무실은 소련이 미그기를 극동지역에 실어오기 위해 포장에 사용한 목재 박스를 뜯어 만든 오두막 몇 채였다. 출격 명령은 만주의 단둥에서 소련과 북한 레이더가 남한 및 일본, 오키나와에서 출격하는 적기를 포착하면 무선으로 이 오두막중 하나에 전달했다. 의주 비행장의 유도로에는 두 대의 미그기가 주기할 수 있는 벙커 형태의 주기장이 스무 곳 있었고 주기장 둘레에는 기체를 보호하기 위해 모래주머니가 쌓여있었다. 비행장 양쪽 끝에는 모래주머니를 쌓아 만든 대공포대가 있었다. 주변 언덕들에도 대공포들이 위장 그물로 가려져 있었다.

언제라도 미국 폭격기와 전투기들이 덮칠 수 있다고 예상한 노금석과 다른 모든 미그기 조종사들은 비행장에서 약 8킬로미터 떨어진, 창문을 널판지로 막아둔 농가들에 묵었다. 이곳에서의 첫날 밤, 다음 날 아침부터 찾아올 전투임무에 대한 걱정으로 노금석은 저녁도 제대로 먹을 수 없었다. 저녁식사 직후 소등명령이 내려졌고 대부분의 조종사들은 잠자리에 들었다. 노금석은 긴 어둠 속에서 몇 시간이나 잠들지 못했다. 마치 전염병처럼 공포에 사로잡혀 위경련까지 일어났다. 그가 의주에서 밤중에 느낀 공포를 떨쳐내는 데는 그 뒤로 오랜 시간이 필요했다.

모든 젊은 북한 조종사들이 그랬듯 노금석도 검증되지 않은 인재였다. 그조차도 그의 비행실력이 공중전에서 살아남을 정도일지 의문이 들었다. 하지만 그것 때문에만 잠들지 못한 것은 아니었다. 북한에 돌아오면서 가짜 공산주의자임이 들통날 수도 있다는, 오랫동안 억눌렀던 공포가 되살아났다. 여기에서는 상관들이 그가 가짜 공산주의자임을 눈치채면 분명히 총살당할 터였다.

아침에 첫 임무에 나서면 그는 새로운 무서운 일을 해야 했다. 미국인을 죽여야 한다.

노금석은 그럴 일이 없으리라고 기대하고 공군에 자원했다. 그는 제트전투기 소종훈련을 마치기 한참 전에 김일성의 사익한 정권과 그들이 일으킨 처참한 전쟁이 끝나리라고 믿었다. 그는 어렸을 때부터 미국에서 살고 싶었다. 미국인을 죽이는 것은 정말 끝까지 하기 싫었다. 비행훈련 기간중 정치장교들은 그에게 미국 조종사들은 잘난척만 하는 족제비들로 돈만 밝힌다고 했다. 정치장교들은 미국 조종사들이 미그기 편대와 마주치면 "비겁한 미국놈들은 동료가 죽게 내버려두고 도망칠 것"이라고 호언장담했다. 의주에서의 잠 못 이루는 첫날 밤, 노금석은 정치장교들이 사실을 말했기를 처음으로 빌었다.

그는 7대의 다른 미그기들과 함께 평양 주변 1,400미터 상공에서 편대비행을 하면서 정치장교들이 거짓말쟁이라는 사실을 깨달았다. 그는 1주일간 여러 번 출격했으나 한 번도 적기를 보지 못했다. 그러나 11월 15일 아침, 네 대의 미국 전투기들이 해를 등지고 나타나 후방에서 그들의 편대를 급습했다. 이들이 기총소사를 퍼부으며 북한군 편대를 뚫고 지나가자 북한 조종사들은 혼란에 빠져 사방으로 도망쳤다. 한 대의 미그기가 간신히 되돌아와 한 대의 미국 전투기 후방에 자리잡고 기관포를 조준했다. 그러나 사격을 시작하기도 전에 다른 세 대의 미국 전투기들이 반격했고 미그기는 도망쳤다.

이 공격에서 노금석은 단순하면서도 소름끼치는 교훈을 배웠다. 미국인들에 대해 지금까지 들은 이야기는 말도 안된다는 것이다. 그는 직접 그들이 북한 공군보다 우월하다는 사실을 목격했는데 최소한 러시아의 혼초들과 맞먹었다. 미국인들은 늑대 떼처럼 사냥했고 큰 위험을 감수하며 동료를 보호했다. 노금석은 이들의 전투의지와 승리 의욕에 전율했다.

러시아인 군사고문들은 노금석에게 그가 세계 최고의 제트전투기인 미그 15에 탄 것이 얼마나 행운인지 말했다. 하지만 미국인들의 제트전투기(F86세이버)도 최소한 동등한 기체였다. 첫 공중전으로부터 며칠 뒤, 노금석은 세이버가 미그기보다 더 빨리 하강한다는 사실을 발견했다. 그는 멀리서 세이버 한 대가 최대 안전속도인 마하 0.95로 하강하는 미그기를 추적하는 모습을 목격했다. 미그기 조종사는 감히 더 빨리 비행하지 못했다. 마하1을 넘기면 미그기는 통제불능 수준으로 떨리고 조종간도 감당 못할만큼 무거워지기 때문이다. 세이버는 그렇지 않았다. 급강하하는 세이버는 자연스럽게 음속을 돌파하면서 도망치는 미그기에 빠르게 따라붙었다. 의주에 귀환한 노금석이 이 놀라운 소식을 북한측 상관들과 그의 연대에 배속된 소련 고문관에게 말했지만, 이들은 이미 잘 알고 있었다. 그들은 여기에 대해 말하고 싶어하지 않았다.

II

최고의 전투기를 만들기 위한 냉전시대의 경쟁은 2차 대전 막바지에 미군과 소련군이 독일에 진입하면서 시작됐다. 두 군대 모두 제3제국의 발전된 항공기술을 손에 넣었다. 미군은 바이에른 지방에서, 독일은 베를린에서. 이들은 이 기술을 통해 제트전투기에 후퇴익과 높은 꼬리날개, 단단하고 개방된 기수를 가진 동체가 있으면 아음속 혹은 초음속 비행이 가능하다는 사실을 깨달았다. 소련이 이런 디자인을 바탕으로 만든 것이 미그 15였다. 미그(MiG)라는 이름은 미그 설계국을 개설한 아르템 미코얀과 미하일 구레비치 두 사람의 미릿글자를 딴 것이다. 미그 15는 1949년 6월에 서둘러 실전배치됐다. 5개월 전, 미 공군은 세이버의 최초 버전인 F-86A를 실전배치했다.

두 제트전투기는 모양도 비슷했고 능력도 비슷했다. 두 나라의 기술자들 모두 두 기종의 개량형을 한국전쟁 내내 개발했고, 덕분에 조종사의 기량이 비슷하면 성능도 비등했다. 대충 말하자면 미그기는 상승 능력이 높고 비행 고도가 더 높았다. 하지만 세이버가 더 조종하기 쉬웠고 특히 저공 기동성이 좋았다. 또 세이버는 더 편했고 미그기처럼 날개 사이즈가 안 맞는 등의 품질관리 문제로 기체가 떨리거나 요동치고 죽음에 이르는 급선회에 빠질 가능성도 훨씬 낮았다. 노금석이 훈련받은 초기형 미그 15와 달리 세이버의 조종계통에는 유압장치가 있었다. 조종사들은 조종간을 움직이기 위해 근력 운동을 따로 해야 할 필요가 없었다.

세이버의 조종석은 넓고 인체공학적으로도 우수했다. 스위치와 계기들도 합리적인 위치에 있었다. 조종석의 여압도 잘 되어있었고 온도 조절도 잘 되었다. 시야는 좋았고 방탄 플라스틱 소재로 만든 캐노피에는 김이 서리지 않았다. 조종사는 뒤에서 누가 공격하는지 볼 수 있었다. 세이버에 탑재된 6정의 점50구경 기관총은—기수 양쪽에 세 자루씩 달린—미그기의 기관포들보다 작고 위력이 약했다. 세이버 조종사는 미그기를 격추시키려면 가까이 접근해 많은 명중탄을 날려야 했다. 하지만 미그기 조종사와 달리 세이버에는 표적까지의 거리를 측정하는 레이더가 있고 조준기에는 자이로스코프가 달려있어 적기를 맞추려면 얼마의 거리를 기준으로 조준해야 하는지 알려줬다. "적이 포드를 타는 동안 우리는 캐딜락을 몰았다." 한 세이버 조종사는 이렇게 말했다.

트루먼 행정부는 이 캐딜락들을 유럽 전선의 냉전이 열전으로 바뀔 때에 대비하기 위해 한국전쟁에 파견하지 않기를 바랐다. 하지만 스탈린은 미국에게 1군을 보낼 것을 강요했다. 미그기들은 1950년 11월에 모습을 드러내자마자 B-29를 격추해 이 거대한 폭격기도 사냥감이라는 사실을 확인한 미 공군에게 경종을 울렸다. 이들을 보호하기 위해 미 공군 참모총장 반덴버그는 하루도 안되어 한국 전선에 세이버를 보내기로 했다. 1주일 이내에 첫번째 F-86A 대대가 일본으로 향하는 해군 유조선의 갑판 화물로 포장되어 일본으로 향했다. 12월 중순에는 첫 7대가 김포 비행장에 착륙했다.

11개월 뒤, 노금석이 세이버와의 첫 교전으로 동요할 무렵에는 한국전선에 파견된 세이버의 숫자가 127대로 늘어났다. 여전히 미그기보다 숫자는 1:4로 열세였다. 하지만 시간이 지날수록 미국은 더 많은 세이버와 더 많은 숙련된 조종사를 파견했다. 시간이 지날수록 한국 상공의 공중전은 초강대국 대 초강대국의 양상을 띠게 된다. 항공 역사학자인 더글러스 C. 딜디와 워런 E. 톰슨은 지상전의 참상 위에서 전개된 고공/고속/첨단 대결을 이렇게 묘사한다. "양쪽의 최고 조종사들이 지상의 1차 대전을 방불케 하는 참호전과는 동떨어진 결투장에서 맞붙어 결투를 벌이고 죽었다. 이것은 전쟁의 결과를 좌우하려는 것보다는 양 국가의 위신, 그리고 두 항공 산업의 평판, 마지막으로 조종사들의 영광을 걸고 벌어지는 전투였다."

노금석은 죽이거나 죽는 이 게임에 뛰어들 준비가 안 되어있었다. 그의 준비 부족은 얇은 푸른 면바지부터 시작됐다.

제트 전투기에서 조종사는 아주 강한 G포스(중력가속도)에 직면해 극심한 피로를 겪거나 의식불명에 빠진다. 급상하 직후 조종사의 진신에 가해지는 중력가속도는 9G(자기 체중의 9배)에 달하며 뇌로 향하는 피의 흐름을 늦춘다. G슈트라는 특수한 비행복에 포함된 특수한 바지는 조종사의 다리에 자동적으로 압박을 가해 충분한 피가 뇌로 향하게 해 주며 이는 한국전에 참전한 미국 제트기 조종사들의 표준장비였다. 미그 조종사들에게는 그게 없었다.

노금석은 미국 조종사들이 그런 걸 사용한다는 사실은 알았으나 본 일은 없었다. 그의 상관들은 전투기가 공중전의 부담을 버틸 수 있다면 노금석 본인도 그럴 거라고 장담했다. 하지만 비행을 거듭할수록 그는 그 말을 못 믿게 됐다. 소련의 고참 미그기 조종사는 25살의 나이에도 늙어 보였다.

노금석의 기체에 있는 기관포들은 바지보다 더 문제였다. 실전에 투입될 때까지 노금석은 한 번도 포를 쏴보지 못했다. 최초의 출격 임무 몇 차례 때는 표적을 찾을 수 없으니 쏠 일이 없었다. 처음 세이버에게 공격당할 때에도 그는 쏠 시간도, 되받아 쏠 마음의 여유도 없었다.

나중에 다른 임무에서 몇 발을 간신히 쏘기는 했지만 노금석은 발사 충격과 폭음 때문에 겁에 질렸다. 미그 15에 달린 23밀리미터 기관포 2문과 발사속도가 느린 37밀리미터 기관포 1문으로 뭔가를 맞추는 것은 거의 불가능에 가까웠다. 시속 600킬로미터가 넘는 속도에서 2차 대전 수준의 미그기 조준경은 탄이 어디에 맞을지를 예측할 능력이 낮았다. 적기를 격추하려는 미그기 조종사는 표적 뒤로 접근해 몇 발의 예광탄 점사를 날린 뒤 탄도를 직접 보고 어떻게 수정해서 조준해야 할지 감을 잡아야 했다. 거의 모든 전투 임무에서 노금석은 20대 혹은 그 이상의 미그기 대편대에 속해 출격했고 그 덕에 미국 전투기를 격추시킬 자리를 얻을 가능성이 매우 낮았다.

하지만 그는 북한 공군이 그에게 미국 전투기를 격추시키길 기대한다는 사실을 잘 알고 있었다. 그의 상관을 행복하게 하고 적을 죽이려고 안달이 난 공산주의자라는 평판을 유지하기 위해 노금석은 너무 멀리 있는 적을 향해 기관포탄을 퍼붓고 애국적으로 탄약을 전부 소비한 뒤 귀환했다. 그는 시간이 갈수록 미국인을 해칠까봐 두려워하지 않게 됐다. 설령 그가 원한다 해도 제대로 조준해 쏠 수도 없었다. 그가 원하기만 하면 아무것도 맞출 수 없었다. 사실 다른 대부분의 북한 미그기 조종사들도 그랬다.

III

공중전이 격화되고 미국인들이 계속해서 고폭탄과 소이탄으로 북한을 징벌하자 김일성은 그가 자초한 재난의 책임에서 벗어날 방법을 찾아야 했다. 그는 전쟁이 끝나면 자신의 입지가 취약해지고 많은 북한인들이 자신을 제거하려 덤벼들 거라는 사실을 알았다. 그는 냉혹한 천재성으로 그의 라이벌 정치가들, 특히 소련과 중국, 남한에서 건너와 북한 정부의 요직을 차지한 자들을 앞설 수 있었다. 이들 라이벌들을 희생양 삼아 그는 자신의 권력을 늘리고 스탈린식 인신공양을 통해 대중의 시선을 돌리면서 군 사령관으로서 져야 할 실패의 책임에서 도망칠 수 있었다.

김일성의 통역관이자 한국전쟁 당시 총사령관이던 유성철에 의하면 이것은 3막으로 구성된 성대한 쇼였다고 한다. 먼저 라이벌을 포착하기 위한 교묘한 덫이 놓인다. 그 다음 덫에 걸린 당사자는 딩집회에서 공개 비판을 당한다. 마지막으로 권력을 빼앗기고 투옥된 뒤 대부분 처형당했다. 김일성은 빨리 행동해야 했다. 그가 몰락시키려던 정적의 대부분은 추종자들이 있었으며 외국의 지원을 등에 업었고 실패한 전쟁을 이용해 김일성을 몰락시킬 수 있을 정도로 똑똑했다. 그들이 행동하기도 전에, 아니 전쟁이 끝나기도 한참 전부터 김일성은 계획을 진행했다. 그가 1951년 가을에 포착한 첫 표적은 북한 내의 최고위 소련계 한국인인 허가이였다. 허가이는 1940 년대 중반에 소련에 징집되어 북한에서 통역관으로 일했다. 그는 소련에서 태어나고 자라 한국어와 러시아어를 모두 말하는 수천 명의 고려인(한국계 러시아인)중 하나였다. 하지만 허가이는 스탈린의 명령으로 한반도에 공산주의 씨앗을 뿌린 고려인 하급관료나 교사들과는 뭔가 달랐다.

허가이는 1930년, 22살에 소련 공산당에 입당했다. 그는 역사가인 안드레이 란코프에 따르면 소련 극동지방에서 1930년대 중반에 "뛰어난 의지와 지능, 그리고 조직력을 갖춘 고려인 청년"으로 소문났다. 그는 소련에서 고려인 거주지역의 서열 2위 고위직에 오를 정도로 성공했을 뿐 아니라 그의 동료 대다수를 제거한 스탈린의 대숙청마저 피할 정도로 날렵했다.

1945년 11월에 북한에 도착한 허가이는 소련이 김일성 주변에 쌓아둔 관료체제의 상위에 등극하게 된다. 그는 한국어를 구사하는 인물들 중 스탈린식 당 체제를 만든 경험을 가진 유일한 인물이었다. 전쟁 전에 그의 정부조직은 미국이 지원하는 남한의 정부보다 더 효율적으로 작동했다. 그는 '당의 박사님'이라는 별명으로 통했다. 하지만 정치가이자 연설가로서의 능력은 낮았다. 그에게는 풀뿌리 원조세력이 없었다. 1950년 봄, 그는 노금석을 포함한 해군 사관생도들 앞에서 연설을 한 바 있다. 허가이는 눈에 띄게 뚱뚱했고 한국어를 유창하게 말하지 못했다. 그는 단조로운 어조로 연설을 이어갔고 후보생들 중 누구도 그가 무슨 말을 하는지 이해하지 못했다.

전쟁이 시작되자 그는 조선노동장의 제1서기가 되어 김일성 다음

가는 노동당 서열 2위가 되었다. 그는 김일성과 함께 남침 계획의 초기 단계를 입안했고 남한 내의 공산주의자들을 포섭하느라 애썼다. 김일성과 허가이 모두와 한때 일했던 임은에 의하면, 허가이는 김일성을 위대한 독재자로 꾸미는 데 도움을 줬다. "허가이는 김일성의 측근일 뿐 아니라 후원자이자 보호자였다." 임은은 이렇게 주장한다. "그는 김일성이 지도자로 탄생할 때 산파 역할을 했다. 이것만으로도 김일성은 허가이를 숙청할 이유가 있었다."

김일성에게는 또 다른 중요한 동기가 있었다. 스탈린과 김일성의 관계가 악화된 것이다. 중국군이 북한을 돕기 위해 몰려오기 얼마 전, 스탈린은 김일성이 결과를 내지 못한다고 굴욕적일 정도로 분명하게 밝혔다. 고려인 출신들이 자신을 죽이고 유능한 허가이의 밑에서 평양의 권력을 장악한다면 스탈린은 기뻐할지도 모른다고 김일성은 두려워했다.

중국군이 참전하면서 북한에 대한 소련의 영향력은 약화됐다. 김일성이 허가이에 대한 숙청을 감행할 때가 왔다. 숙청은 허가이에게 전쟁 초반에 UN군 점령 치하에 놓였던 당원들의 행동을 평가하는 작업을 맡기면서 시작됐다. 미군과 한국군이 북한을 통치할 때 많은 당원들이 김일성 정권을 비난하고 당원증을 불태우면서 점령군을 환영했다. 허가이는 이 배신자들을 철저하게 점검하고 옛 당원증을 제시하지 못하는 거의 모든 이들의 재입당을 불허했다. 또 그는 신임 당원 선발조건을 강화하면서 공장 노동자들은 받아들였지만 가난한 농부들은 불허했다.

1951년 11월의 당 중앙 위원회에서 김일성은 허가이가 도를 넘었다고 비난했다. 그는 허가이가 당의 지지기반인 빈농층의 입당을 거절한 것을 비판했고 잘못을 저지르지 않은 당원의 재입당을 불허한 것도 비판했다. 그의 죄목은 "폐쇄주의"와 "청산주의"였다. 곧 허가이는 다른 덫에 걸렸다. 그는 김일성의 잘 알려진 업적들을 찬양하는 어구가 포함된 문서의 초안을 검토하라는 지시를 받았다. "이게 꼭 필요한가?" 허가이는 서류를 가져온 간부에게 이렇게 물었다. 그리고는 붉은 잉크로 지나친 미사여구들을 제거하라고 표시했다. 허가이의 자리를 탐내는 다른 정치가가 이 문서를 곧바로 김일성에게 전했다. 허가이가 김일성의 사무실을 방문하자 김일성은 교활하게 이 문서를 내밀었다.

당 위원회에서 비판받고 김일성의 면전에서 모욕당한 허가이는 직위를 박탈당하고 당에서 축출됐다. 김일성은 곧 농부들에게 당원 자격을 개방해 당원 숫자를 백만 넘게 늘려 자신의 지지기반을 팽창시켰다. 나중에 김일성은 허가이에게 불가능한 임무를 맡겼다. 미국의 폭격으로 파손된 저수지를 수리하라는 것이다. 허가이가 일정을 맞추지 못하자 김일성은 그를 "관료주의"와 관리미숙으로 비난했다.

삶이 무너지자 허가이는 평양의 소련 대사관을 방문해 소련 외교관에게 자신이 김일성에 대한 "과도한 찬양"에 회의적이라는 이유로 처벌받고 있다며 하소연했다. 이틀 뒤, 그는 자택에서 사망했다.

공식적으로는 자살이었으나 란코프는 살인이라는 강한 정황증거가 있다며 세 가지 동기기 있을거라고 추측했다. 김일성은 허가이가 역모를 꾸민다고 의심했고, 소련이 허가이를 내세워 북한을 통제할지도 모른다고 우려했다. 또 허가이가 소련으로 피신해 말썽을 일으킬지도 모른다고 우려했다.

"그의 시신은 아들의 작은 침대에 누워있었고, 손에는 사냥총이 들려 있었고 부인의 드레스에서 빼낸 허리띠가 방아쇠에 연결되어 있었다." 란코프는 이렇게 적었다. "현장에 가장 먼저 도착한 이들 중 일부는 이것이 살인이고 자살인 것처럼 꾸며졌을 거라고 생각했다. 연구를 위해 만난 허가이의 지인들은—원래 김일성을 따르던 이들도 포함한—거의 모두 그가 살해되었다고 믿었다."

허가이의 장인이자 북한군의 고위 장성으로 1950년에 서울을 점령했던 전차부대를 지휘한 최표덕은 그가 자살하기 전날 밤에 그를 찾았다. 그들은 저녁을 함께 보냈고 허가이가 목숨을 끊을 조짐은 전혀 없었다고 말한다. 그 대신 그는 북한을 벗어나 소련으로 돌아가고 싶다고 했으며 어린 아들에 대해 애정을 담아 말했다고 한다.

허가이의 죽음을 전해들은 최표덕은 그가 살해당했다고 확신했다. 란코프에 따르면 그는 얼마나 확신했는지 김일성에게 전화를 걸어 살인자라고 호통쳤다. 그리고는 군직을 버리고 소련으로 망명했다. 허가이의 아내는 남편의 사망소식을 평양 밖에서 들었다. 그녀가 평양에 도착했을 때 허가이는 이미 매장되었다. 그녀는 하인과 부관, 운전수등에게 이야기를 들으려 했지만 이들은 이미 다른 직장으로 자리를 옮긴 뒤였다.

IV

위대한 독재자가 미그기들을 북한으로 옮긴 3일 뒤, 미국인들이 이들을 발견했다. 1951년 11월 10일, 미 공군 정찰기가 의주 비행장에 20대 넘는 미그기가 서 있다고 보고했다. 일본 나고야에 주둔한 미 제5 공군의 작전부는 대규모 공격계획을 짜기 시작했다. 이들은 땅에 있는 미그기들 전부와 비행장을 초토화시키려 했다. 공격에는 B-29및 B-26폭격기, 그리고 호위 제트전투기가 동원될 예정이었다.

작전을 승인받기 전, 네대의 세이버가 11월 18일 아침에 의주 상공을 비행했고 그 중 한 대의 조종사가 비행장 남쪽 끝에 미그기들이 지그재그로 주기된 것을 발견했다. 두 대의 세이버가 상공을 돌며 이들을 엄호하는 동안 케네스 챈들러 대위와 데이튼 래글랜드 중위가 강하했다. 활주로 상공 불과 몇 미터를 거의 초음속에 가깝게 비행하며 이들은 비행장에 총탄을 퍼부었다. 챈들러는 자신이 미그기 네 대를 파괴하고 다른 몇 대에도 손상을 입혔다고 보고했다.

노금석은 오전 5시에 농가를 개조한 자신의 숙소에서 일어났다. 그는 세수하고 양치질한 뒤 비행복을 입은 뒤 트럭을 타고 비행장으로 출근하기 전에 아침식사를 먹었다. 그 곳에서 그와 23명의 동료 조종사들은 최고 전투태세를 갖추라는 1번 경보를 받았다. 이들 중 1/3은 유도로에 주기된 8대의 미그기에 탑승해야 했다. 조종사들은 1번 경보를 싫어했다. 이들은 활주로 위에 훤히 드러난 미그기에 타면 쉬운 표적이 되리라고 우려했다. 최고 경보를 발령할 정도면, 차라리 이륙해서 적기를 쫓는 게 낫지 않을까? 하지만 아무도 감히 이의를 제기하지는 못했다.

아침 8시부터 이들은 한 시간 간격으로 교대로 전투기에 탑승해 1번 경보 임무를 맡았다. 비행연대의 제1 대대가 첫 순서를 맡았고 2, 3 대대 조종사들은 주변에서 바람을 쐬며 대기하고 있었다. 2대대의 노금석은 3대대 소속의 친구인 정영태와 잡담을 나누고 있었다.

"자네 키가 큰 것 같군." 정영태는 노금석에게 말했다. 이들은 해군 사관학교에서 아직 노금석이 17세이던 2년 반 전에 만났다. 그때만 해도 그는 키가 작고 말랐다. 정영태는 그보다 세 살 위였다. 이들은 중국 도시 중 어디가 인구가 많은지—톈진이냐 셴양이냐를 두고—토론을 벌였다. 노금석은 톈진이 더 많다고 정답을 말했다. 정영태는 주제를 바꿔 2차 대전중 미국이 얼마나 많은 군용기를 만들었는지에 대해 말했다.

한 시간 뒤 이번에는 노금석이 조종석에 앉아 경계태세를 유지할 차례였다. 10시가 되자 3대대 차례가 되었고 노금석은 조종석에서 내려와 활주로 구석으로 가 다리를 뻗었다. 그 때 그는 연대장인 태극성 대령이 마구 팔을 휘두르며 조종사들에게 엄폐하라는 신호를 보냈다. 노금석은 두 명의 고위 장교가 활주로에서 걸어오는 것을 목격했다. 한 명은 북한 공군에 파견된 최고위 군사고문인 소련 장군이었다. 또 하나는 북한 공군 총사령관 왕영이었다. 왕영 장군은 대령이 소리치는 것을 듣자 하늘을 바라보았다.

"조심하시오!" 왕 장군은 러시아어로 외쳤다.

노금석은 활주로 북쪽 끝으로 고개를 돌렸다. 두 대의 전투기가 검은 연기를 뿜으며 빠르게 다가오고 있었다. 처음에는 공중전중 피격당해서 비상착륙을 위해 다가오는 소련 미그기들인줄 알았다. 하지만 이들은 속도를 늦추지 않았다. 그리고 곧 붉은 예광탄의 궤적과 기관총 발사음이 들렸다. 그는 활주로에 총알이 박히며 먼지를 일으키고 그가 방금 내렸던 미그기에 두 발의 총탄이 명중하는 와중에 얼굴을 땅에 묻고 바짝 엎드렸다. 머지 않은 곳에서 왕영 장군과 소련 장군도 땅에 엎드렸고 혼란에 빠진 지상요원들은 뱅뱅 돌며 뛰어다니고 있었다.

파괴된 항공기의 숫자로 보면 이 날의 전과는 챈들러 대위가 나중에 보고한 것—어쩌다 보니 미 공군 공식 한국전사에까지 포함된—보다 훨씬 적었다. 파괴된 미그기는 단 한 대였다. 이 기체에는 연료탱크가 명중하면서 불이 붙었다. 기지에 소방차가 없다 보니 결국 미그기는 그을린 쇳조각만 좀 남을 때까지 다 타버렸다. 탑승자는 없었고, 주변에도 다친 사람은 없었다.

다른 미그기 세 대는 가벼운 손상을 입었다. 그 중 한 대에는 점 50구경 총탄이 조종석에 앉아있던 조종사를 스쳤다. 조종 헬멧의 턱끈을 스치고 지나간 것이다. 노금석이 탔던 기체에 앉은 조종사도 다치지 않았다.

하지만 세 번째 미그기의 조종사였던, 노금석의 친구 정영태는 운이 없었다. 총탄이 목을 관통했다. 조종석에서 끌어내려지기도 전에 그는 사망했다. 이 기총소사는 시작에 불과했다. 곧 의주 비행장을 파괴하고 미그기들을 없애려는 미국의 더 강력한 공격이 이어졌다. 12대의 B-29가 그로부터 2주일도 채 안돼서 80톤의 폭탄을 활주로에 퍼부었고, 454곳의 탄공이 발생해 활주로를 쓸 수 없게 됐다. 몇몇 탄공(폭탄 구덩이)은 지름이 7미터가 넘었다. 숨은 미그기를 파괴하기 위해 의주 일대에는 지면에 닿기 전에 폭발해 사방으로 파편을 날리게 세팅된 500파운드(225kg)폭탄으로 야간 융단폭격이 퍼부어졌다.

노금석과 다른 북한 조종사들은 야간에 출격할 수 없었다(전쟁중 단 1개 비행대만이 야간전 훈련을 받았으나 실전에는 투입되지 못했다). 그 대신 조종사들은 지상에 머물며 파편이 자신들이 머무는 숙소에 닿지 않기만 빌었다. 노금석은 옷을 입은 채 잠자리에 들어 B-29의 비행음을 들으며 혹시라도 폭탄이 자기 쪽으로 향하면 곧바로 도망갈 준비를 했다.

미국의 폭격은 북한 정비사들의 정신력을 시험했다. 조종사들과 달리 이들은 비행장 옆의 텐트에서 지냈다. 노금석과 친한 정비주임은 한밤중에 지축을 뒤흔드는 묵직한 충격을 느꼈을 때 잠자리에 누워 있었다. 다음날 아침에 그는 지면에 박힌 1천 파운드(450kg) 불발탄을 발견했다.

의주 비행장에 미그기를 주둔시킨다는 위대한 독재자의 결정은 5주일간 계속됐다. 이 명령이 번복된 12월 15일, 중국군 공병대가 구멍투성이가 된 활주로를 수리하러 왔다. 미그기들이 이륙은 할 수 있게 하려는 것이었다. 이틀이 지나자 활주로는 엉망진창이었으나 어떻게든 쓸 수는 있었다. 노금석과 다른 조종사들은 행복하게 이륙한 뒤 만주에서 임무를 재개했다.

8장

국제 스포츠 경기

I

만주에서 노금석은 공포에 떨지 않고 잘 수 있었다. 그는 혼초들 틈에 복귀했고, 하얀 식탁보가 딸린 테이블에서 사치스럽게 먹으면 서 겨울의 추위를 달래주는 뜨거운 보르쉬를 탐닉했다. 쾌활한 러 시아 조종사들은 그에게 흑빵에 버터를 두텁게 발라 먹으라고 설 득했다. 그래야 공중전중에 가해지는 G포스(중력가속도)의 부담을 줄 인다는 주장이었다. 내친 김에 노금석은 버터 위에 캐비어까지 두 텁게 발라서 삼킨 뒤 지난 8개월간 미그 회랑에서 목숨을 건 공중 전을 벌이느라 주량이 늘어난 동료들을 대표해 보드카를 목구멍 너 머로 넘겼다.

그의 새 비행장은 압록강 바로 북쪽에 있는 단둥 주변이었다. 이 곳은 소련, 중국, 북한의 조종사들이 모는 170대의 미그기들이 작 전하는 공산군 항공전의 주요 전진기지가 되었다. 이곳에는 좁고, 많은 비행기들이 몰려 있으며 이따금 죽음을 부르까지 하는 활주 로 하나가 있었다. 중국인들은 활주로의 동쪽 끝에 머물렀고 언제나 서쪽으로 이륙했다. 러시아인들과 북한인들은 서쪽 끝에 머물면서 언제나 동쪽으로 이륙했다. 모든 미그기들, 특히 더 큰 엔진을 갖춘 신형은 특히 연료를 많이 소모했다. 대부분은 1시간만 지나면 연료가 떨어졌다. 일부는 최대 출력이라면 35분밖에 날 수 없었다. 이렇게 연료를 소모한 기체들은 단둥으로 다급하게 몰려왔고, 종종 동쪽에서 서쪽으로 일제히 진입하면서 다른 기체를 재빨리 앞질러 좁은 활주로에 착륙했다. 조종사들은 우측 진로를 유지하려 애썼고, 몇몇은 정면충돌했다. 노금석도 몇차례나 사고가 날 뻔했지만 그 과정에서 다른 대부분의 조종사들을 겁에 질리게 할 혼란스런 활주로에 착륙하는 데 익숙해졌다.

거의 1년간 미그 회랑에서 미그기 조종사들을 연구한 미국 조종사들은 누가 실력이 좋은지(대부분의 소련군), 누가 좋지 않은지(대부분이 중국군과 북한군)를 충분히 구분할 수 있었다. 공산주의자들은 몇몇 전투기들에 색을 구분해서 칠해 본의 아니게 미국의 등급 구분에 도움을 주었다. 제대로 목표를 맞추지 못할 정도로 실력이 부족한 노금석의 연대 소속 기체들에는 기수에 붉은 색이 칠해졌고 날개 뒤 동체에도 붉은 띠가 칠해졌다. 이 분명한 표식은 세이버 조종사들에게 "와서 죽여줘요" 하는 꼴이었다.

1952년 초, 노금석에게는 너무나 다행히도 모든 미그기에 칠해진 붉은색은 은색 페인트로 덮였다. 1952년 새해 첫날, 노금석의 비행연대 소속 기체 24대는 12,800미터까지 상승한 뒤 남쪽으로 향했다. 연대장 태극성 대령을 따라 이들은 폭격으로 폐허가 된 평양 상공을 지나 계속 남쪽으로 비행했다. 날씨는 아주 맑았다. 시야도 완벽했다. 무엇보다 미국인들은 제트전투기들을 지상에 주기한 채로 새해를 축하하고 있었다. 늘 노금석의 속을 쓰리게 하던 공포도 없었다. 그는 긴장을 풀고 경치를 즐겼다.

"저기 희끄무리하게 남쪽 지평선 쪽에 보이는 곳이 서울이다." 태극성 대령이 무전기로 조종사들에게 말했다.

노금석은 이렇게 남한 가까이 비행한 일이 없었다. 그는 어쩌면 지금이 도망칠 절호의 기회일지도 모른다고 생각했다. 그는 편대를 이탈해 저공으로 강하한 뒤 세이버들이 요격하러 몰려들기 전에 활주로를 찾아 착륙할 수 있을지도 몰랐다. 만약 성공한다면 더 이상 연극을 하지 않아도 됐다.

흥분하면서도 겁에 질린 그에게는 생각할 여유가 단 몇 초에 불과했다. 어쩌면 다른 미그기들이 그를 쫓아와 사격을 가할지도 몰랐다. 만약 동료들을 따돌린다 치면, 어디에 착륙할까? 그는 남한 어디에 활주로가 있는지 몰랐다. 또한 그는 미국인들이 레이더로 자신을 발견하고 대공포화를 퍼부을지도 모른다고 생각했다. 무선으로 연대장은 휘하 조종사들에게 북쪽으로 기수를 돌려 만주로 돌아가자고 지시했다. 밀집편대를 유지한 노금석도 기수를 돌렸다. 냉정한 계산이 망명의 꿈을 멈추게 했다. 그는 자신이 살아남지 못할 거라고 예상했다. 의주에서도 같은 계산으로 위대한 독재자를 쏘지 않았다. 노금석은 요란한 쇼를 벌일 생각은 없었다. 그는 김일성에 대한 저항의 상징으로 목숨을 잃고 싶지 않았다. 그는 미국에서 살고 싶었다.

그는 성공 확률을 높이려면 조종 경험을 더 쌓아야 한다고 생각했다. 또 그는 남한의 활주로 좌표도 정확히 알아야 했다. 그 활주로들 중 어느 것에 미그기가 착륙할 수 있을지도 확인해야 했다. 그는 나중에 더 좋은 기회에 탈출하자는 결정 덕분에 만주로 돌아갔으며 그 와중에 미국인들이 계속 휴일을 즐긴다는 사실에 안도했다. 하지만 그 해 내내, 그리고 전쟁 내내 공중전에서 목숨을 잃을 가능성은 꾸준히 유지됐다.

II

혼초들은 고향으로 돌아갔다. 이들의 우수한 기량과 전투의지로 인해 공중전 양상이 바뀌었다. 중국측 보급로를 보호하고 미그 회랑에서의 공중우세를 유지한 데다 미국에게 그들의 최고 전투기를 한반도에 투입하게끔 강요했다. 39명의 혼초는 5대 혹은 그 이상의 미국 항공기를 격추했다. 18명은 소연방 영웅 칭호를 받았다.

세이버와 미그기간의 공중전 전과를 집계하면 미국이 압도적인 승리를 거뒀다고 나온다. 격추교환비는 1:9, 즉 세이버 1대가 격추되는 동안 미그기는 9대 격추당한 것으로 나온다. 하지만 이 수치는 중국, 북한, 그리고 신참 소련 조종사들까지 포함한 것이다. 소련 공군의 최정예인 303과 324 전투비행사단의 조종사들이 조종석에 앉으면 격추교환비는 거의 동등해졌다. 마치 중국군이 땅에서 무승부를 기록하듯 혼초들 역시 하늘에서 미국과 무승부였다.

1952년 3월 무렵이 되자 소련군 조종사들은 지쳤고 무너지고 있었다. 한 조종사는 착륙 후 심장마비를 일으켰고 다른 조종사는 산소 마스크에 토하면서 편대장과 충돌할 뻔했으며 또 다른 조종사는 의식불명을 일으켜 급선회하며 하강했다. 군의관들은 이들에게 힘을 키운다며 주사를 처방했으나 최소 1/3, 많게는 절반의 소련 조종사들이 더 이상 비행할 수 없었다. 모두들 돌아가고 싶었다. 2/3

는 사망했고 그 중에는 노금석의 전 교관이자 친구이던 니키첸코 대위도 포함되었다.

혼초들이 단둥을 떠나기 전날 밤, 노금석은 이들이 내무반에서 밤새 놀면서 술에 취해 러시아 민요를 부르는 것을 들었다. 다음날 아침, 이들 중 한 명은 노금석에게 어제밤에 한 것은 승리 축하가 아니라고 했다. 이들은 살아남은 것에 안도한 것이다. 이들과 교대한 소련 조종사들은 혼초들만큼 유능하지 못했고 다수가 금방 전사했다. 스탈린은 전쟁에 흥미를 잃은 듯했고, 신참들을 전쟁터에 내몰았다. 이 조종사들은 소련에서 최신형 미그로 겨우 수십 시간의 경험만 쌓았을 뿐이다. 이들 중 20%만이 2차 대전 참전자였다. 모스크바에서 이들의 훈련은 공중전이 아니라 계기비행에 맞춰져 있었다. 이들의 실력은 중국이나 북한 조종사들보다 딱히 낮지도 않았다. 시간이 갈수록 세이버들이 올리는 전과는 꾸준히 늘어났고 미국의 손실은 꾸준히 줄었다.

소련 정예 조종사들이 떠나는 와중에 미국은 더 강력한 기체를 배치했다. F-86F형은 세이버에 더 강력한 엔진과 약간 큰 날개를 장착한 것이다. 이 기체는 그 동안 미그만의 영역이던 고도까지 상승할 수 있었다. 일단 올라가면 세이버는 더 치밀하게 기동할 수 있었다. 1952년 중반이 되자 노금석은 미그기가 세이버와 싸우는 것은 자살행위이고 특히 저공에서 그렇다고 믿었다. 그만 그런 것이 아니었다. 소련 조종사들도 전투를 피하기 시작했다. 많은 조종사들이 심한 전투피로를 호소하며 출격을 거부했다. 이들을 지휘하던 한 소련 지휘관은 문책성 귀국을 당했다. 전쟁 막바지에 이르면 세이버 조종사들은 많은 미그 조종사들이 "불쌍할 정도로 무능력"하고 감히 싸울 배짱이 없다는 사실을 쉽게 알 수 있었다. 미국 조종사들은 미그기 조종사들이 1만 700미터 이상의 고도에서 급선회를 시도하다 실패해 제어불능의 선회에 빠지며 추락하는 것을 최소 7번은 목격했다. 대개의 경우 미그기 조종사는 안전하게 탈출했다. 몇몇 미그 조종사들은 공격을 받으면 사실상 항복했다. 세이버에게 공격을 받으면 이들은 그대로 낙하산으로 탈출했다. 한 공군 정보 보고서에는 이렇게 적혀있었다. "아주 값싸고 효율적인 '미그 사냥' 전법을 찾았다! 만약 적 조종사가 우리를 보면, 적은 비상탈출한다. 만약 적이 우리를 보지 못하면, 격추하면 된다. 이보다 더 효율적인 방법은 있을까?"

노금석과 많은 다른 북한 조종사들에게는 하늘에서 전사할지도 모른다는 공포에 더해 지상에서 처벌당할 공포까지 더해졌다. 노금석의 비행연대 동료인 신유철은 50번 이상 실전에 출격했지만 전쟁 초반에 형제가 월남했다는 사실을 당국에서 알아내자 갑자기 공군에서 쫓겨났다. 만주에서 프로펠러 항공기 부대를 지휘하던 김태현 대령은 망명을 계획했다는 혐의로 총살당했다.

노금석에게 또 무서운 것은 소속 연대의 고위 계급 조종사들이었다. 구름 뒤에 숨을 수도 있는 4대 밀집편대를 편성하는 대신 이 지휘관들은 거의 어느 때건 20~24대의 미그기로 대규모 편대를 편성했다. 이러면 120킬로미터 밖에서도 이들의 비행 궤적을 쉽게 알 수 있었다. 노금석은 이런 대규모 편대가 적의 공격을 부르고 대부분 북한 조종사들을 죽게 만든다고 간파했다. 또 노금석은 자기 상관들이 미그기의 가장 큰 장점을 살리지 못할 만큼 어리석다고 생각했다. 미그기의 장점은 13,700미터 이상의 고공에서 활동할 수 있다는 것이었다. 하지만 노금석의 소속 부대는 종종 미그 회랑에 더 낮은 고도로, 최대 속도도 내지 못하고 진입했고 세이버들은 이들을 쉽게 잡아냈다.

노금석을 가장 무섭게 한 순간은 평양 동쪽에서 24대의 미그기 편대에 소속되어 12,500미터 상공을 비행할 때였다. 더 소규모의 소련 미그기들이—아마도 더 숙련된 지휘관이 지휘하는—그들보다 더 높이 날고 있었다. 후방에서 네 대의 세이버가 나타나 북한 미그기들을 반격하기도 힘들게 흩어놨다. 원래대로면 후방에 있어야 할 노금석의 미그기도 적기의 사격을 피하느라 도망쳤다. 노금석은 오른쪽으로 급히 꺾어 북쪽의 만주를 향해 가속하는 와중에 조종석 주변에 붉은 예광탄이 날아드는 것을 발견했다. 한 대의 세이버가 1,000미터도 안되는 거리에서 그의 후방에 따라오고 있었다. 적기는 계속 사격을 퍼부었다. 노금석은 혼란에 빠져 미그기를 지그재그로 몰다가 상승했다. 세이버는 따라오지 못했다. 노금석은 적의 사거리에서 벗어났다. 만약 미국 조종사가 조금 더 인내심이 있어서 300미터까지 접근했을 때 사격을 퍼부었다면 노금석은 분명 격추당했을 것이다.

지상에서 노금석은 쉬거나 긴장을 풀 수 없었다. 주말 외출도 없었다. 비록 어머니에게 전쟁중에 많은 편지를 썼지만 답장은 가족 중 누구도 보내지 않았다. 그는 어머니가 미국의 폭격에 목숨을 잃었을 것이라고 단정했다. 그리고 1952년 봄, 전쟁에서 죽을 확률이 크게 높아졌다.

만주의 성역이—공산측 공군이 한국전쟁 중 누린 최대의 장점—갑자기 사라졌다. 미국 세이버 조종사들이 한국 전쟁을 지배한 교전수칙을 무시하고 중국 내의 미그기를 사냥하기 시작한 것이다. 이들은 남한에 주둔한 미 공군 수뇌부의 묵인하에 작전을 실시했다. 노금석은 그에게 비행임무가 없던 4월 초의 맑은 아침에 이를 목격했다. 단둥 비행장에 아침 안개가 걷힌 직후, 약 50대의 소련 공군 미그기들이 미그 회랑으로 출격했다. 이들은 약 한 시간 뒤에 연료가 심하게 부족한 상태로 귀환했다. 노금석은 활주로 남서쪽의 유도로에 서서 미그기들이 착륙하느라 감속하면서 내는 엔진 소리를 듣고 있었다. 그 때 그는 예상치 못한 소음을 들었다. 세이버의 날카로운 엔진 소리였다. 하늘을 보니 적어도 12대는 넘는 적기가 있었다. 저공에서 고속으로 비행하는 세이버들은 세 방향으로 비행장을 덮치며 착륙을 위해 감속한 미그기를 색출했다. 노금석은 세이버들이 세 대를 격추시키는 것을 목격했다. 이 미그기의 조종사들 모두 탈출하지 못하고 지면에 충돌해 폭발했다. 두 대의 손상된 미그기는 비행장 북동쪽에 추락해 하늘에 검은 연기를 내뿜었다.

그 뒤로 전쟁이 끝날 때까지 거의 매일같이 만주의 비행장들에 세이버들이 출현했다. 미군 조종사들은 목표를 아주 세심하게 골랐다. 이들은 북한에서와 달리 절대로 지상에 주기된 항공기에는 사격하지 않았다. 그 대신 이들은 독수리처럼 비행장 상공을 맴돌며 미그기를 가장 잡기 쉬울 때 공격했다. 1952년의 상반기 6개월 동안에 한 소련 공군 비행사단은 26대의 항공기를 비행장 상공에서 잃었다. 중국측 손실도 치솟았다.

"우리는 적기가 착륙할 때 잡았고, 시험비행할 때에도 잡았고, 훈련중일 때에도 잡았다. 우리는 적기를 찾으면 어디에서건 잡았다." 중국 내부에 대한 공격을 여러 차례 입안하고 실행한 워커 '버드' 매휴린 대령은 이렇게 설명했다. "우리는 적이 착륙하려 할 때 쏴버리는 것은 좀 비열하다고는 생각했지만 그 때마다 전과는 올라갔다."

노금석은 미국 조종사들에게 착륙하려는 미그기를 쏘는 데 죄책감이 없다는 사실을 발견했다. 오히려 이 때가 그들이 선호하는 타이밍이었다. 미그기의 연료가 바닥났으니 반격할 능력이 없었던 것이다. 매휴린과 미국 조종사들은 건카메라의 필름을 살펴보고 그들이 만주에서 작전하는 장면은 없애야 했다. "우리는 뭐든 비밀이 새나갈 것은 기지 밖으로 내보낼 수 없었다." 매휴린은 자서전에 이렇게 적었다. "우리 조종사들은 정말 엄청난 장면들을 찍어서(만주에서) 귀환했다"

미국은 절대 공식적으로 이런 사냥작전을 승인하지 않았고 수십년에 걸쳐 미 공군은 이런 월경작전을 축소해서 기록하거나 은폐하려 했다. 한국전쟁이 발발한지 50년이 지나 발간된 미 공군 공식 잡지에는 한국 전쟁에 대해 이렇게 왜곡해서 기재했다. "항공전은 거의 전부 북한 상공에서만 벌어졌다. 예외는 드물었다… 이따금 길을 잃은 미 공군 전투기들이 압록강을 넘어 뜻하지 않은 교전을 치르기는 했다." 전쟁 내내 공군 장성들은 "적극적 추적" 정책을 열심히 추구했으나 한 번도 상부의 공식 승인을 받은 적은 없었다. 여기에 대해 맥아더의 입장은 분명했다. "국경은 침범해서도 안되고 침범할 수도 없다." 미 공군 극동사령관인 스트랫마이어 장군은 중국 상공에서 공중전을 벌일 준비는 되어 있지만 정치인들이 허락을 해야만 가능하다고 말했다. "한반도 너머로 전투기를 보낼 결정은 야전 지휘관들이 할 수 있는 것이 아니다"라는 게 그의 발언이었다. "군인은 외교정책은 민주적 정부가 실행하는 것이라고 봐야 한다.

군대는 외교정책을 짜는 곳이 아니다."

하지만 중국 내에서 미그기를 격추하는 정책을 입안하고 실천한 세이버 조종사들에게 처벌은 없었다.

그들의 상관들은 만주에서 뭔가 저질렀다는 확고한 증거가 워싱턴까지 닿지 않는 한 부하들을 처벌하지 않았다. 그 증거에는 건카메라 영상, 혹은 더 뚜렷한 레이더 기록이 포함되어 있었다. 공군의 레이더 기지들은 승인받지 못한 국경 침입을 감시하고 기록할 수 있었으나 이를 위해서는 세이버 조종사가 기체에 장착된 IFF(피아식별장치)를 켜서 아군 레이더에 식별 신호를 보내야 했다.

만약 분명한 레이더 기록이 남지 않았다면 공군 장성들은 세이버 조종사들이 벌이는 게임을 눈감아줬다. 매휴린은 이게 어떻게 돌아가는지 기록했다. '어느날 우리 조종사들 중 여섯 명이 제5 공군 사령부로 호출됐다. 사령관 프랭크 에버레스트 장군은 노발대발했다. 그는 책상을 내리치며 "너희는 선을 넘었다. 압록강을 넘어갔다고. 이제는 그만둬! 이러면 국무부에서 난리가 난다! 너희 모두를 군법재판에 회부하겠다. 어느 날 관제실에 가서 레이더를 보고 있었다네. 너희들이 이륙하더니 압록강을 넘더군… 젠장, 절대로 멈추라고!"

우리는 차렷 자세로 서 있었다. 그는 문을 부서지듯 닫으며 회의실을 나갔다. 그가 다시 머리를 내밀고 이렇게 말하자 우리는 서로 쳐다봤다. "정 계속 할거면, 젠장, IFF를 끄라고. 레이더로 다 보인다니까!" 곧 모든 세이버 조종사들은 미그기를 격추하기 위한 경쟁 압박을 느꼈다. 토마스 셀러스 소령은 아내에게 쓴 편지에 이렇게 썼다. "우리는 다른 주변의 동료들과 마찬가지로 미그기를 잡기로 결심했고, 유일한 방법은 압록강 북쪽으로 가는 것뿐인 듯하다." 한 달 뒤, 만주 내부에 진입한 그는 14대의 미그기가 한 비행장에서 이륙하는 것을 목격하고 공격을 이끌었다. 그는 두 대를 격추했으나 격추당해 추락했다. 사후에 추서된 은성무공훈장에는 그가 다른 미군기를 엄호하다 북한 상공에서 전사했다고 기록되어 있다.

54명의 한국전 참전 세이버 조종사를 인터뷰한 공군 조종사 출신 역사가인 케네스 P. 워렐은 한국 항공전에 대해 연구하면서 왜 조종사들이 "직접 국경을 넘으려 했는지"에 대한 의문을 가졌다. 그가 찾은 답은 이랬다. "1950년대의 은행강도 윌리 서튼의 말을 빌리자면, 그 곳에 미그기가 있기 때문이다. 그리고 미그기를 잡는 것이야말로 영광이자 영예이고, 잘나가는 전투기 조종사의 본질이기 때문이다."

III

미국의 관점에서 한국전쟁은 거의 끝물이었다. 메인 이벤트라 할 잔혹한 지상전은 만족스럽지 못하고 결과도 얻지 못하는 지루한 상황이었다. 역사학자 브루스 커밍스에 따르면 전쟁은 "전선이 안정되는 즉시 사람들 마음에서 잊혔다."

미그 회랑에서의 항공전은 훨씬 매력적이었다. 미 공군은 대부분 이겼고, 특히 혼초들이 귀국한 다음에 그랬다. 무엇보다 한국 항공전은 전쟁 뒤의 자축 분위기와 맞물렸다. 우리 군인들이 나쁜 공산당을 전통적인 미국식 배짱으로 최첨단 미국 기술을 구사해 혼내줬다는 것이다. 할리우드는 제트 시대의 근접 공중전을 좋아했고 '세이버 제트'나 '제트 어택' 같은 영화를 뽑아냈다. 미그 회랑에서의 공중전은 신문 매출에도 도움이 됐다. 세이버가 미그기를 잡으면 종종 1면 뉴스가 됐다. 미 공군이 북한 도시에 네이팜탄을 퍼부어 민간인을 대량으로 살상할 때는 그렇지 않았다.

세이버 조종사들 자신들도 자신들의 매력에 도취됐다. 그들 중 가장 공격적이고 가장 뛰어난 이들은 미그기 격추에 집착했다. 이들이 바라는 목표는 5대 격추로, 이걸 달성하는 자들이 에이스가 됐다. 전쟁중에 에이스가 된다는 것의 중요성은 아무리 강조해도 지나치지 않았다. 군 경력으로 보나, 여자를 꼬시는 것으로 보나, 자신을 사나이로서 존중하는 면으로 보나 말이다.

"적기 다섯 대를 잡으면 핵심 영웅의 집단에 들어가는 셈이다. 그보다 덜하면 절대 못한다." 이는 그 자신도 세이버 조종사였던 소설가 제임스 샐터가 첫 소설인 '사냥꾼'에 적은 구절이다. "그와 견줄 수 있는 것은 없다. 마치 돈과 같다. 돈은 어떻게 벌었냐가 중요한 게 아니다. 가져야 중요하다. 어떻게 격추했느냐는 중요하지 않다. 격추했느냐가 중요했다. 그것이 마지막 판결이었다. 미그기가 모든 것이었다. 만약 미그기들을 격추했다면 당신이 완벽함의 기준이 됐다. 해가 당신 머리 위로 떠오른다. 정비주임들은 당신이 그들이 정비한 비행기를 기꺼이 타게 한다. 위문공연을 온 여배우도 당신을 보고 싶어 한다. 당신은 모든 것의 중심이 된다. 칭송, 완벽함, 시기하는 자들… 미그기를 못 잡으면, 당신은 아무것도 아니다."

한국에 파견되기 전, 미 공군은 세이버 파일럿들에게 미그기 사냥과 그에 따르는 위험을 칭송했다. 많은 세이버 조종사들이 한국에 파견되어 싸우기 전에 비행훈련을 받은 라스베가스 인근의 넬리스 공군기지에서는 1주일에 평균 한 명의 조종사가 훈련비행 중 사고로 목숨을 잃었다. "사고가 없다면 훈련이 실전적이지 못하다는 분위기가 지배적이었다." 한국에 파견되기 전에 넬리스에서 훈련받은 세이버 조종사 중 하나인 존 로어리의 기록이다. "안전에 대한 무시는 어처구니없어 보일 정도의 공격성에 대한 집착으로 더 심해졌다."

수뇌부 자신이 이런 분위기를 만들었다. 넬리스 기지의 사령관인 클레이 타이스 대령은 새로 기지에 들어온 조종사들에게 이런 연설을 했다. "제군들, 세계 최고의 전투기 무장 훈련소인 넬리스 기지에 잘 왔다. 우리는 제군들에게 세 가지를 하려 한다. 불합격자를 떨궈내거나, 죽이거나, 귀관들을 세계 최고의 조종사로 만들 것이다. 선택은 귀관들의 몫이다. 자. 이제 밖으로 나가서 '표범 오줌'을 한 사발 들이키고, 날고기 큰 덩어리를 하나 먹고, 모르는 여자를 만나라. 빛나는 월요일 아침에 다시 만나자."

한국전쟁중, 그리고 그 뒤에도 미 공군은 전투기와 그 조종사들을 떠받들었다. 세이버는 "새로운 제트 시대에 스타가 된 에이스들의 탈 것이고, 미그 회랑은 그들의 무대"라고 미 공군 공식 전사에서 T. R. 밀튼 장군이 말했다. 비유를 바꿔 밀튼 장군은 공중전이 "마치 국제 스포츠 대회같은 분위기를 불러 일으켰다."

이 스포츠는—미국의 분위기가 바뀌면서 인기가 높아진—39명의 에이스를 배출했다. 이들은 자신들에 따르면 미그기를 잡느라 목숨을 거는 것에 중독적인 쾌감을 느꼈다고 한다. "적기가 나를 발견했다는 사실을 눈치챈 뒤 우리 둘 중 하나는 집에 못 갈 상황이 벌어질 때 느끼는, 치열하고 단단한 초조감과 흥분은 절대로 나를 떠나지 않았다." 10대의 미그기를 격추한 프레드릭 "장화" 블레시는 이렇게 적었다.

미그기를 가장 많이 격추한 조종사들에게 모든 것을 걸고 벌이는 모험의 결과는 어느 정도 예측 가능한 비극을 불러왔다. 13대 이상의 격추전과를 기록한 에이스 5명 중 네 명은 너무 일찍, 난폭한 죽음을 맞이했다. 한 명은 공중전 중 전사했고, 둘이 비행기 사고로, 나머지는 교통사고로 죽었다. 14대를 격추한 과감한 조종사이자 점50구경 기관총의 명사수인 조지 A. 데이비스 소령은 1952년 2월 10일에 12대의 미그기와 싸운 뒤 사후에 명예훈장에 추서되었다. 그는 두 대의 미그기를 잡았으나 세 번째의 미그기에게 격추당했다. 그의 동료들은 나중에 데이비스가 좋은 감각보다 자신감이 더 과했다고 말한다. 그는 모든 미그기 조종사들이 자신보다 열등하다고 믿었다.

에이스는 항공전을 이기는 데 규모에 비해 큰 역할을 맡았다. 한국 전선에서 세이버를 조종한 조종사들 1천명 중 4퍼센트만이 5대 혹은 그 이상을 격추했다. 하지만 공인된 격추 전과중 40퍼센트가 이들의 것이었다. 비행 능력과 용기만이 이 전과를 설명하는 것은 아니다. 에이스들은 이착륙하는 미그기를 잡기 위해 만주로 넘어갈 만큼 악명높은 교전수칙 위반자였다. 39명의 에이스들 중 25명이 만주로 넘어갔다.

영광과 위문공연중인 여배우를 감안해도 영광을 위해 모든 것을 거는 것은 한국전에 참전한 대부분의 미국 전투기 조종사들에게는 말도 안되는 이야기였다. 절대 다수의 조종사들은 대체로 지루한 100회의 출격을 마치고 귀국했으며, 유명하지는 않지만 살아 돌아갔다. 규정을 위반한 51전투비행단의 버드 매휴린 대령에 따르면, 서울 인근에 주둔한 그의 부대 조종사들 중 일부만이 싸움을 찾아 다녔다고 한다. 그가 출격 전 브리핑에서 늘 만나던 100명의 조종사들 중 "대략 18명 정도만 적기와 만날 때 믿을 수 있고 총질도 좀 할 것이다. 나머지 70명은 적을 보지도, 총을 쏘지도 않을 것이다. 나머지는 기계적 문제, 혹은 정신적 아니면 신체적 문제를 핑계로 어떻게든 귀환할 것이다."

이 조심스럽고 침착한 미국 조종사들은 노금석의 소울메이트였다. 다행히도 노금석은 이런 조종사들과 주로 마주쳤다. 단둥 비행장에서 노금석은 거의 매일 출격했다. 때로는 하루에 두 번 출격하기도 했다. 출격 임무의 2/3에서 노금석은 세이버를 아예 보지 못했고 그래도 아주 좋았다. 적을 봐도 대개는 아무 일도 없었다. 서로 적 방향으로 대충 총질을 했다. 노금석은 더 높이 피한 뒤 북쪽으로 방향을 틀었다. 그리고 거의 언제나 미국 조종사들은 추격하지 않았다.

IV

1952년 한여름, 김일성은 이 지긋지긋한 전쟁에 신물이 났다. 전쟁에도 불구하고 통일은 실패하고 나라는 만신창이가 됐다. 출구를 찾기 위해 위대한 독재자는 스탈린에게 급전을 보냈다. 그는 이미 1년이나 된 휴전협상이 끝없이 지속되는 것 같고 그 동안 북한인들의 고통은 더해진다고 하소연했다.

"지난 1년간 협상을 하느라 우리는 군사적전을 거의 중지했고 수

동적 방어태세에 들어갔습니다." 김일성은 전했다. "그 탓에 적은 거의 손실 없이 우리에게 심각한 인적·물적 피해를 일으키고 있습니다."

그는 또한 미국의 폭격이 북한의 "모든 발전소"를 파괴했고 미 공군의 초계비행으로 인해 "그걸 복구할 틈이 없다"고 털어놨다. 김일성은 평양에 대한 끊임없는 폭격이 가장 가증스럽다고 했다.

"최근에는 24시간 내내 폭격이 이어졌고… 6천명 넘는 주민들이 죽거나 다쳤습니다." 김일성은 이 전문을 보내기 5일 전인 1952년 7월 11일에 벌어진 평양 폭격을 거론했다. 이 폭격에는 거의 모든 극동 주둔 UN군 항공기 운용 부대들이 동원됐다. 미 공군 공식 전사에서 "야만적"이라고 묘사되는 이 폭격은 이 시점에서 한국전쟁 최대의 공중 공격이었다. 이 날 하루 1,254회의 출격이 이어지면서 북한 고위층을 위한 대피호까지 직격당해 400명 이상의 북한 관료들이 목숨을 잃었다. 이 사건이 특히 위대한 독재자를 동요하게 했다.

UN의 공군 수뇌부는 지난 몇 달 동안 공산측의 휴전회담에서 타협을 얻어내지 못한 기존의 폭격 임무들에 만족하지 못했다. 그래서 이들은 "파괴력을 정치적 도구로"쓰며 북한의 사기에 "악영향"을 주기 위한 "압력 펌프 작전"을 실시했다. 먼저 수력발전용 댐을 폭격하고 수리를 방해하기 위해 기총소사를 실시했다. 또 전폭기들은 적이 숨은 것으로 추정되는 78곳의 마을과 도시들에 네이팜탄과 지연신관 장착 고폭탄 폭격을 실시했다. 갈수록 "쓸만한 표적"을 찾기가 어려워졌다. 그래서 김일성이 스탈린에게 애원할 정도로 심하게 평양을 폭격한지 6주일 뒤, 다시 폭격이 이어졌다— 이번에는 이틀에 걸쳐 1,400회의 공격이 실시됐다. 이번에도 북한이나 중국, 소련의 미그기 없는 여유로운 폭격이었다(미그기들은 거의 언제나 평양보다 한참 북쪽에서 압록강 상공만을 초계했다).

미국의 폭격작전이 강화된 것은 김일성의 사기를 꺾기 위해서였고 분명히 먹혔다. 스탈린에게 보낸 전문에서 김일성은 대공화기를 요청하고 적극적인 군사작전을 위한 원조를 요청했다. 또 그는 스탈린에게 전쟁을 끝내기 위해 미국과 보다 진지하게 협의할 수 있게 해달라고 간청했다.

"우리는 최대한 빨리 휴전협정을 맺고, 무력행위를 중단하고 제네바 협약에 따라 모든 포로들을 교환할 수 있게 한번에 움직여야 합니다." 김일성은 이렇게 적었다. "이 요구들은 평화를 사랑하는 모든 이들에게 지지받을 것이고 우리를 수동적인 상황에서 벗어나게 할 것입니다."

지상전을 떠맡은 것은 중국이었기 때문에 김일성은 같은 휴전 종용 전문을 베이징의 마오쩌둥에게도 보냈다. 하지만 그의 호소는 먹히지 않았다. 마오도 스탈린도 전쟁을 계속하기를 원했다. 인적 피해에도 불구하고 이들은 전쟁이 유리하게 돌아가며 국제 공산주의에 힘을 준다고 믿었다. 또 이들은 전쟁이 미국을 망신시키고, 트루먼 행정부를 약화시키며 미국의 무기에 대한 정보를 모을 수 있으며 공산측 군대에 초강대국과 싸우는 방법을 가르쳐 준다고 여겼다. 스탈린은 또 전쟁을 통해 중국을 소련의 경제와 군사원조에 종속시키는 효과가 있다는 사실을 발견했다. 이렇게 되면 마오쩌둥이 유고슬라비아처럼 독자노선을 걸을 가능성이 줄어들 터였다.

마오쩌둥은 김일성에게 답장을 보내 전쟁을 끝내기 위해 협상하는 것은 "아주 불리하다"고 했다. 그는 전쟁을 계속하면 더 많은 북한과 중국의 병사들이 죽겠지만 이것은 "미 제국주의와 싸우는 경험"을 쌓으며 "전 세계의 평화를 사랑하는 사람들에게 귀감이 되기" 때문에 정당화될 수 있다고 주장했다. 또 이 전쟁은 "미 제국주의 주력 부대들을 묶어놓으며 아시아에서 계속 피해를 입게" 만드는 동안 소련은 2차 대전의 피해를 복구하고 세계에 혁명을 퍼트릴 수 있어 중요하다고 했다. 1개월 뒤, 스탈린은 전쟁을 더 오래 해야 한다고 더욱 강력히 주장했다. 전쟁을 그만하자는 김일성의 요청을 전면적으로 거절한 그의 발언에는 북한인들의 죽음을 얼마나 하찮게 여기는지를 보여주는 냉혈한 분석이 포함되어 있었다.

"이 전쟁은 미국을 지치게 만들고 있소." 스탈린은 중국의 총리 저우언라이와의 회담에서 이렇게 말했다. "북한은 사람 빼고는 잃을 게 없소."

스탈린은 물론 죽음과 파괴가 북한 지도자를 혼란에 빠지게 만드는 사실을 안다고 했다. 하지만 그는 북한인들이 숨을 한번 깊게 쉬고 그들의 "많은 사상자"를 제대로 된 맥락에서 이해해야 한다고 했다. "인내심과 끈기"를 일깨워준다는 맥락에서 말이다.

"이 전쟁으로 미국은 약점을 보여주고 있소." 스탈린이 말했다.

"모든 미국 병사는 사고파는 것에 집착하는 투기꾼이오. 독일은 프랑스를 20일만에 점령했소. 이제 2년이나 됐는데 미국은 아직 작은 한반도도 제압하지 못했소. 그게 무슨 힘이란 말이오? 미국의 주무기는… 스타킹, 담배, 다른 상품들이오. 이들은 세계를 지배하고 싶어하지만 아직 작은 한국도 그러지 못하고 있소. 미국인들은 싸우는 법을 모르오. 이들은 대규모 전쟁을 벌일 능력을 잊어버렸소.

이들은 모든 희망을 원자폭탄과 항공력에 걸고 있소. 하지만 그것만으로 전쟁을 이길 수는 없소. 보병이 많이 필요한데 미국에는 그게 부족하오. 보병이 그들의 약점이오. 그들은 작은 한국을 상대로 싸우는데 벌써 미국인들은 울고 있소. 만약 전면전이 벌어지면 어쩌겠소? 그러면 전부 울겠지."

이 소름끼치는 '격려'는 "작은 한국"의 지도자가 들으라고 한 것은 아니었다. 하지만 중국을 통해 핵심 메시지는 평양으로 전달됐다. 전쟁, 폭격, 파괴, 죽음은 스탈린이 원하니 계속 할 수밖에 없었다. 대피호에서 지내며 마오쩌둥과 스탈린에게 생존을 전적으로 맡긴 김일성에게는 협상력이 없었다. 그는 그저 하루하루 버텨야 했다. 한 전문에서 그는 "귀하의 분석이 적절하다고 생각합니다"라고 쓸 수밖에 없었다.

1952년 늦여름, 평양의 폐허에서 여전히 미국의 폭격으로 인한 연기가 솟아오를 때 김일성은 모스크바의 초청으로 스탈린과 세 번째이자 마지막 회동을 가졌다. 스탈린은 저우언라이에게 북한측이 "혼란에 빠졌다"는 말을 듣고는 김일성을 위한 특별기를 파견했다. 9월 4일의 회동에서 김일성은 스탈린이 듣고 싶은 말만 할 정도로 교활한 면을 보였다.

"조선 인민들의 사기는 어떻소?" 스탈린이 물었다.

"좋습니다." 김일성은 거짓말을 했다.

"조선 인민군의 사기는 어떻소?" 스탈린이 또 물었다.

"군대 역시 사기가 충천합니다." 김일성은 이번에도 거짓말했다.

그리고는 갑자기 생각나기라도 한 듯 김일성은 스탈린에게 과감하게 진실의 일부를 드러냈다.

"전체적인 상황은 좋습니다." 김일성은 말을 이었다. "폭격만 제외하면 말입니다."

물론 미국의 폭격에 의한 처절한 피해는 스탈린도 잘 알고 있었다. 하지만 그는 그걸 막을 수 있을 정도로 소련의 자원을 투입하고 싶지는 않았다. 그 대신 그는 김일성에게 전투기 추가 원조와 대공화기 원조를 약속했다. 그러고는 재빨리 화제를 바꿨다.

아무리 스탈린과 마오쩌둥의 비위를 맞춘다고 해도 김일성은 절대로 이들에게 동조하지 않았다. 9월 모스크바 회동 전에 김일성은 스탈린에게 미국에 대한 공세를 가해도 되는지 허락을 요청했다. 북한 공군에는 적진으로 침투해 야간작전을 벌일 훈련이 된 대형 장거리 폭격기는 없었으나 김일성은 마오쩌둥에게 있다고 했다. "적진 깊숙이 잘 훈련된 공군 폭격전대를 투입해 야간에 공중전을 벌이고 적의 비행장들을 기습할 겁니다."

적진의 비행장을 공격할 훈련을 받은 북한 조종사 중 하나가 바로 노금석이었다.

9장

지도와 망명을 위한 뇌물

I

노금석은 1952년 6월, 스무 살이 됐을 때 비밀 훈련의 명령을 받았다. 다른 조종사 7명과 함께 그는 단둥을 떠나 만주 깊숙이 비행했다. 이들이 2년 전 러시아인들에게 조종을 배웠던 안산에 도착하자 연대장은 이들이 곧 남한 내에 주둔한 미군 전투기들을 공격할 것이라고 알렸다. 북한 미그 조종사들이 하늘에서 세이버를 맞출 수 없으니, 김일성의 정부는 이들을 지상에서 맞추기로 결정한 것이다.

"우리는 이륙하기 전에 세이버를 파괴할 것이다." 태극성 대령은 말했다. 표적은 서울 서쪽 외곽의 김포 비행장이었다. 서방측 기자들은 이곳을 "미그 킬러들의 집"이라고 불렀다. 미 공군의 제4 요격전투 비행단이 이곳에 주둔했고 이곳의 세이버 조종사들은 한국전쟁중 격추한 미그기의 절반 이상을 잡았다. 39명의 한국 전쟁 미군 에이스들 중 25명이 4비행단 소속이었다. 임무가 없을 때 이들은 비행장 근처에 있는 철제 퀸셋 막사와 '올빼미'로 불리는 단열이 잘 안되는 목재 오두막에서 먹고, 자고, 샤워하고 술을 마셨다.

노금석과 동료들은 안산 비행장에 설치된 목제 펜스를 표적으로 실탄으로 기관포 사격을 가했다. 포탄 파편이 튀어 미그기들의 동체에 구멍이 뚫리자 이들은 실탄 사격을 중지하고 건카메라 촬영으로 사격을 대신했다. 야간에 노금석은 김포 비행장의 지도와 모형을 연구했다. 그는 활주로의 방향, 방위, 그리고 북한에서 접근하려면 어느 경도를 타고 가야 하는지 연구했다.

김포에 대한 공격은 그가 참가한 작전 중 가장 무모한 것이었다. 노금석은 누가 이걸 입안했는지는 몰라도 이 공격이 만주 지역의 비행장들에 대한 미국의 총공격으로 이어져 소련이 극동에 실어나른 모든 미그기를 파괴할 수도 있다는 사실을 알고 있으리라고 생각했다. 노금석은 이 계획을 보고 공산주의자들이 다급해졌다는 사실을 깨달았다. 중국은 전사한 조종사들을 메꿀 수 있을 만큼 새 조종사를 빠르게 훈련시키지 못하고 있었다. 새로 전입해 온 소련 조종사들도 경험이 부족했으며 갈수록 미국과 싸우고 싶어하지 않았다. 공중전은 이미 진 셈이었다.

노금석이 모형과 지도를 그처럼 열심히 연구하게 만든 것은 자신의 무모한 계획이었다. 김포로 날아가면 그는 활주로를 공격할 생각은 없었다. 그는 거기 착륙할 작정이었다. 그는 그 자신과 미그기를 미 제4 요격전투 비행단의 유명한 에이스들에게 넘길 생각이었다. 그는 미국으로 보내달라고 요청하려 했다.

망명에 대한 그의 두려움은 옅어졌다. 그는 여기에 대해서는 북한 공군과 위대한 독재자에게 감사했다. 이들은 남한의 비행장들에 대한 지도를 주고 암기하라고 했다. 1월에 남한과의 접경지대 주변을 비행하면서 망명 생각을 할 때 그는 어디로 가야 할지 몰라 망설였다. 이제 그는 알았다. 남쪽에는 미그기를 착륙시킬 정도의 활주로가 있는 비행장이 세 곳 있었다. 지도 덕분에 노금석은 각 비행장까지의 거리, 소요시간, 접근경로, 소요 연료량을 계산하고 이것을 5년 동안 공산주의자인 척 연기하면서 마음 속에 따로 만들어 둔 일급 비밀 창고에 암기해 넣었다. 비록 미그기의 항법장치를 이용한 전천후 비행 훈련은 엉망이었지만, 노금석은 지도를 완전히 암기했으니 구름이 낀 날에도 김포나 다른 비행장을 얼마든지 찾을 수 있을거라고 자신했다.

노금석은 또 그에게 이근순 소위의 스릴 넘치는 이야기를 전해준 북한 정비병에게도 감사했다.

이근순은 북한 공군의 비행교관이었고 그의 훈련부대에서 최고 조종사였다. 24세의 그는 북한 공군 최초의 비행 후보생들을 담당했다. 그는 또 독실한 가톨릭 신자였는데 이 사실을 감추느라 애썼다. 그의 신앙은 상사에서 소위로 진급하면서 들통났으나 상관은 그의 뛰어난 비행 및 교육능력을 아껴 이를 용인했다. 비행교관으로서 이근순은 강하고 타협없는 인물로 정평이 났다. 그는 군법을 지키는 데 엄격했고 생도들은 그와 함께 비행하기를 두려워했다.

한국 전쟁이 벌어지기 2개월 전, 이근순은 월남했다. 아내를 뒤로 하고 그는 2차 대전에 사용된 소련제 프로펠러 공격기인 일류신 Il—10을 타고 이륙했다. 그는 부산에 착륙해 한국 공군의 환영을 받았다. 만약 그가 북한에서 계속 Il—10을 조종했다면 그는 분명 죽었을 것이다. 미 공군은 북한 공군의 Il—10을 거의 다 격추했다.

이근순이 망명할 때만 해도 북한에는 월남자의 가족을 처형하거나 투옥하는 법이 없었기 때문에 이군순의 가족에게는 아무 일도 없었다. 이근순의 행운은 전쟁 내내 이어졌다. 한국군이 북진해 평양을 잠시 탈환했을 때 이근순은 아내와 부모를 찾아냈다. 이들은 중국군이 몰려올 때 도망쳤고 이근순과 그의 아내는 남한에서 네 아이를 키우게 됐다. 그곳에서 그는 대령까지 진급했고 한국 공군사관학교의 부교장이 된다. 퇴역한 후에도 그는 민간인 군속으로 공군에서 근무하다 70세의 나이에 서울 인근에서 교통사고로 사망한다. 물론 이야기를 전한 북한 정비병이 이 모든 내용을 알 턱은 없었다. 하지만 그는 노금석의 공포를 날려줄 정도의 이야기는 했다. 북한 조종사가 이미 성공했다면, 나라고 못할까? 노금석은 자신에게 되물었다. 북한 정부는 이근순의 월남을 공식적으로 인정한 일이 없으며 북한에서 이를 아는 이도 거의 없었다. 하지만 김일성 정권은 실수를 절대로 반복하려 하지 않았다. 1951년 가을, 그들은 월남자의 가족을 처형하고 공개적으로 비판하는 법을 만들었다. 노금석도 신문에서 이런 비판을 읽었으나 계획을 바꿀 생각은 없었다. 아버지도 돌아가셨고 어머니도 그럴 거라고 생각했다. 이모부 유기은과 그 가족에게는 일부러 연락을 하지 않았다. 그는 이모부를 좋아하지도 믿지도 않았으나 그와 이모, 조카들을 해칠 생각도 없었다. 그는 이들과 거리를 두면 안전을 지킬 수 있으리라고 희망했다.

6주의 훈련 뒤 노금석과 다른 조종사들은 단둥으로 돌아가 김포 공격명령을 기다리라는 지시를 받았다. 명령은 결국 오지 않았다. 작전은 설명도 없이 취소됐고 노금석은 왜 그런지 추측할 수밖에 없었다. 그는 소련 최고사령부가 북한의 미군 기지 공격 계획을 너무 도발적이라고 생각하고 취소했을 것이라고 믿었다.

II

노금석의 추측은 맞았다.

김일성이 제안한 비행장 공격계획은 1952년 8월에 스탈린과 저우언라이가 모스크바에서 회동할 때 논의됐다.

"북한 동지들은 새로운 공세를 하게 허락해달라는 요청을 했습니다." 저우언라이는 스탈린에게 말하면서 중국 정부는 이게 좋은 작전이 아니라고 생각한다며 북한에도 그렇게 전했다고 말했다.

스탈린도 동의했다. 그는 미국인들에게 만주를 폭격하거나 휴전회담을 망칠 생각은 없었다. 스탈린은 휴전회담을 원하지는 않았으나 중단할 생각도 없었다. 그러다가 미국이 우세한 항공력으로 전쟁을 확대하거나, 심지어 원자폭탄을 투하할지도 몰랐다.

북한은 "전략적이든 전술적이든 공세를 펼치면 안되오." 스탈린은 저우언라이에게 말했다. "어떤 공세도 하면 안되오."

스탈린은 사실상 위대한 독재자에게 천천히 말라죽으라고 한 셈이었다. 가만히 학살을 견뎌내라는 이야기였다.

김일성의 반응은?

그는 북한 공식매체들을 통해 스탈린에 대한 찬양의 강도를 높였다. "조선 인민들은 스탈린 원수를 태양으로 떠받들어야 한다. 인류의 구원자이자 조선 인민 해방의 은인, 우리의 아버지이시다." 1952년 5월 22일에 발행된 노동당 기관지 노동신문의 1면 사설은 이렇게 주장했다. "우리는 스탈린 원수를 즐거움과 노래로 찬양하고 그 분의 이름을 행복과 평화의 상징으로 부른다." 1952년 내내 노동신문에는 스탈린의 지혜와 천재성, 북한 인민들에 대한 자비를 찬양하는 비슷한 사설이 여러 차례 실렸다. 비록 스탈린이 자신과 북한 인민을 뒤편에서 배신하고 있음에도 김일성이 스탈린을 공개적으로 찬양하기로 한 것은 정치적 절망 때문이었다. 1952년 내내 미국의 폭격이 더욱 강도를 높이고 스탈린과 마오쩌둥이 북한의 행동에 더 심한 제약을 가하는 동안 김일성은 전쟁으로 잃은 인기를 되찾으려 애썼다. 그는 집권당과 정부의 무너진 관료체계를 재건해야 했다. 그는 비밀경찰을 이용해 정적을 찾아내고 제압해야 했다. 늙은 배신자 스탈린은 이런 일들에 전혀 도움이 안 됐다. 하지만 스탈린주의는 이야기가 달랐다. 그래서 김일성은 자신을 철저한 스탈린식 숭배로 포장했다. 전쟁 전에도 여러 번 그랬지만, 이제 그는 철저해졌다. 건물과 기념물들이 김일성을 기념해 만들어졌다. 사진도 더욱 큼직하게, 더 많이 인쇄됐다. 그의 인생 이야기는 미화되어 출간되었다. 스탈린을 찬양하던 노동신문은 김일성에 대해서도 찬양했다. 그들에 따르면 김일성은 "혁명 활동 및 경력 전체를 통틀어 조국의 자유와 자주, 행복, 민주주의, 평화를 위해서만 창의성과 천재성을 발휘했다."

1952년에 "김일성을 강조하는 것은 갈수록 분명해졌다." 역사학자 로버트 A. 스칼라피노와 이청식은 이렇게 평가한다. "김일성은 이제 공식적인 당 및 국가기관들에서 소련에서 스탈린을 찬양하는 것과 비슷한 수준으로 찬양받았다."

김일성에게 자신을 스탈린처럼 포장하는 것은—비록 스탈린이 그를 배신하고 있었지만—눈에 띄는 정치적 연기였다. 이것은 김일성이 평생 부여온 능력, 즉 타격을 입어도 버티고 서 있다가 생존을 위한 창의적인 방법을 찾아내는 능력을 보여준다. 또 모스크바 및 베이징에서 받은 굴욕적인 전문이 비밀이라는 것도 도움이 됐다. 전 세계는 스탈린, 마오쩌둥, 김일성, 심지어 소련까지도 사라진 1990년대 중반에야 그 내용을 알게 됐다. 북한인들은 아직도 스탈린이 그들과 그들의 지도자를 얼마나 경멸하고 하찮게 여겼는지 알지 못한다.

1952년의 김일성은 창조성을 발휘해야 했다. 그리고 조심해야 했다. 그가 망친 전쟁은 김일성의 정치력을 약화시키고 정적들의 입지를 강화했다. 그 중에서도 가장 걱정스러운 것이 박헌영이었다. 영어가 유창한 전직 기자인 박헌영은 일제 강점기에 한국에서 가장 유명한 공산주의자였다. 한반도가 분단되자 소련은 북한의 지도자로 김일성을 앉혔고 박헌영은 김일성과 함께 신생 북한을 전쟁으로 이끌었다. 김일성이 스탈린을 만나 남침을 논의할 때 박헌영은 외무상으로서 동행했다. 하지만 박헌영은 언제나 권력 기반을 유지하고 있었다. 그는 국내파라고 불리는, 한반도 내에 자생적으로 성장한 공산주의 세력에서 인기를 유지했다. 전쟁이 갈수록 악화되자 국내파에서는 김일성을 축출하고 박헌영을 지도자로 앉히려는 움직임을 보이기 시작했다. "김일성이 무력통일에 실패한 것은 그가 한국 공산당 지도자로서의 자격이 없는 꼭두각시라는 의혹을 강화시켰다." 김일성의 전기를 쓴 서대숙은 이렇게 말한다.

1952년 가을, 박헌영의 지지자 12명은 박헌영의 자택 거실에서 계획을 꾸몄지만 박헌영은 그 때 집에 없었다. 박헌영의 가장 충실한 친구이자 전직 서울 시장이며 김일성 내각의 법무상이었던 이영섭이 이를 주도했다. 이영섭은 남한 내의 게릴라들을 훈련시켰고 북한에 군사 훈련시설을 만드는 데 도움을 주었다. 금강 정치학교는 당원들에게 어떻게 게릴라전을 수행하는지 훈련시켰다. 거의 모든 교관과 직원, 심지어 주방 보조원까지도 남쪽에서 왔고 박헌영에게 충성했다. 김일성 정권 전복 계획은 철저하게 이 학교의 간부들에게 의지했다. 그리고 1952년 11월 이영석은 4,000명의 세력을 규합했다. 적어도 그는 이런 명목으로 기소당했다. 박헌영의 거실에서 열린 회합은 쿠데타 계획의 마지막 단계였다. 쿠데타 지도자들은 심지어 김일성이 축출되고—분명 그 과정에서 살해되고—난 뒤 수립될 정부의 장관들까지 정했다.

III

만주의 비행장에서 노금석은 권력과 신임을 얻은 북한 공군 고위 장교들이 어떻게 행동하는지 잘 파악했다. 그들은 김일성의 어록을 소리높여 읽고 다른 이들의 적에 대한 적개심이 부족하다고 비난하는 광신도들이었다. 이들은 조선 노동당에 입당했고 당 집회는 종교적 광신을 행위예술로 승화시켰다. 요란하면 요란할수록 좋았다.

이 모든 것을 목격한 노금석은 그대로 따라했다. 그는 1952년에 해군 사관생도 출신의 동료 두 명의 추천을 받아 입당했다. 그 중 하나가 노금석의 절친한 친구이자 비행학교에서 발간된 전투일보의 공동발행인 근수성이었다. 입당을 위해 제출한 이력서에 그는 다시금 아버지에 대해 거짓말을 했다. 아버지가 위대한 독재자를 숭배하는 충실한 당원이었다는 것이다. 노금석은 미국의 폭격으로 아버지에 대한 기록이 소실됐으리라 짐작했고 그 짐작은 옳았다.

망명에 대해 꿈꿀수록 노금석은 더욱 광신도처럼 보였다. 이것은 커가는 불안을 달래는 일종의 치료였다. 단둥 비행장에서 3천 명의 공군 장교와 병사들이 비행사단 집회를 가질 때 노금석은 일어나서 미 제국주의에 대해 비난을 퍼부었다. 이것이 정치장교의 눈에 든 모양이다. 그들은 그를 김일성과 스탈린의 이름으로 발표된 선언문을 읽는 대독자로 지정했다. 이 위대한 공산주의자들의 어록을 사람들 앞에서 말할 때 노금석은 더 크게 말하고, 더 과장되게 행동하고 마치 깊이 감동한 것처럼 행동했다. 이것 역시 정치장교들의 눈에 들었다. 1952년 7월, 그는 소속 대대의 당 세포조 부조장으로 임명됐다. 한 달 뒤, 그는 상위로 승진하고 단둥에서 출격하는 4기 편대의 편대장이 되었다. 그는 두 개의 훈장을 받았다. 하나는 많은 전투 조종사들이 받는 붉은 깃발 훈장, 또 하나는 50회 실전 출격을 기념하는 금메달이었다.

노동당에 입당한 뒤 노금석은 공개 비판 능력을 더욱 연마하고 이를 언젠가 그의 충성심을 의심할수도 있는 상관들로부터 자신을 지키는 데 써먹었다. 공개 비판은 스탈린식 비판 및 자아비판의 강도 높은 북한식 버전이었다. 스탈린은 비판이야말로 공산주의의 핵심 원칙이고 당이 문제를 수정하며 대중을 위해 어떻게 봉사해야 할지 방향을 다듬는 길이라고 했다. 스탈린은 또한 비판은 위로 향할 수 있다고도 했다. 대중은 당 고위간부(스탈린만 빼고)를 비판할 수 있었다. 하지만 실제로는 비판과 자아비판 모두 당원들의 취약정보를 빼내고 수집해 나중에 이들을 제어하고 협박하며 숙청하고 마지막에는 처형할 수 있는 수단으로 악용됐다.

만주의 북한 조종사들에게는 미군 세이버에 격추당하는 공포뿐 아니라 땅에서 동료 사이에 번지는 편집증까지 더해졌다. 동료 조종사들과 마찬가지로 노금석은 그가 말하는 모든 말 한마디를 걱정했다. 심지어 다른 동료들이 무슨 잘못을 저질렀는지 감시할 때에도 그랬다. 동료를 비난하는 것은 속을 쓰리게 만들었으나 당 세포조의 부조장으로서 그는 독기를 품고 적극적으로 비난해야 했다.

상관들의 이기주의와 무능함은 곧 노금석의 표적이 되었다. 그는 대대의 참모이자 조종사가 아닌 채길연 대령을 비판했다. 다른 조종사들은 난방도 안되는 내무실에서 떨고 있는데 그는 자기 집에 난로가 있다는 이유에서였다. 그는 고위 당원인 이춘덕을 비행중에 악천후를 만나 길을 잃고 미그기를 추락시켰다며 비판했다.

"이춘덕 동지는 훌륭한 공산주의자로 보입니다." 노금석은 당 집회에서 말했다. "하지만 이 사건은 그가 비싼 장비를 아끼지 않는 게으름뱅이임을 드러냅니다. 어쩌면 그는 적을 충분히 증오하지 않거나 우리 영광된 지도자 김일성 동지를 충분히 경애하지 않는 것 아닐까요?"

1952년 연말쯤이 되자 노금석은 자기 자신을 혐오했다. 그는 공군에 2년간 있으면서 하루도 못 쉬었다. 그는 일주일 내내 5시에 일어나 잠자리에 들 때까지 일했다. 소련 조종사들은 비행 임무가 없으면 내무실에서 낮잠을 자거나 파티를 즐겼지만 노금석은 언제나 당 업무에 치었다. 부조장으로서 그는 그의 대대를 사단 당 집회에서 대표해야 했다. 그는 서로를 염탐하고 밀고하는 조종사들을 조직했다. 몇 달에 걸쳐 그는 단둥 시내에 짧은 외출을 허락받았지만 규정상 술집에서 술을 마시거나 여자와 이야기를 나눠서는 안됐다. 조종사들은 한국어를 말하는 단둥의 모든 여자는 남한 간첩일 수도 있다는 경고를 받았다.

IV

스탈린은 1953년 3월 5일에 사망했고 그와 함께 한국에서 장기전을 치르려던 소련의 의지도 사라졌다.

중국 역시 발을 빼고 싶었다. 모스크바에서 스탈린의 장례식에 참석한 저우언라이는 "소련측에 휴전회담을 서두르도록 도와달라"고 제안했다. 소련은 평양에 특사단을 파견했고, 김일성은 "최대한 빨리 군사행동을 중지하려는 분명한 열망"을 보였다.

스탈린의 사망 2주일 뒤, 소련은 중국 및 북한과 "한국전쟁의 가장 빠른 종결"을 원한다고 전 세계에 밝혔다. 1주일 뒤, 미국은 이들이 진심임을 깨달았다. 공산주의자들은 그 동안 무시하던 미국측의 부상 포로 교환 요청을 받아들였을 뿐 아니라 6개월간 중지된 휴전회담의 재개를 요청했다. 워싱턴에 새로 자리잡은 드와이트 아이젠하워 대통령도 협상을 원했다.

소련에서 죽은 것은 스탈린뿐이 아니었다. 스탈린주의도 마찬가지였다. 크렘린의 새로운 지도자들은 둘 다 기꺼이 없애려 했다. 모스크바에서는 스탈린의 "미국을 증오하자"는 캠페인도 갑자기 끝났다. 반미 구호가 적힌 플래카드가 거리에서 사라졌다. 모스크바 라디오는 미국이 히틀러를 무찌르는 데 도움을 줬다는 사실을 처음으로 인정했다. 새로운 소련 최고지도자 게오르기 말렌코프와 아이젠하워 간에 핵무기 통제에 관한 회담을 열자는 제안까지 나왔다. 모스크바의 외교정책은 갑작스럽게 변했지만 지속성이 있었다. 3년 이내에 흐루쇼프는 스탈린이 허영심 많고 잔인한 독재자라고 비판해 세상을 놀라게 한다. 전당대회에서 그는 스탈린이 정적들을 살해하고 공포와 폭력, 사이비종교와도 같은 개인숭배로 권력을 휘둘렀다며 비난했다.

김일성에게 스탈린의 죽음은 축복이자 저주였다. 북한에 가해지던 파멸이 드디어 멈출 수 있었다. 휴전이 이뤄지면 대피호에서 나올 수 있었다. 재건도 시작할 수 있었다. 김일성은 더 이상 멀리 떨어진 깡패의 푸들 노릇을 하지 않아도 됐다. 하지만 김일성은 스탈린주의 없이 권력을 유지할 수 없었다. 이것은 만주에서 일본과 싸우던 젊은 시절에 갈고닦은 본능과 맞아 떨어졌다. 전쟁이 끝나면 스탈린주의가 그의 권력을 유지하는 도구가 될 터였다. 김일성은 정적들이 더 과감해지고 북한 국민들도 왜 그가 한반도 적화통일에 실패했는지 의문을 품을 것을 알았다. 스탈린과 마찬가지로 김일성은 개인숭배를 통해 현실을 지워버릴 필요가 있었다. 스탈린과 마찬가지로 그도 '잘못된 사상'을 가진 자들을 제거해야 했다.

스탈린이 죽고 스탈린주의가 소련에서 빠르게 사라지자 김일성은 존재가치를 위협받았다. 그는 스탈린이 죽고 5일 뒤 발행된 노동신문에서 조의를 표하며 그 위협이 얼마나 심각한지 암시했다. "인류 진보의 위대한 독재자의 굳건한 심장이 더 이상 뛰지 않는다." 그는 애도했다. "조선 자체가 고개를 숙이는 듯하다."

스탈린이 죽어도 전쟁이 당장 끝나지는 않았다. 휴전은 1953년 7월 27일에 이뤄졌다. 그때까지 지상전은 계속됐고 대부분은 의미도 없이 잔인했다. 가장 대표적인 사례가 폭찹힐(Pork Chop Hill) 전투였다. 이 곳은 UN군 점령지역의 끝자락에 위치한 노출된 전초기지였다. 이 언덕에 전략적 가치는 없었지만 미국은 그걸 지켰고 중국은 그걸 원했다. 3월 하순에 중국군의 공격이 시작됐고 격퇴됐지만 인근의 올드 볼디(Old Baldy)라 불린 언덕은 중국군이 장악했다.

4월에는 2,300명의 병력으로 점령에 성공했지만 미군이 역사상 가장 치열한 포격을 퍼붓자 격퇴됐다. 미군은 참호의 적을 소탕하기 위해 수류탄, 화염방사기는 물론 격투전까지 벌였다. 7월 초, 중국군이 다시 공격했고 양쪽 모두 큰 피해를 입었다. 5일의 전투 끝에 맥스웰 테일러 중장은 폭찹힐이 그 정도 희생을 감내할 가치는 없다고 결정했다. 미군은 조용히 물러났다.

그러는 동안 미군은 파괴할 새로운 표적을 찾아 헤맸다. 스탈린이 사망한 바로 그 달, 폭격 작전 입안자들은 평양 주변에서 2천 제곱킬로미터에 달하는 농경지에 물을 댈 수 있는 20곳의 저수지를 발견했다. 적 병사들이 쌀을 먹으니 쌀이 자라는 논은 "전쟁자재"로 분류됐다. 5월 모내기철 이후에 저수지들을 폭격하면 1년치 농사, 즉 25만톤의 쌀을 쓸어버릴 수 있었다.

"관개용 저수지의 댐을 폭격하는 것은 아주 적절한 심리적 반응을 이끌어낼 것이다. 농부들은 자기 농사를 망치게 만든 전쟁과 공산주의자들을 비난하게 될 것이다."

평양에서 약 30킬로미터 북쪽에 위치한 덕산 저수지가 처음 공격받았다. 59대의 전폭기가 5월 13일에 1천 파운드(450㎏) 폭탄을 투하해 돌과 흙으로 만든 댐을 무너트렸다. 갑작스런 홍수가 43킬로미터에 달하는 계곡을 타고 폭격으로 폐허가 된 평양의 시내까지 넘쳐왔다. 홍수로 인해 5개의 철교가 무너지고 700동의 건물이 파손되었으며 비행장 한 곳도 침수시켰다. 여기에 13평방킬로미터의 논 역시 침수됐다. "이번 홍수로 생긴 피해는 기대를 훨씬 넘습니다." 제5 공군은 이렇게 보고했다.

이틀 뒤, 평양 북쪽의 또 다른 저수지에서 댐이 폭파되어 홍수가 또 발생했고 "모내기가 된 논들이 잇따라" 침수됐다. 공군의 장군들은 식량 생산을 표적으로 삼으면 언론의 공격을 받을까 우려했다. 하지만 미국 언론들은 개의치 않았다. 폭격 자체는 물론이고 "야만적인 공격"이라는 북한 정부의 항의도 무시했다. 그 대신 미국 기자들은 거의 손실없이 엄청난 미그기 격추 기록을 세우는 에이스들에 집중했다. 미군이 격추한 미그기 한 대씩이 홍수를 유발한 폭격보다 더 언론의 주목을 받았다.

스탈린이 죽고 15일이 지나자 미국 정부는 공산주의자들을 압박하고 짜증나게 할 또 다른 계획을 떠올렸다. 이들은 여기에 "물라 작전"이라고 이름을 붙였다. "최신의, 실전 운용중인, 전투용 제트기를 비행 가능한 상태로", 즉 미그 15의 최신 버전을 몰고 망명하는 소련, 중국, 북한 조종사에게 10만 달러(오늘날의 가치로 90만 달러)의 포상금을 주겠다는 내용이었다.

이 '뇌물'을 홍보하기 위해 극동 사령부는 4월 밤에 두 대의 B-29를 압록강 너머로 보냈다. 이들은 영어, 광둥어, 관화어, 한국어로 포상금 제안을 인쇄한 전달을 백만 장 이상 살포했다. 일본과 남한 내의 14곳의 라디오 채널이 북한과 중국에 이 내용을 1주일간 방송했다. 더 분명히 하기 위해 공군은 5월에 50만장의 전단을 더 뿌렸다. 전단지는 "잔혹한 공산주의 압제로부터 해방되고자 하는 모든 용감한 조종사들"에게 "6,100미터 고도로 김포 비행장으로 접근해 바퀴를 내리고 선회할 것"을 권고했다. 전단지에 따르면 김포 비행장에 착륙하고 나면 모든 조종사들은 "자유세계에서의 극진한 영예와 함께 새롭고 더 나은 삶을 제공받을" 예정이었다.

물라 작전이 어떻게 입안되었는지는 불투명하다. 극동지역 미군 총사령관 마크 W. 클라크 장군은 한국전쟁 마지막 해에 한 종군기자가 이 아이디어를 "같이 위스키를 마시는 동안" 떠올리고는 한 공군 장성과의 상상 속의 인터뷰에 끼워넣었다고 회고록에 기록했다. 클라크에 따르면 도쿄의 미 공군 사령부에 이 소설 같은 내용이 어찌어찌 흘러들어갔고 그곳에서 "타당성 있음" 판정을 받아 워싱턴의 승인을 위해 보고되었다고 한다.

그 종군기자는 인터내셔널 뉴스 서비스의 한국지부 책임자인 에드워드 하이모프로, 그는 덜 낭만적이지만 더 그럴듯한 이야기를 했다. 그에 따르면 1952년 가을에 도쿄로 가는 비행기에서 클라크 장군과 긴 이야기를 나눴고 망명한 조종사에게 미국으로의 이주와 보상금을 주는 아이디어를 이야기했다고 한다. "그러면 그 친구는 여생을 걱정없이 지낼 테고, 심지어 세금도 없는 큰 돈을 만질 겁니다." 하이모프는 장군에게 이렇게 말했다.

이 아이디어를 만들었다고 주장하는 또 한 곳은 워싱턴의 공군 심리전 부서였다. 이 부서의 책임자인 앨런 K. 애브너 대령은 그의 부하들이 만주의 소련 조종사들이 "자신들이 존중받지 못한다고 생각한다"는 내용의 정보 보고서를 보고는 "충분한 동기가 있다면" 이들이 망명할 것이라고 제안했다고 한다. 원래 계획은 미그기를 가지고 망명하면 1만 달러의 포상금을 준다는 내용을 입소문으로 퍼트리게 해서 미국 정부에 "어느 정도는 부인할 여지를 주게"한다는 것이었다. 애브너는 이 계획을 1952년 가을의 한 월요일에 펜타곤에 보냈고 얼마 뒤 계획이 바뀌었을 뿐 아니라 더 부풀려졌고 심지어 워싱턴 포스트에 누설되어 "마크 클라크 장군이 러시아 제트기에 10만 달러의 현상금을 걸다"고 보도까지 된 것에 "충격받았다".

애브너와 그의 심리전 전문가들은 "제안이 이렇게 뒤틀어지는 것에 아주 실망했다".

이 보상금은 1953년 4월에 휴전회담이 재개되던 바로 그 날 공개됐다. 클라크는 이 타이밍이 적을 피곤하게 만들고 적 지휘관들 사이에 불신을 키우기 위한 것이라고 했다. 어쩌면 그 의도가 적중했을지도 모른다. 첫 전단 살포가 있은 지 1개월 뒤, 김일성은 이례적인 라디오 메시지를 방송했다. 그는 북한 조종사들에게 "기강을 유지하고 장비를 보호할 것"을 명령했다. 클라크는 그의 회고록에서 러시아어 방송은 전파방해를 받았다고 했다. 또 물라 작전이 공개되자 "최악의" 공산군 조종사들만 비행 허가를 받았다고 주장했다.

"이 조종사들은 전쟁의 마지막 90일 동안 훨씬 적은 출격만 했으나 미국 세이버 조종사들은 이들을 두 배나 더 격추했다." 클라크는 이렇게 주장했다. "세이버는 이 기간중 165대를 격추시키고 3대만 잃었다. 55:1의 대기록이었다."

전쟁의 마지막 3개월은 실제로 공중전에서 미국의 일방적 학살로 점철됐다. 2차 대전 참전 경험이 있는 미국 조종사들은 어찌나 공중전이 쉬운지 이를 "마리아나 칠면조 사냥"이라고 불렀다. 2차 대전중 일본군 항공기를 대량으로 격추한 미리아니 해전을 빗댄 것이다. 하지만 물라 작전이 이런 상황과 별 관계가 있는 듯하지는 않았다. 아예 없지 않다면 말이다. 미 공군은 미그기에 포상금을 준다는 제안이 "공산군의 항공 활동에 어떤 변화를 줬다는 그 어떤 확실한 정보도 없다"고 분석했다. 전쟁이 끝나가는 동안 미국 돈을 받은 공산주의자는 아무도 없었다. 클라크 장군은 "휴전협정이 사인된 뒤 우리는 모두 그 제안을 잊었다."

노금석은 물라 작전에 대해 듣지도 읽지도 못했다. 전단지도 방송도 만주의 그에게 도달하지 않았다. 북한과 소련 공군 지휘관들도 한마디도 언급하지 않았다. 활주로에서 작업하는 정비병들 사이의 입소문에서도, 식당에서 러시아 조종사들과 나누는 잡담에서도 전혀 언급되지 않았다. 클라크 장군이 "우리가 한 최고의 심리전 시도"라고 한 작전은 노금석의 세계에는 아무런 영향도 끼치지 못했다. 적어도 그렇게 보였다.

10장

이모부 유기은

I

스탈린의 사후, 이모부가 만주에 있는 조카의 비행장에 깜짝 방문을 했다. 그는 이제 유기은 소령으로, 북한 공군의 보급연대 지휘관이었다. 그는 제법 전쟁을 괜찮게 보냈다. 부부 모두 건강했고, 네 아이들 중 셋도 마찬가지였다(막내는 미군의 폭격으로 사망했다). 그는 전쟁이 시작될 때 고향 흥남에 있었고 도시가 1950년 후반에 UN군에 점령될 때까지 공장 감독관으로 일했다. 전쟁의 상황에 따라 정치적 충성심이 크게 바뀐 대부분의 다른 북한인들과 달리 유기은은 끝까지 위대한 독재자에게 충성했고 미군 및 한국군에 대항하는 게릴라전에 참가했다. 중국군이 1951년 초에 UN군을 몰아내자 그는 공군에 입대했고 장교로 승진했다.

그는 북중 국경 너머 약 80킬로미터 지점에 있는 둥펑 기지로 조카를 찾아갔다. 노금석의 이모부가 나타나기 몇 개월 전, 노금석의 사기는 바닥으로 떨어졌다. 그는 대대장 승진 후보로 올라갔으나 대대장이 된 장교는 조종사로서도 열등한데다 당 집회에서조차 연설 실력이 부실했다. 적어도 노금석이 보기에는 그랬다. 그의 자존심은 상했고 망명하겠다는 욕구는 더욱 강해졌다.

그러는 동안 미그기 조종사의 사망 확률은 더 높아졌다. 세이버는 어디에나 있었고 노금석의 상관들은 갈수록 무능해졌다. 1953년 3월 21일, 그들은 그와 15대의 미그기 조종사들을 곧바로 함정으로 들어가게 했다. 압록강 상공 1만미터 상공에서 맑은 푸른 하늘 위 더 높은 고도에 여러 대의 제트전투기 궤적이 나타났다. 노금석의 연대장은 무전으로 지원을 요청했다. "저들은 적인가, 아군인가?" 연대장이 물었다.

"저들을 걱정하지 마라." 지상 관제실이 답하면서 저들이 소련 아니면 중국 미그기라고 덧붙였다. "계속 상승하라."

상대는 미그기가 아니라 세이버였고 노금석의 편대는 매복지점으로 올라가 버렸다. 노금석의 친구중 하나인 김이주는 피격당해 미그기가 조종불능 상태에 빠졌다. 그는 무선으로 사출좌석이 작동하지 않는다는 친구의 절규를 들었다. 노금석은 그가 조종석을 직접 탈출하는 것을 봤다. 낙하산은 펴지지 않았다.

북한 공군의 손실이 늘어나자 미국 조종사들은 만주에서 미그기를 더욱 과감하게 사냥했고 북한 공군 지휘관들은 갈수록 항공전의 승리에 대해 어처구니없는 거짓말을 늘렸다. 세이버가 여러 대의 미그기를 격추한 바로 다음 날, 노금석은 공군 사령관 왕영 장군이 또 5~6대의 세이버를 격추했다고 자랑스럽게 발표하는 것을 들었다. 노금석의 연대장 태극성 대령은 한 전투에서 두 대의 세이버를 격추했다고 주장했고, 이걸로 5대의 미군기를 격추해 에이스가 되었다. 이 전과 덕분에 그는 평양에서 김일성에게 영웅 훈장을 받았다. 그의 미그기에 붉은 별 다섯개가 그려졌다. 노금석은 태극성이 거짓말쟁이라고 생각했다. 그는 바로 태극성이 에이스가 된 그날 같이 출격했지만 한 대의 세이버도 격추되지 않았다.

유기은의 방문은 짧았고 겨우 몇 분 지속되었다. 하지만 실의에 빠진 데다 가족에 대해 몇 년간 듣지 못한 젊은 조종사에게 그 만남은 감정적으로 충격적이었다. 그리고 당황스러웠다. 유기은에 따르면 노금석의 어머니는 미군 폭격으로 사망했다. 그러나 그에 대해 자세한 이야기는 피했다. 노금석은 유기은이 거짓말을 한다고 의심했고 왜 그가 이렇게 가슴 아픈 이야기를 하는지 의아했다.

노금석은 유기은을 다시 보지 못했다. 하지만 1953년 여름이 끝나기 전에 그는 이모부가 왜 거짓말을 했는지 알았다. 전쟁이 끝나기 1주일 전, 노금석은 수백 명의 다른 북한 조종사들 및 정비병들과 함께 단둥 비행장에서 휴전협정이 1953년 7월 27일 자정부터 발효된다는 내용의 연설을 들었다.

휴전협정이 일단 발효되면 북한으로 무기나 병력을 반입하는 것은 불법이라고 북한 공군 최고위 정치장교인 김한준 장군이 말했다. 따라서 그 전에 모든 것 요컨대 공군 전 병력과 항공기 전부가 그 전에 국경을 넘어야 했다. 김한준은 이들이 1951년 가을에 세이버의 기총소사에 거의 죽을 뻔한 의주로 이동할 것이라 발표했다.

노금석은 김 장군이 연설을 마칠 때까지 예의 있게 기다렸다가 질문을 했다. "휴전협정이 발효되기 전에 야간 폭격을 당하면 어떻게 됩니까? 아군 미그기들이 지상에서 파괴되지 않을까요?" 김한준은 적이 아마 시도는 하겠으나 "소련은 언제나 더 많은 미그기를 보내 줄 것"이라고 했다.

김한준 장군은 노금석과 다른 조종사들에게 북한은 휴전협정 내용을 우회하기 위해 가능한 모든 방법을 동원할 것이라고 분명히 밝혔다. "북한과 중국의 국경지대는 길고 중립 위원회가 모든 곳을 감시할 수는 없다." 장군은 휴전협정중에 창설된, 스웨덴과 스위스, 체코슬로바키아, 폴란드에서 차출된 10개의 국경 감시 순찰팀을 운영하는 중립국 감시 위원회를 언급하며 이렇게 말했다.

그로부터 4일간, 노금석과 다섯 명의 다른 조종사들은 24대의 미그기를 타고 단둥에서 의주로 날아갔고 단둥으로 돌아갈 때는 트럭을 타고 갔다. 미그기는 도착하자 마자 남쪽의 근처 언덕으로 이동한 뒤 위장이 실시됐다. 하지만 이 이동은 곧 미군에게 포착됐다. 한미 공군 장성은 마지막 "영광된 불꽃"을 날리기 위해 여러 대의 폭격기가 500파운드(225kg) 폭탄들을 의주 및 6곳의 다른 북한 비행장에 퍼부었다고 기록했다.

휴전협정 발효일이 빠르게 다가오자 북한의 전략은 전투로부터 휴전협정 조항들을 우회하는 것으로 바뀌었고, 노금석은 공중전을 하는 날도 끝나간다고 믿었다. 그는 100번 이상의 실전 출격을 경험했고 그 동안 미국 전투기들과도 마주쳤다. 그는 자기 운을 시험하고 싶은 생각은 없었다. 그가 경멸하던 전쟁이 끝나가는 와중에 마지막으로 죽는 조종사가 될까봐 두려웠다.

하지만 휴전협정 발효 3일 전인 7월 24일, 그와 15명의 다른 조종사들은 단둥 비행장의 활주로에 주기된 미그기들에 올라 엔진 시동을 걸라는 명령을 받았다. 이륙하기 직전에 하늘을 본 노금석은 여섯 대의 세이버가 비행장 위를 낮게 나는 것을 발견했다. 그가 가장 위험하다고 생각한 순간이었다.

미그기들은 두 대씩 이륙했고 노금석은 부대대장인 김정섭의 호위기로서 비행했다. 호위기 조종사로서 노금석의 임무는 김 대위와 내내 함께 행동하며 그의 후방을 지켜주는 것이었다. 이륙 직후, 김 대위는 문제가 생겼다고 알렸다.

"착륙 바퀴가 수납되지 않는다." 그는 지상 관제사에게 무전으로 외쳤다. "어떻게 해야 하나?"

지상 관제사가 답하기 전에 노금석이 그 자신과 김 대위를 구하기 위해 끼어들었다. "착륙 바퀴가 들어가지 않는다면," 노금석은 무전기에 이렇게 외쳤다. "즉각 착륙하십시오!"

김 대위는 기지로 돌아와 무사히 착륙했고, 이제 호위기 임무에서 해제된 노금석도 그를 따라 착륙했다. 이들은 활주로를 벗어나 주기장으로 향했고 나머지 14대의 미그기는 세이버들이 쳐놓은 덫 안으로 들어갔다.

노금석이 자신의 미그기를 정비병에게 인계하자 그는 두 대의 전투기들이—미그기와 이를 쫓는 세이버—비행장 쪽으로 다가오는 것을 목격했다. 노금석은 미군이 쏜 붉은 예광탄들이 미그기의 동체에 명중하는 것을 목격했다. 미그기의 조종사는 수철로, 흥남 화공대학때부터의 동급생이고 해군 사관학교에 입학하기 위해 기차를 타고 이동한 뒤 민주에서도 비행훈련을 같이 받았다.

심하게 파손된 미그기는 비상탈출하기에는 너무 낮게 날았다. 수철하는 활주로에 불시착하려 했으나 지나치고 말았다. 세이버는 상승해서 이탈했고, 미그기는 오렌지색 불덩어리를 뿜으며 폭발했다. 노금석은 얼굴로 열기를 느꼈다. 수철하는 한국전쟁에 전사한 최후의 미그기 조종사였다.

전쟁의 끝이 이틀 뒤로 다가오고 미군이 여전히 비행장을 폭격하는 동안 북한 공군은 미그기를 분해해 상자들에 포장한 뒤 압록강을 배로 건너는 게 현명하다고 판단했다. 그러면 나중에 휴전협정으로 미국이 폭격을 포기한 뒤에 재조립하면 됐다. 휴전이 발효되던 7월 27일 밤, 노금석은 5대의 분해된 미그기를 실은 바지선을 타고 압록강을 건넜다. 이 배는 휴전이 발효된지 9시간이 지나 북한쪽에 정박했다. 이렇게 분해된 미그기들은 몇 달에 걸쳐—물론 휴전협정 위반이었지만—북한에 들어갔다.

휴전협정 발효 후, 의주의 폭격으로 만신창이가 된 비행장에는 조종사들을 위한 숙소가 없었다. 그래서 공군은 인근 의주 시내에서 미군의 융단폭격을 피한 얼마 안되는 건물중 일부를 내무반으로 동원했다. 노금석이 도착한 지 이틀 뒤, 그는 시내에서 가족을 발견했다. 길을 걷던 중 그는 이모이자 유기은의 부인인 고계숙과 마주쳤다.

노금석은 이모와 가족 모두를 피하고 싶었으나 이미 마주친 이상 공손하게 인사할 수 밖에 없었다. 그는 이모부가 지난 봄에 만주의 기지를 방문한 뒤 14살의 사촌이자 이모 부부의 장남인 유산열의 편지를 받았다. 편지에는—3월에 이모부가 말했듯—노금석의 어머니는 전쟁중 사망했다고 적혀있었다. 언제 어떻게 세상을 떠났는지는 안 써 있었다. 노금석은 이모부가 편지를 쓰게 했을거라고 생각했다.

이모는 조카를 만나 기쁘고도 놀라웠다. 그는 전쟁중에 얼마나 많은 북한 비행기들이 추락해 불타버렸는지, 혹이라도 그중 하나가 노금석은 아닐지 노심초사했다고 했다. 이모는 전쟁이 끝났으니 좋은 색시를 만나 애도 낳으라고 충고했다. 또 색시감을 찾아준다고 한 뒤 기왕 만났으니 집에서 저녁이라도 먹으라고 권유했다.

노금석은 기분이 좋지 않았고, 함정에 빠진 기분이었다. 하지만 무례하게 굴 수는 없어 초청을 받아들였다. 내무반으로 일단 돌아가 이모댁의 세 아이를 위한 초콜렛을 챙긴 그는 정부에서 이모 부부를 위해 배정한 집으로 갔다. 이모부는 공군의 일 때문에 집에 없었다.

노금석이 찾아오자 이모는 즉시 요리를 시작하고 이야기를 나눴다. 편지를 쓴 장남은 아무 말도 없었다. 나머지 두 아이도 마찬가지였다. 전쟁과 광신적인 이모부는 이모를 열정적인 공산주의자로 변모시켰다. 오랫동안 이모는 노금석의 가족들 중 공산주의자가 아닌 자들을 비난했다. 노금석은 말을 끊고 어머니가 어떻게 세상을 떠났는지 물었다.

"안 죽었어." 이모가 답했다. "남조선으로 도망갔어."

노금석이 대답하기 전에 이모는 어머니가 김일성을 버렸다고 비난했다.

"도대체 왜 남조선으로 가고 싶어했을까?" 이모는 물었다.

노금석은 어머니가 살아있다는 소식에 아주 놀라지는 않았다. 이모부도 사촌도 거짓말한다는 느낌을 받았기 때문이다.

"어떻게 남조선까지 갔나요?" 노금석이 물었다.

"그런 건 나한테 묻지 마라." 이모가 답했다. "그냥 믿어. 거기로 갔어."

노금석은 왜 이모부가 거짓말을 했는지 물었다.

"네가 어머니 문제 때문에 고민하지 않게 하려고 그랬지."

기분이 나빠지고 우울해진 노금석은 내무반으로 돌아가 더 큰 충격을 받았다.

"이모를 만났으니 이제 어머니가 어디 계시는지 알겠군." 해군 사관학교 시절부터의 전우이자 수석 병기사(兵器士)인 이근일이 말했다.

노금석은 주변이 맴도는 것 같았다. 어째서인지 다른 조종사가 어머니에 대해 알고 있었다. 노금석은 이모부가 만주에서 자기를 면회왔을 때 노금석의 어머니가 남한으로 도망간 배신자라는 이야기를 퍼트린 것으로 짐작했다. 그렇다면 연좌제를 철저하게 적용하는 이 나라에서 노금석의 운명은 위태로웠다.

"어머니는 돌아가셨다." 노금석은 차갑게 대답했다.

그 어느 때보다 그는 그를 둘러싼 압제국가를 혐오하게 됐다. 빨리 탈출해서 어머니를 찾아야 했다. 나중에 그는 어머니가 북한군 트럭과 미 해군 선박을 이용해 남한으로 탈출했다는 사실을 알았다. 전쟁이 벌어지기 직전, 흥남에 있는 집 근처에서 어머니는 트럭에 치어 다리를 심하게 다쳤다. 트럭 운전병은 어머니를 흥남의 한 병원으로 데려갔고, UN군이 1950년 가을에 흥남을 점령했을 때에도 환자로 병원에 입원해 있었다.

12월이 되자 중국군이 흥남으로 밀려왔다. 미군과 한국군은 배를 타고 철수하라는 명령을 받았다. 철수하기 전에 미 육군 10군단은 도시의 주요 시설들을 폭파했고 그 동안 미 해군은 "크리스마스 철수"로 알려진 91,000명의 북한 피난민 철수작전을 진행했다.

약 10만명의 피난민들이 부두에 남겨졌다. 하지만 목발과 친구들의 도움 덕분에 노금석의 어머니는 마지막 피난선에 몸을 실을 수 있었다.

II

김일성의 전쟁이 마침내 끝나고 북한이 폐허가 되자 김일성은 자기 나라의 참상을 공산주의 국가들의 원조를 받아낼 좋은 구실로 활용했다. 그는 소련과 중국, 그리고 동유럽 공산국가들로부터 원조를 열심히 짜내서 북한을 재건하고 독재정권을 대대로 유지할 수 있게 했다. 이 과정에서 그는 다시 한번 실패로부터 힘을 얻는 데 천재적이라는 사실을 보여줬다.

김일성은 북한 주민들을 죽이고 궁핍하게 만든, 전쟁 전의 오판과 전쟁중의 판단착오에 대해 어떤 대가도 치르지 않았다. 전쟁 후에 그가 불사조처럼 부활한 것은 정말 놀라운 일이었다. 하지만 미국과 미 공군 장성들은 너무나 열정적으로 민간 표적에 폭탄과 네이팜탄을 퍼부어 본의 아니게 북한을 돕게 됐다. 3년간 실시된 미국의 맹폭격은 사회주의 국가들 사이에 혐오와 분노를 불러일으켰다. 도시를 불태우고 저수지를 파괴해 북한인들의 의식주를 파멸로 몰아간 미국은 김일성과 그의 정부를 불쌍하고 도움을 받아야 할 대상처럼 보이게 만들었다. 적어도 모스크바, 베이징, 그 외 다른 공산주의 국가의 수도들에서는 그랬다.

위대한 독재자는 이런 동정심을 최대한 활용해 가능한 모든 원조를 얻어냈고, 소련과 중국, 동유럽 국가들에게 미국이 불태워버린 나라를 재건할 비용을 요구했다. 북한이 고통받는 전쟁을 오래 끌게 만든 주인공인 스탈린이 죽은 것도 큰 도움이 되었다. 모스크바의 새로운 지도자들이 스탈린의 과오를 청산하려 한 것도 도움이 되었다.

김일성은 스탈린 사후의 시대 분위기를 교묘하게 활용했다. "그는 자기 우방들이 북한 재건을 위해 필요한 모든 것을 부담해야 한다고 믿었다. 그들이 모든 사회주의 국가들을 위해 전쟁을 계속하라고 주장했기 때문이다." 역사학자 캐스린 웨더스비는 이렇게 말했다. "한국전쟁으로 모스크바와 베이징, 그 외 다른 후원국들은 큰 피해를 입고 그들에게 분노하는 동맹국을 도와줄 수밖에 없었다."

김일성의 요구는 국제 공산주의 역사상 손꼽히게 관대한 시기를 낳았다. 북한이 다른 사회주의 국가들로부터 빨아들인 단기 혹은 장기 원조는 전무후무한 것이다. "북한의 기적"이라고 불린 경제 성장은 10년 이상 이어졌고 1970년대 초반까지도 남한을 앞서 있었다. 훨씬 덜 알려진 것은 1950년 하순에 정치범을 위한 강제수용소를 만들어 잠재적 적들을 제거하고 나중에 나올지도 모를 불만세력을 잠재웠다는 것이다.

재건의 "기적"은 남의 돈이 아니었으면 불가능했다. 수십 년에 걸쳐 원조와 융자, 기술지원, 물자지원을 받았으며 대부분은 전혀 상환되지 않았다. 경제 규모를 감안하면 중국이 특히 관대했다. 중국군 34개 사단이 휴전 후에도 5년이나 북한에 남아 재건을 위한 공짜 노동력을 제공했다. 중국의 북한에 대한 무상원조는 1954년에 이르면 중국 예산의 3%에 달했고 그 해에 소련과 동유럽이 제공한 원조보다 30%나 더 많았다. 전쟁이 끝난 지 몇 달 뒤, 김일성을 이기주의자고 2류급 지도자라고 폄하했던 마오쩌둥은 김일성을 위해 베이징에서 개최한 만찬에서 북한이 왜 대규모 원조를 받을 자격이 있는지 설명했다. "조선 인민은 용감하다. 그들은 고통을 인내할 줄 안다. 그들은 용맹하고, 기강이 잡혀있고, 고난을 두려워하지 않는다. 그들은 인명에서도, 물자에서도 큰 대가를 치렀다. 하지만 이들의 투쟁 결과는 우리에게 큰 도움을 주었다… 만약 적을 압록강에서 멀리 밀어내지 못했다면 중국은 안심하고 국가개발을 진행할 수 없었을 것이다."

북한의 재건을 위해 중국도 중요했지만, 김일성은 모스크바에 대해서도 거듭 원조를 요청했다. 휴전으로부터 겨우 4일 뒤, 김일성은 소련이 해줘야 할 일들을 거창하게 나열했다. 그는 소련 대사관에 전문가 62명이 당장 북한에 파견되어야 한다고 말했다. 6개월 이내에는 미국이 파괴한 거의 모든 산업시설을 재건할 계획을 짜야 한다고 주장했다. 소련의 대사 대리는 김일성의 요구를 모스크바에 전달하면서 "기초적인 계산은 북한 국내의 자원과 자산을 최대한 활용하는 것을 전제로 짠 것이 아니라 소련 및 다른 공산국가들의 원조를 최대한 얻은 것을 전제로 짠 것"이라는 의견을 덧붙였다.

사회주의 국가들의 죄책감이 시들기 전에 원조를 최대한 뜯어내기 위해 김일성은 전쟁이 끝난지 두 달도 안된 9월 중순에 6인조의 특사단을 모스크바로 파견했다. 이 19일짜리 파견은 아주 유익했다. 옛 공장들을 재건하고 새 공장을 짓는 자금을 확보했기 때문이다. 김일성은 이 과정에서 수십 년에 걸쳐 무역 특혜를 받고 기술을 이진받고 무기를 원조빈는 채널을 확보했다. 또 김일성은 차관 상환의 만기 연장도 협상했다. 하지만 위대한 독재자의 '추수'에는 말썽이 있었다. 그 뿐 아니라 소련의 후원자도 당황스럽게 만들 것이었다. 김일성이 모스크바에 있는 동안, 최신형 미그기가 아무런 이유도 없이 북한 상공에서 사라졌다. 조종석에는 북한 공군의 가장 젊은 조종사가 앉아있었다.

The Weather

Today—Cloudy with occasional rain, with high at 76. Tuesday—Partly cloudy and cooler. Yesterday—High, 80 at 2 p. m.; low, 66 at 4:40 a. m. Ragweed count—59. [Details on Page 16.]

The Washington Post

Seventy-Five Years in the Nation's Capital

LIBRARY
SEP 25 1953
UNIVERSITY
WASHINGTON

Bankers Convene

Offer complete coverage of the American Bankers Association meeting this week. The Post is turning loose several reporters and making big plans. It's The Post for economic news.

NO. . . 28,221   Phone NA. 8-4200   The _____   MONDAY, SEPTEMBER 21, 1953   WTOP-AM (1500) FM (96.3) TV (CH. 9)   FIVE CENTS

Red MIG-15 Brought to Seoul

Intelligence Officers of AF Question Pilot of Jet

Offer of $100,000 Made Before Truce By Gen. Clark for Soviet-Built Craft

SEOUL (Monday), Sept. 21 (AP).—The Fifth Air Force announced that a "Communist MIG-15 jet" landed at Kimpo Airfield near Seoul at 9:24 a. m. today.

An Air Force spokesman said "the pilot is now under interrogation by Air Force intelligence officers."

The spokesman said Lieut. Gen. F. E. Anderson, Fifth Air Force commanding general, "is on his way," to see the pilot.

Before the armistice, Gen.

Mark Clark, supreme Allied commander, had offered $100,-000 to any Communist pilot who would fly a Russian-built MIG-15 jet to an Allied airfield in South Korea.

Elaborate arrangements were set up to assure a safe flight when the Allies controlled the skies over Korea, but the MIG pilots stayed north.

[The pilot of the MIG was identified as a Communist by the Fifth Air Force, the United Press reported. Of the $100,000 offer by Clark, the United Press quoted a Far East Command spokesman as saying it had never been withdrawn.]

San Francisco Chronicle
THE VOICE OF THE WEST

FINAL

VOL. CLXXVIII, NO. 68 CCCCAAA—   SAN FRANCISCO, MONDAY, SEPTEMBER 21, 1953 —GA 1-1112 DAILY 10c, SUNDAY 20c

MYSTERY RED MIG LANDS NEAR SEOUL

Security Lid Clamped On

Pilot Roars Into U. S. Jet Base---Air Force Says He's Not a North Korean

$100,000
Once Offered
For Plane

By the Associated Press

SEOUL, Sept. 21—A Russian-built MIG-15 roared out of the Communist North today (Monday and landed at a U. S. jet base 15 miles northwest of Seoul.

American airmen clustered around the pilot as he stepped down from the MIG but he was rushed into headquarters for questioning.

A Fifth Air Force officer said the pilot's nationality could not be disclosed "at this time" but "he is not a North Korean."

The spokesman said the pilot "will not be interviewed or identified for fear of retaliation."

A tight security guard was clamped around the base. Special officers watched all entrances. Everyone entering or leaving was checked. No visitors were permitted.

U. S. AIR CHIEF

Lieutenant General Samuel Anderson, Fifth Air Force commander, rushed to the airfield at Kimpo, home base for American Sabrejets which tangled with the MIGs throughout the air war in North Korea.

"The pilot is now under interrogation by Air Force intelligence oficers." the spokesman said.

His plane was placed in a hangar by itself. A cordon of U. S. air police armed with .45 caliber pistols guarded it.

During the last days of the Korean war, General Mark Clark offered $100,000 to the first Communist pilot to land a MIG in Allied territory in Korea. The offer was beamed to North Korea and Manchuria by radio for days but there were no takers.

POLISH DEFECTIONS

However, two Polish flyers landed MIGs last spring on the Danish island of Bornholm in the Baltic sea. The two, Lieutenant Franciszek Jarecki and Lieutenant Zdislaw Jazwenski, were granted political asylum in the United States.

A convoy of Allied reporters and cameramen was stopped at the gate of Kimpo Airfield and held there until the base commander, Colonel J. R. McDoug-

Continued on Page 5, Col. 2

미국 정부가 오랫동안 갈망하던 소련제 전투기를 노금석이 몰고 미군기지에 도착하자 전 세계 언론이 이를 헤드라인으로 취급했다.

미국은 제대로 조사하기도 전에 공산군의 공습으로 파괴될 수 있다는 우려 때문에 서둘러 미그 15를 격납고에 감춘 뒤 분해해서 한국 밖으로 내보냈다.

1952년 11월에 김포 비행장에서 촬영된 F-86 전투기들. F-86은 한국전쟁 중 미그기에 도전할 수 있는 유일한 미국 전투기였다.

척 예거는 세계 최초로 음속을 돌파한 조종사이다. 1947년 촬영된 사진. 그는 망명한 미그기를 조사하기 위해 오키나와로 날아갔다.

오키나와로 옮겨진 노금석의 미그기. 도색을 바꾼 뒤 1953년 가을에 비밀리에 척 예거등의 정상급 미군 테스트 파일럿들에 의해 테스트되었다.

오키나와에서 1953~1954년 사이에 6개월간 심문받은 노금석은 미 공군 정보장교이자 영어 교사이던 모리사토 시게오와 친구가 되었다.

언론에 미그기 망명의 댓가가 제대로 지불됐다는 사실을 보여주기 위해 미 공군은 노금석이 10만 달러의 돈을 은행에 예치하는 장면을 공개했다. 수표는 가짜였다. 돈은 나중에 노금석 명의의 신탁기금으로 예치됐다.

1954년 5월, 노금석은 당시의 부통령 닉슨과 환담했다. 닉슨은 노금석에게 정계에 진출해 보라고 권유했다.

1954년 6월, 통학중이던 델라웨어 대학교의 노금석. 여기서 그는 공학을 전공했다. 학교에서 케니 노로 통하던 그는 CIA의 도움으로 입학할 수 있었다.

1954년, 노금석은 미국의 소리(VOA)에서 몇달간 일하며 반공 및 미국에서의 새 삶에 대한 내용을 방송했다.

노금석은 어머니를 미국으로 모셔오기 위해 갖은 노력을 다 했다. 마침내 1957년 11월에는 워싱턴에 어머니를 모셔올 수 있었으며 그의 어머니는 2004년에 세상을 떠날 때까지 아들 곁에서 지냈다.

노금석은 항공 기술자가 되어 케네스 H. 로우로 이름을 바꿨고 그 뒤 1960년에 뉴욕 시에서 클라라와 결혼했다. 노금석의 어머니는 남한에서 이민와서 엠파이어 스테이트 빌딩에서 일하던 클라라를 아들의 신부감으로 점찍었다.

1986년, 플로리다의 데이토나 비치에서 촬영된 로우와 그 가족. 왼쪽부터 에드먼드, 보니, 케네스, 클라라, 레이몬드.

플로리다 주 사우스 데이토나에 있는 집 근처의 해변에서 사진을 찍은 로우. 당시 80대 초반이던 그는 여전히 미 공군 조종사들과의 세미나에 종종 참석했고 매일같이 푸시업 60번을 했다.

3부

탈주

11장

비행 허가를 얻다

I

"난 월남하겠어."

노금석은 아주 조용히—그리고 아주 진지하게—가장 친한 친구이자 동료 미그기 조종사인 근수성 중위에게 말했다. 근수성은 해군사관학교 첫 해에 만난 이래 가장 친한 친구였다. 그들은 같은 열차에 올라 만주로 비행 훈련을 받으러 갔다. 그들 모두 가짜 공산주의자였고 상관들을 칭찬하는 신문 '전투일보'를 비행 훈련 짬짬이 함께 만들었다. 근수성은 노금석이 노동당에 입당할 때 후원자이자 신원 보증인이었다. 그들은 미그 회랑에서의 2년에 걸친 공중전에서 살아남았다. 비록 같은 부대에 근무하지는 않았으나 지휘관들도 동료들도 모두 이 둘을 가장 친한 친구로 여겼다. 만약 노금석이 탈출한다면 모두가 근수성을 바라볼 터였다.

9월 초, 전쟁이 끝나고 5주일 뒤의 따뜻하고 밝은 오후였다. 이들은 이들이 전출된 작은 마을 구성의 폭탄 구덩이로 가득한 비행장에서 멀리 떨어진 시골길을 걷고 있었다. 노금석은 오랫동안 친구에게 언젠가는 자신이 남한으로 날아가 버릴거라고 농담했다. 이들은 이것이 서로를 믿는 젊은 조종사들 끼리의 믿음을 키우려는 것이라고 믿었다. 북한군에서는 아주 드문 경우였다. 하지만 지금 근수성은 노금석이 농담하지 않는다는 사실을 느꼈고 전율했다. 북한의 연좌제에서는 죄인의 가족과 친구들 모두 벌받았다. 미그기를 훔치는 것만큼 위대한 지도와 그 하수인들을 분노하게 만들 죄는 없었다.

"가지 말게." 근수성이 경고했다. "자네가 가면, 내가 큰일나."

이번에는 노금석이 겁에 질렸다. 입을 다물었어야 했다. 만약 근수성이 상부에 보고하면 어떻게 될까?

함께 걷는 동안 노금석은 마치 농담이라도 한 것처럼 분위기를 바꿨다. 밝은 목소리로 그는 근수성에게 미그기를 훔쳐 함께 도망가자고 했다. 대수롭지 않게 근수성은 그러자고 했다. 분명 농담하는 것 같았다. 근수성의 목소리에서 긴장이 풀렸다. 이들은 절대 그럴 수 없으리라는 사실을 알았다. 둘 다 다른 부대 소속이었다. 노금석은 16항공연대, 근수성은 59연대 소속이었다. 평화시에 둘이 같이 미그기를 몰고 탈출하는 것은 꿈같은 소리였다.

대화는 다른 쪽으로 흘러갔다. 근수성은 섹스, 그리고 자신의 성경험 결핍에 대해 골몰하고 있었다. 그는 노금석에게 함께 근처 농가들로 가보자고 했다. 문을 두드리면 영웅적인 전투 조종사들의 욕구를 충족시킬 아가씨들을 찾을지도 몰랐다. 노금석은 친구가 혼자 가게 놔뒀다.

비행장에 돌아온 노금석은 근수성이 자신을 배신하지 않으리라 확신했다. 그는 너무나 좋은 친구였다. 하지만 노금석은 자신이 하려는 일 때문에 근수성이 치러야 할 끔찍한 대가를 깨달았다. 근수성은 아마도 다른 여러 명과 함께 처형당할지도 몰랐다. 하지만 다른 방법이 없었다. 북한에서 아무런 양심의 가책도 없이 탈출할 방법은 없었다. 심지어 아버지도 세상에 없고, 형제자매도 없으며 어머니는 이미 탈출한 젊은 조종사이라 해도 말이다. 노금석은 나중에 발생할 사태를 마음속에서 지웠다. 그는 자기 자신만 생각해야 했다. 그는 어찌나 탈출에 집착했는지 매일 밤 탈출하는 꿈을 꿀 정도였다. 대부분의 꿈에서는 성공적으로 남한에 탈출했다. 한번은 어머니를 만났다. 다른 꿈에서는 뉴욕 시내를 거닐며 꼭대기가 구름에 가려진 엠파이어 스테이트 빌딩을 구경했다.

전쟁은 끝났으나 북한 정권은 잠재적인 적들에 대해 그 어느 때보다 편집적이었다. 그리고 그 편집증의 대부분은 북한 편에서 전쟁에 참전한 자들에게 향했다. 구성에서 노금석은 공군 보안 담당장교와 함께 걷다가 막 귀환한 북한 전쟁포로들로 가득한 오래된 공장을 지나쳤다. 이들은 더럽고 굶주리고 바닥에 우울하게 앉아 있었다. 보안 장교는 이들이 귀환한 포로들 중 남한 첩자로 분류된 자들이며 정부에서 아주 조심해야 할 자들이라고 했다. 그는 모든 귀환 포로들은 남쪽에서 보고 들은 모든 것을 씻어내기 위해 재교육받을 것이라 했다. 첩자는 색출한 뒤 처벌해야 했다. 자신의 충성을 입증하기 위해 노금석은 보안 장교의 통찰력을 찬양하고 간첩은 어디에나 있을 것이라고 했다.

II

김일성은 쇼를 할 필요가 있었다. 그는 자신의 실패한 전쟁으로부터 사람들의 시선을 돌리기 위해 북한 내에서 암약하는 "사악한 간첩 조직"을 찾아내고 폭로해서 궤멸시켜야 했다. 또 그는 전쟁에 지친 대중들에게 사악한 외부의 적—바로 미국—이 새로운 위협을 가하고 있다는 사실을 상기시켜야 했다.

그의 정권을 전복시키려는—1952년 가을 외무상 박헌영의 자택 거실에서 완성되었다고 여겨지는—계획은 여기에 딱 맞았다. 김일성은 정부 내의 국내파가 만든 이 계획에 대해 일찍부터 알고 있었다. 실제로 정부에 대한 무장 쿠데타 시도가 있었는지는 잘 기록되어 있지 않지만, 박헌영과 그 지지자들이 김일성의 통솔력에 진심으로 신물이 난 것은 분명했고 김일성은 이들이 자신을 제거할 수도 있다고 우려했다. 1952년 12월의 당 대회에서 그는 "분파주의자들"이 음모를 꾸미고 있다는 긴 장광론을 늘어놓았다. 그의 연설은 한국전쟁이 끝난 뒤 1주일 뒤에 4일간 지속된 반역죄 재판으로 이어졌다. 이것은 곧 세계 언론이 주목하는 쇼가 되었다. 북한의 대법원에서 몇몇 외국인 특파원들은 최근에 체포된 정부 관료 및 당 간부들의 충격적인 자백을 들을 수 있었다. 이들의 자백은 아이젠하워가 "당과 국가를 무장 봉기로 전복시키고 조선 인민들을 미 제국주의의 식민 노예로 전락시키려는" 어처구니없는 음모를 꾸미고 있나는 내용이었다. 많은 외부인들을 충격받게 한 이 자백들은 날조되고 강요되었으며 미리 입을 맞춘 것이었다.

"이 분파주의자들을 그대로 놔두면 저들은 언젠가 적의 첩자로 돌변할 겁니다." 김일성이 주장했다. "모든 당원들은 혁명적인 경계심과 당의 정신을 높여 분파주의자들이 무엇을 하는지 유심히 감시하고 저들이 한 발이라도 당 안에서 더 나서지 못하게 해야 합니다."

"반 노동당 반역자들"에 대한 체포는 1953년 3월에 시작됐다. 스탈린이 사망한 지 11일 뒤였다. 12명의 국내파가 체포됐고 그 중에는 쿠데타를 주도했다는 혐의로 법무상 이성엽도 포함됐다. 쿠데타가 성공한다면 김일성을 대체할 인물로 지목된 박헌영도 체포되어 당에서 축출됐다. 하지만 박헌영은 1953년에 대대적으로 기소된 12명에는 포함되지 않았다. 8월에 공판이 시작되기 전, 김일성과 그의 하수인들은 치밀하게 준비했고 그 과정에서 소련 고문단의 지도를 받은 것이 분명했다. 그 과정은 1930년대의 소련에서 벌어진, 교묘하게 짜여진 공개 재판의 판박이였다. 스탈린은 사법체계를 좌지우지해—판사, 검사, 변호사, 증인, 언론까지—권력에 방해가 될 원로 볼셰비키들을 기소하고 처형했다. 스탈린은 죽었으나이 재판은 김일성이 그의 충실하고 열정적인 제자임을 잘 보여준다.

12명은 반란 모의, 남로당(남한 공산당) 활동에 대한 방해공작, 일본에 대한 부역, 미국을 위한 간첩행위 등의 혐의로 기소됐고 전원전 죄목에 대해 유죄 판결을 받았다. 반란 수괴로 지목된 이성엽은자신이 1950년 6월 26일에 서울에서 미군 사령부의 상급 정치자문인 해롤드 노블과 회동을 가졌다고 자백했다. 그 회동에서 노블이 이성엽에게 인천상륙작전 계획을 알려주고 평양에서의 봉기를조직하라고 지시했다는 것이다. 하지만 이 재판을 지켜본 외부인들은 노블이 26일에는 서울에 없고 도쿄에서 휴가중이었다는 사실을곧 발견했다. 맥아더가 북한이 남침한 지 하루만에 인천상륙작전을입안해 다른 사람에게 알려주기까지 했다는 사실도 곧이곧대로 믿기 힘들었다. 또 미국의 정치 자문위원이 최고 기밀을 한국인 공산주의자에게 알려줬다는 사실도 믿기 힘들었다.

"개연성이라는 개념은 이 재판의 각본을 짠 작가들로부터 도망친 듯했다." 역사학자 안드레이 란코프는 이렇게 적었다. 모든 피고들은 "자신의 역할을 충실하게 수행했다." 이들을 '설득'하기 위해 "고문, 협박, 그리고 거짓 약속들이 동원됐다."

이 재판은 마치 몬티 파이선(영국의 코미디 그룹)의 촌극 같았다. 피고들이 자신의 죄를 열성적으로 설명하고 처형당하는 특권을 기꺼이 누리겠다고 했으니 말이다. "저는 미제의 주구였습니다." 상무부의 생활용품 수입공사 사장이던 이강극은 이렇게 자백을 시작했다. 그는 1935년, 즉 김일성이 권좌에 오르기 10년 전부터 뉴욕에서 미국 스파이로 고용되었다는 터무니없는 혐의에 유죄가 인정됐다.

재판 마지막 날, 모든 변호사들은 자기 고객들의 죄를 준엄하게 주장했다. 이성엽의 변호사는 "그가 그 자신을 공산주의자라고 하지만, 실은 저열한 부르주아 이념을 고집했고 퇴행적이며 반동적인 자산계급의 민족주의를 극복할 수 없었다"고 했다. 이성엽 본인이 재판의 공정함을 자인했다. "저는 변호인이 붙은 것에 감사하고, 4일간 자유롭게 말할 수 있게 된 데 감사합니다. 저는 이 재판을 감사히 받아들이겠습니다. 만약 제게 두 목숨이 있었다면, 둘 다 드려도 부족할 겁니다."

피고 12명 모두 검사(만주 시절부터의 김일성의 친구)가 기소한 모든 혐의에 유죄판결을 받았다. 10명은 사형을, 두 명은 장기 징역을 선고받았다. 모든 재산은 국가에 압류되었다. 사형선고를 받은 죄인들 중 일부는 2년 뒤에 쿠데타 지도자로 지목된 박헌영이 결국 재판에 회부될 때까지 처형당하지 않았다. 김일성은 여전히 대중적 지지기반이 있던 박헌영을 처분하기 위해 방해받지 않을 정도로 권력을 모을 때까지 기다린 듯했다.

김일성은 박헌영의 재판 때에는 어처구니없는 쇼를 하지 않았다. 제대로 된 스탈린식 공개재판은 몇 달에 걸쳐 준비하고 각본을 짠 뒤 배후에서 많은 준비를 해야 했다. 해외 언론에 공개하면서 이 재판은 마치 촌극처럼 비춰졌고, 세계적으로 중요한 공산주의 지도자로 비춰지고 싶던 김일성의 욕망에 먹칠을 했다. 박헌영의 재판은 단 하루만에 끝났다. 언론에서 다룬 것은 국영 신문의 사후 발표문뿐이었다. 정부에서 변호사를 선임하기는 했으나 박헌영은 이를 거부하고 변호사 없이 재판받았다. 하지만 모든 혐의를 인정했고, 심지어 그 중에는 1919년부터 미국의 하수인이었다는 터무니없는 혐의마저 있었다.

박헌영은 그의 지지자들이 공개 재판 때 보여줬던 것만큼 적극적으로 자백하지는 않았다. 그는 법정에서 자신은 정부 전복 음모의 세부는 몰랐으나 음모를 꾸민 자들이 그와 가까운 사이였으니 자신에게도 책임이 있다고 했다. 박헌영은 즉시 사형선고를 받았고 모든 자산이 압류되었다. 이 빠르고 공개되지 않은 정적 제거 방법—그러면서도 대중들에게 미국, 일본, 남한에 의해 운영되는 간첩조직과 이들이 연루됐다는 사실을 일깨워준—은 그 뒤에 이어질 숙청의 기본 틀이 된다.

그 뒤 오랫동안 김일성의 선전조직들은 1953년 공개재판의 "증거"를 인용한다. 이 증거들은 위대한 독재자가 한국전쟁에서 미국과 싸워 이들을 패퇴시킨 용기와 현명함을 더 미화하기 위해 쓰였다. 주변에 배신자들이 있는데도 승리했으니 말이다. 김일성 공식 전기에서는 "가장 강력한 적인 미 제국주의와 성공적으로 싸워 승리하다니! 심지어 당 내부에 첩자들이 음모를 수행하는 와중에도 말이다. 김일성 동지는 얼마나 위대한가!"

III

1953년 9월, 노금석에게 또 다른 폭격 맞은 비행장으로 기차를 타고 이동하라는 명령이 내렸다. 이번에는 평양 북서쪽 외곽에 있는 순안 비행장이었다. 순안으로부터 38선까지는 144킬로미터에 불과했다. 그는 남한에서 이처럼 가깝게 배치된 일이 없었다.

그는 온 사방이 폭탄 구덩이거나 파괴되고 불탄 건물들 투성이인 와중에 묘하게 홀로 서 있는 큰 교회에 있는 장교 숙소에 도착했다 (미군 폭격기들은 교회 직격만큼은 최대한 피했다). 노금석이 순안에 도착한 지 며칠 뒤, 정비사들과 기타 인원들이 교회 주변에 텐트를 쳤다.

순안의 콘크리트 활주로는 미그기 이착륙에 충분했다. 이 활주로는 1년 전에 건설되었으나 미국의 지속적인 폭격으로 한 번도 사용되지 못했다. 전쟁이 끝나자 활주로는 어떻게든 보수되었다. 이론적으로는 제트 전투기를 운용하기에 충분했으나 활주로를 살펴본 노금석은 확신을 가질 수 없었다. 너무 울퉁불퉁했다.

80대의 미그기가 분해된 뒤 나무 상자들에 포장되어 휴전 이후 북한으로 밀반입됐고 그 중 최소 16대가 노금석이 도착하기 전에 순안 비행장에 기차로 옮겨졌다. 만주에서 이것들을 분해한 뒤 북한에서 재조립한 정비병들은 제대로 교육받고 하는 것 같지 않았다. 이들은 서둘러 작업을 진행했고 실수가 잇따랐다. 이들은 연료 및 유압계통 배관을 떼어내기 전에 날개를 분리했고, 그로 인해 고무 배관들이 휘거나 눌렸으며 그로 인해 연료계통이 막히거나 착륙

바퀴가 제대로 작동하지 못할 수 있었다. 재조립된 미그기들의 상태는 좋지 않았다. 타이어는 닳아서 고무 사이로 안쪽의 보강용 와이어들이 보일 정도였다. 그 중 한 대는 정말 엉망진창이라는 표현을 들을 정도였다.

재조립된 미그기들은 순안 비행장의 비포장 유도로에 서 있었다. 이곳은 나중에 북한의 주요 항공시설인 평양 순안 국제공항으로 발전한다.

전쟁중 최신형 미그기들은 거의 언제나 소련 조종사들이 몰았고 처음 2년에는 특히 그랬다. 하지만 1952년 하순부터 소련의 혼초들이 귀국하자 노금석과 몇몇 다른 북한 조종사들에게는 최신형인 미그 15 bis형이 배정됐다. 이 기체에는 노금석이 원래 몰던 기체보다 훨씬 강력한 엔진이 달려있었다. 더 중요한 것은 좀더 직관적으로 계기판 스위치들이 배치되고 유압 조종 시스템도 추가되어 이전보다 훨씬 쉽고 안전하게 비행할 수 있었다. 9월 20일 일요일 아침, 순안 기지의 상관들은 노금석에게 김일성이 전군에 즉각 전투태세를 갖추라는 명령을 내렸다고 전했다. 미그기의 비행은 다음날 아침부터 시작될 예정이었다. 이들은 노금석이 기지에서 가장 경험 많은 조종사이기 때문에 편대에 소속되지 않고 가장 먼저 이륙해 단독으로 비행하도록 할 예정이었다. 그는 선두 조종사를 따라가지도 않고, 그에게 호위기가 붙지도 않는다고 했다.

이 명령은 그가 감히 기대했던 것보다도 훨씬 좋았다. 최소한 그는 호위기를 떨쳐내야 할거라고 예상했다. 그럴 계획도 있었다. 그는 임멜만 기동이라는, 고속으로 높은 중력가속도를 이겨내며 180도로 방향을 바꾸는 고난이도 기동을 할 생각이었다. 북쪽으로 비행하다가 갑자기 상승해 반바퀴를 돈 뒤 반대편으로 뒤집어 비행하는 것이다. 기체가 똑바로 돌아가면 최대 가속으로 38선 쪽으로 날아갈 작정이었다.

이제 그냥 이륙해서 남한으로 넘어만 가면 됐다.

만주에서 1년 전에 받은, 남한 내의 목표들을 공격하려다 취소된 계획 때문에 받은 훈련들 덕분에 노금석은 김포의 미군 비행장에 어떻게 접근할지 잘 알았다. 그는 또 연비가 나쁜 미그기에 어느 정도의 연료가 필요한지도 잘 알았다. 자신이 잘 기억하는지 확인하기 위해 그는 늘 가지고 다니는 수첩에 지도 좌표를 적는 큰 모험을 하기도 했다.

북한 공군 조직은 엉망이었다. 위대한 독재자의 명령을 따르기 위해 공군 간부들은 미그기들을 다시 띄우기 위해 필사적으로 매달렸다. 여전히 비행중인 조종사들이 서로를 감시하게 만드는 비행 절차도 만들지 못했다. 하지만 그의 상관들은 바보는 아니었다. 곧 기회의 창은 닫힐 터였다.

아침에는 무조건 가야 했다.

노금석에게는 하루가 남았다. 그는 순안 시에서 아직 미국이 폭격으로 밀어버리지 않은 구역을 동료 조종사와 함께 걸었다. 몇 채의 단층 혹은 2층 건물이 남아있었지만 창문들은 다 깨졌고 낡은 신문지로 가려져 있었다. 노새와 소가 끄는 수레들이 좁은 비포장도로를 따라 이동했다. 주민들은 누더기를 입고 굶주려 있었다. 하지만 따뜻하고 느긋한 일요일이라 그런지 주민들 모두 이들을 밝게 맞이했다. 두 달이나 폭탄이 안 떨어지니 이들은 비로소 전쟁이 끝난 것을 실감하는 듯했다. 두 조종사는 판자집에 마련된 식당에서 평양

냉면을 주문했다. 이들이 냉면을 먹는 동안 중년의 구두닦이가 노금석의 가죽 비행장화를 수선하고 닦아줬다.

노금석과 함께 냉면을 먹는 한학수 대위는 해군사관학교의 동기이자 동료 미그기 조종사였으나 친구는 아니었다. 그는 미군기 여러 대를 격추했다는 거짓말로 경력을 쌓았다. 미그 회랑에서의 임무중 그의 전투기는 집중사격을 받았다. 46발의 점50구경 기관총탄이 그의 미그 15에 명중했다. 간신히 착륙한 뒤 한학수는 자신이 격렬한 근접공중전 끝에 세 대의 세이버를 잡았다고 주장했다. 누구도 그 말을 안 믿었으나 그의 상관들은 그동안의 한심한 전과를 조금이라도 만회해야 하니 그의 말을 믿었다. 이 뻔뻔한 거짓말로 한학수는 대위로 승진하고 대대장이 되었으며 훈장도 받았다. 냉면을 먹으면서 한학수는 노금석에게 곧 또 승진할 거라고 말했다.

점심을 먹은 뒤 둘은 근처 강에서 수영을 하고 해군 사관학교 생도 시절에 겪은 고생담을 나눴다. 노금석은 수다스러웠지만 조심스러웠다. 한학수는 공산주의자라기보다는 출세주의자였지만 거짓말쟁이였고 밀고할 기회를 언제든지 노리고 있었다. 노금석은 누구에게도 계획을 말할 생각이 없었다.

비행장으로 돌아가는 길에 노금석은 한 노파가 리어카에서 세면도구를 파는 노점상과 언쟁을 벌이는 것을 발견했다. 이 노파는 미군 폭격에 사망한 할머니를 떠오르게 했다. 이 노파는 노금석이 쳐다보는 것을 눈치챈 뒤 언쟁에 지자 노금석에게 다가왔다. 노파에 따르면 노점상이 돈을 받지 않으려 했다. 돈이 너무 낡고 지저분하다는 이유였다. 노금석에게는 앞으로 절대 쓸 일이 없는 빳빳한 새 지폐들이 넉넉하게 있었다. 그는 노파에게 5천원(약 10달러)을 건넸다. 노파는 크게 감사하면서 이름을 물어보고 그에게 가지고 있던 낡은 지폐를 주려 했다. 그는 그 돈을 받지 않고 다른 데 쓰라고 했다.

그날 밤, 활주로 근처의 교회에서 노금석은 북한에서의 마지막 식사를 먹었다. 고기, 야채, 쌀밥, 차. 모두 훌륭했다. 50명의 다른 장교들과 함께 그는 교회에서 자신도 놀랄 만큼 푹 잠이 들었다.

9월 21일, 월요일 아침. 한반도 전역의 날씨는 비행하기에 완벽한 맑고 차가운 가을 기상이었고 북쪽에서 약한 바람이 부는 정도였다. 노금석에게는 좋은 날씨가 필요했다. 그는 계기비행만으로 이착륙하는 방법은 몰랐다. 그는 안개로 뒤덮인 활주로에 착륙한 일도 없었다. 새로 닦은 장화와 푸른 비행복, 가죽 재킷을 입은 노금석은 아침을 거르고 가죽 비행헬멧을 들고 활주로로 걸어갔다. 그는 활주로에서 북한 공군 부사령관 이활 장군을 보고 놀랐다. 이활은 북한 장군들 중에서도 이색적인 존재였다. 키도 1.8미터로 큰 편이고 콧수염을 기르고 있었지만 그것 때문만은 아니었다. 부유한 지주의 아들인 그는 2차 대전중 일본군에서 비행기를 조종했다. 김일성 치하에서 그는 지주들을 몰아내고 친일파를 비난하면서 권좌에 올랐다. 이활의 배경만 보면 추방되거나 투옥되거나 처형될 판이었지만, 신생 북한 정부에게 공군이 필요했고 이활이 이를 적극적으로 도울 생각이었기에 원죄가 씻어졌다. 그는 조종사들을 훈련시켰고 여러 동의 건물을 강의실이나 식당, 내무실로 쓰게끔 기증했다. 만주의 비행장들에서 노금석은 이활의 예의와 활발함, 정중한 말투에 감명받았다. 다른 고위 장교들과 달리 그는 공산당 선전구호를 부하들에게 외치지 않았다.

활주로 진입로에서 이활 장군은 노금석의 이름을 기억하고 어깨를 두드렸다. 그는 노금석에게 활주로의 폭탄 구덩이와 움푹 패인 자국들에 주의하라고 했다.

"아 그리고," 성격 좋은 장군이 말했다. "길을 잃지 말게나."

9시 5분의 이륙 순서를 기다리며 노금석은 활주로의 유도로 구석에 앉았다. 그는 김포에 착륙하기 위한 정보들을 끄적여댄 종이를 쳐다볼 정도로 자신감이 있었다. 옆에는 그 날 노금석 다음으로 이륙할 채병재 상위가 있었다.

"오늘은 평소보다 오래 비행할 것 같군." 노금석은 평범하게 말하려 노력했다.

채병재는 휴전선 근처를 날아보고 싶다고 말했다.

노금석은 침묵했다.

"아예 건너편에 착륙하는건 어떨까?" 채병재가 물었다.

채병재가 농담한다는 사실을 눈치챈 노금석은 웃었다. 하지만 동시에 그는 누구든 북한 조종사가 감히 그런 농담을 했다는 사실에 크게 당황했다. 순간 그는 대답도 못했다. 곧 그는 채병재에게 먼저 이륙하는 영광을 넘겨주겠다고 했다.

"자네가 역사를 만들거야." 노금석이 말했다. "순안 비행장에서 처음 이륙하는 거라고."

채병재는 이 제안을 기쁘게 받아들였다.

훈련비행시 처음 이륙한 미그기는 언제나 처음 착륙했다. 채병재가 자기 미그기로 향할 때 노금석은 "너무 빨리 착륙하지 말라고! 자네가 착륙하면 곧바로 나보고 착륙하라고 할거야"라고 말했다.

노금석은 북쪽으로 중국을 향해 바람을 맞으며 이륙했다. 바람은 이제 먼지를 날릴 정도로 빨라졌다. 활주로는 보기보다 더 울퉁불퉁했다. 그가 스로틀을 올리고 브레이크를 떼자 미그기는 덜컹거리며 떨었다. 노금석은 이거야말로 세계 최악의 활주로중 하나일 거라고 했다. 하지만 일단 이륙해서 바퀴를 넣자 비행장은 더이상 문제가 아니었다.

미그기의 계기판에서 노금석은 김일성의 사진을 보았다. 이것은 모든 북한 비행기의 표준장비였다. 사진 액자에는 전투기 조종사들을 위한 선전문구가 적혀있었다. 붉은 글자로 "사악한 양키들에게 복수의 총탄을 겨누고 쏘라"는 것이었다.

중국으로 가는 길의 절반쯤에서 노금석은 좌선회해 서해로 향하다 다시 좌선회해 서해안의 해안선을 따라 비행했다. 그곳에서 그는 평양의 폐허를 볼 수 있었다. 5,790미터 상공에서도 평양은 폭격맞은 지옥 같았다.

여기서 그는 돌이킬 수 없는 결정을 해야 했다. 만약 다시 좌선회하면 그는 훈련을 끝마치고 예정대로 순안 비행장에 착륙할 수 있다. 만약 우선회해서 남쪽으로 향해 38선을 넘는다면 반역자가 된다. 그는 마지막으로 따졌다. 북한 정부는 지금까지 그를 잘 대해줬고, 제트기 조종사로 훈련시켜 보병으로 죽지 않게 해 줬다. 그는 훈장을 받은 참전용사였고, 수입도 제법 좋았으며 식사 수준도 높았다. 특히 북한의 깡마른 농부들과 비교하면 그랬다. 그는 아마도 전후 북한의 엘리트 중 하나가 될지도 몰랐다. 북한은 어쨌든 고향이었다.

하지만 어머니의 월남은 어째야 할까? 이모부 유기은은 이미 떠벌이고 다녔다. 늦든 빠르든 공군 사령부는 그에 맞춰 행동할 것이다. 설령 그가 처형당하거나 투옥당하거나 공군에서 쫓겨나지 않더라도 북한에서 그의 삶은 어떻게 될까? 그는 오랜 삶 동안 가짜 공산주의자로서 지겨운 집회에 나가고 친구들을 배신하고 누구도 믿지 못할 것이다.

그는 남쪽으로 향했다.

속도를 시속 990킬로미터로 높인 노금석은 심장이 요동치는 것을 느꼈다. 마치 터질 것 같았다. 오른손으로 조종간을 잡고 왼손으로 가슴을 쓸어내린 그는 진정하려 애썼다. 휴전선에 빠르게 접근하자 그는 좁은 미그기의 조종석에서 목을 좌우로 돌려 산소 마스크의 호스가 닿는 한 최대한 넓은 범위를 관찰하며 자신을 추적하는 미그기나 세이버, 혹은 대공포화의 연기가 있는지 확인했다. 아무것도 없었다.

무전기 너머로 아침에 처음 이륙한 조종사의 목소리가 들렸다. 채상위는 관제탑에 착륙 허가를 요청했다. 그는 하늘에서 시간을 낭비하지 않았다.

"하느님 맙소사." 노금석은 혼잣말을 했다. "이제 내 차례가 되겠군."

관제탑이 그에게 외쳤다. 그의 기체번호는 87번이었다.

"87번, 어디 있나?"

관제탑은 번호를 5초 간격으로 계속 외쳤다.

험준한 산악지대 너머, 마치 남쪽 지평선 위에 떠 있는 것 같은 김포 비행장의 활주로가 보였다. 그는 자신이 미군의 레이더에 걸렸다고 확신했다. 그는 언제라도 세이버가 요격을 위해 이륙하리라고 예상했다. 그들이 오면 그는 날개를 흔들어 적대행위 의사가 없음을 알리고 색깔이 있는 조명탄을 터뜨려 구조신호를 보내기로 했다. 하지만 그가 영공을 침범하고 한반도에서 가장 바쁜 군 비행장에 접근하는데도 미군은 전혀 눈치채지 못했다. 전쟁이 끝난 뒤 김포에는 각각 3천명씩으로 구성된 2개의 전투비행단과 제트와 프로펠러기가 섞인 비행대대 하나가 주둔했다. 낮에는 워낙 바빠 항공기가 착륙하지 않는 때가 거의 없었다.

전쟁은 끝났지만 전투조종사들은 훈련을 계속했다. 거의 매일같이 고참 세이버 조종사의 호위기가 두 대의 다른 세이버들과 모의 공중전을 했다. 당시 김포에 주둔하던 조종사 존 로어리는 천으로 된 표적을 자기 세이버의 꼬리에 매달고 비행했다. 다른 세이버 조종사들이 그걸 쏴서 사격연습을 했다. "전쟁 뒤에도 예상되는 위협은 변하지 않았다." 로어리가 말했다. "내가 함께 지내는 사람들은 모두 미그기와 얽히고 싶어했다. 우리는 언제라도 방아쇠를 당길 준비가 되어있었다."

하지만 노금석이 보는 한 미군은 그의 미그기를 무시하고 있었다. 그대로 놔두고 최대한 빨리 착륙하려 한 그는 곧바로 접근하기로 했다. 다른 방향에서 말이다. 다른 모든 항공기들은 북풍을 마주보고 착륙했다. 노금석은 바람을 타고 남쪽을 향하며 착륙하기로 했다. 이렇게 하면 착륙속도가 늘어 멈출 때까지의 거리도 늘어나고 활주로에 고속으로 충돌해버릴 확률도 높았다.

그는 만주에서 이런 위험한 착륙을 경험한 바 있다. 미그기들이 종종 반대 방향에서 동시에 착륙하곤 했기 때문이다. 노금석은 활주로에 접근하면서 막 착륙하려는 세이버를 발견했다. 세이버 조종사가 그를 활주로에서 발견하고 방향을 바꿀지 확신이 없던 노금석은 재빨리 어떻게 할지 결정했다. 활주로 오른쪽에는 착륙할 자리가 없었다. 유도로가 지면을 구불구불하게 돌면서 30대의 미국 전투기들이 서 있는 주기장으로 연결됐다. 활주로 좌측에는 작은 비포장 활주로와 개활지가 있었다. 충돌을 피하기 위해 노금석은 그곳에 착륙하기로 했다.

하지만 접근해오던 세이버가 노금석의 예상보다 빨리 진입했다. 세이버는 부드럽게 착륙한 뒤 주(主) 활주로를 벗어났고, 노금석은 덕분에 주 활주로에 착륙할 길을 찾았다. 거의 착지할 때가 되자 그는 스로틀을 낮추고 날개 플랩을 내린 뒤 동체 좌우의 에어브레이크를 작동시켰다. 착륙 바퀴를 고정시킨 그는 이때쯤이면 자신을 조준하고 있을 대공포 사수들을 걱정했다. 그래서 그는 날개를 흔들면서 녹색, 적색, 백색, 황색의 조명탄을 발사해 비상착륙임을 알렸다. 그는 조명탄이 공격용 로켓으로 오인되지 않기를 바랐다. 그리고 그는 활주로 반대편 끝에서 또 다른 세이버가 착륙하는 것을 발견했다. 이들은 거의 동시에 착지할 판이었다.

노금석은 의도한 것보다 더 빨리 진입했다. 그는 순간 활주로를 지나치고 다시 상승할까 고민했다. 미그기의 바퀴는 2,100미터 길이의 활주로 중간쯤에 닿았다. 브레이크와 씨름하던 그는 바로 앞의 세이버를 보고 기체를 움직이기 위해 애썼다. 세이버 조종사는 아직 그를 보지 못한 듯했다. 노금석은 최대한 오른쪽으로 꺾은 뒤 기도했다.

세이버의 조종사인 데이브 윌리엄스 대위는 노금석의 미그기를 목격했다.

"누군지 바람을 등지고 착륙하는데?" 윌리엄스는 자신의 세이버가 착지하기 직전에 무선으로 외쳤다.

정말 스쳐 지나갈듯한 간격을 두고 윌리엄스도 오른쪽으로 꺾었다. 두 기체가 엇갈려 지나갈 때 둘 다 시속 220킬로미터를 넘었다. 윌리엄스는 다시 무전기에 외쳤다.

"저거 미그기잖아!"

윌리엄스는 활주로 끝에 멈춘 뒤 조종석 밖으로 나와 날개 밑에서 진정하려 했다. 착륙 준비중이던 김포 상공의 세이버들은 미그가 활주로에 있다는 소리를 듣고는 전부 기총의 안전장치를 풀고 사격준비를 했다. 그들은 나중에 자기들 반대쪽에서 빠르게 착륙한 노금석의 결정이 현명했다고 평가했다.

"만약 그 때 착륙하지 않고 다시 상승했다면 분명 나는 그를 쐈을 겁니다." 그날 아침 김포 상공을 맴돌던 조종사 짐 서튼은 말했다.

노금석의 탈출계획은 그가 위대한 독재자를 비료공장의 창고에서 처음 만날 때부터 5년 8개월동안 이뤄졌다. 그의 탈출 비행은 17분만에 끝났다. 북한을 9시 7분에 이륙해 김포에 9시 24분에 착륙했다.

지나치게 흥분되는 착륙 후 노금석은 산소 마스크 아래에서 웃으며 자신에게 말했다.

"나는 안전해. 해냈어. 나는 자유다."

그는 미군이 이제 와서 자신을 쏘지는 않을 거라고 혼잣말했다.

하지만 아직 그럴 결론을 내리기는 일렀다.

미군 대공포 사수들은 그를 보고 발사버튼에 손가락을 올려두고 있었다. 김포 비행장 양편의 대공포 진지들에서 그들은 지상을 이동하는 미그기를 쐈야 할지 말아야 할지 고민했다. 결국 그들은 사격을 포기했다. 만약 쐈다면 대공포 진지들이 서로 쏠 판이었기 때문이다. 트럭도 경비병도 노금석의 미그기 쪽으로 오지 않았다. 활주로에는 당황한 세이버 조종사 데이브 윌리엄스 외에는 아무도 없었다. 노금석은 김포에 미그기가 있다는 사실을 눈치챈 사람은 있는지 궁금할 정도였다.

어째야 할지 알 수 없던 그는 활주로를 벗어나 세이버들이 서 있는 주기장으로 이동했다. 이들은 모두 출격준비를 갖추고 주기되어 있었다. 조종사들은 경보가 울리면 시동을 걸고 이륙하기 위해 조종석에서 대기하고 있었다.

시프리아노 게라 대위는 그 중 하나였다. 그날 아침 그는 SF소설 잡지인 "놀라운 이야기"를 읽고 있었지만 우연히 하늘을 보고 노금석이 북쪽에서 착륙하는 것을 발견했다. "제트기가 바람을 등지고 내려오더군요." 그가 말했다. "우리 조종사 중 하나가 실수한 줄 알았어요."

게라는 입을 떡 벌리고 전투기가 착지한 후 간신히 충돌을 피한 뒤 자기 쪽으로 오는 것을 지켜봤다. 그 뒤에야 그는 그게 미그기이고 코앞에서 발포하지 않을까 두려워했다. 그는 당혹했고 전투기의 기관총으로 먼저 쏠지도 고민했다.

게라가 안절부절하며 지켜보는 동안 노금석은 두 대의 미그기 사이에 있는 빈 공간에 전투기를 세웠다. 그는 조종석 캐노피 고정쇠를 풀고 뒤로 밀었다. 산소 마스크를 내리고 자신을 좌석 및 낙하산과 묶어두는 벨트를 푼 그는 계기판에 손을 뻗고 김일성의 사진을 떼어냈다.

그는 그 사진을 빨리 박살내고 싶었다. 조종석에서 기어나와 땅으로 뛰어내려온 그는 이것을 아스팔트 위에 던졌다. 액자는 박살 났고 사진은 산산조각 났다. 이를 본 한 세이버 조종사는 노금석이 자기 여자친구와 안 좋게 이별하나보다 생각했다. "그 조종사는 여자 사진을 비행복 주머니에서 꺼내더니 찢어서 던져버렸어요." 그는 나중에 AP뉴스에 이렇게 말했다.

자기 미그기 옆에 선 노금석은 그가 중학생 때부터 아직까지 기억하는 유일한 영어 단어를 외쳤다.

"모터카(Motorcar: 자동차)! 모터카!"

이 모든 것을 지켜본 게라는 미그기 조종사를 쏴서는 안된다고 결정했다. 그는 전투기에서 내려 노금석에게 인사하러 달려갔다.

노금석은 게라에게 웃으며 경례한 뒤 그와 악수했다.

그들은 서로를 바라보고 서로의 비행기를 바라봤다. 통하는 언어가 없으니 누구도 뭘 할지 결정하지 못했다. 곧 혼란이 증폭됐다. 여섯 명 정도의 다른 조종사들도 전투기에서 내려 미그기 쪽으로 향했다. 노금석은 악수를 더 했다.

비록 우호적으로 보이려 노력했지만 노금석은 갈수록 불안했다. 그는 누군가 자신을 사령부로 데려가서 누구든 일본어나 러시아어, 한국어를 할 수 있는 사람에게 설명하고 싶었다. 그러나 그로서는 모터카를 외치는 것 외에는 이걸 설명할 방법이 없었다. 그는 그러는 동안 몇몇 조종사들이 자신을 미쳤다고 의심하는 분위기를 느꼈다.

"그 때가 되서야 나는 이 친구한테 뭔가 해야 한다고 결정했다." 게라가 회고했다. "그래서 나는 차를 타고 본부로 이 친구를 데려 갔다."

몇 분 안에 김포의 세이버들은 출격해서 노금석의 미그기가 미군의 조사를 받기 전에 파괴하려 출격했을지도 모를 북한 공군기를 요격하려 했다. 적기는 없었다. 장갑차와 M1소총으로 무장한 병사들이 미그기를 감쌌다. 미그기는 사람들이 보지 못하는 격납고 안으로 이동했다. 그 날 정비병들은 미그기를 분해해서 포장해 한반도 밖으로 반출할 준비를 했다.

게라의 지프가 5공군 사령관인 새뮤얼 E. 앤더슨 중장의 사무실에 도착하기 직전, 조수석에 탄 조종사가 몸을 돌려 노금석에게 권총을 내놓으라고 했다. 그가 잠시나마 위대한 독재자를 쏠까 고민하던 바로 그 총이었다. 그는 권총을 미군에게 내놓았다.

IV

노금석의 미그기가 착륙할 때는 모스크바 시간으로 새벽 4시 24분이었고 김일성은 스탈린의 후계자들로부터 9일에 걸쳐 성공적으로 돈과 원조를 뜯어낸 직후였다.

그 전날 밤, 김일성을 위해 마련된 성대한 연회에서 소련인들은 북한을 위한 기록적인 재건 차관 제공은 물론 차관 상환기한의 연장과 중장비 및 소비재 원조를 발표했다. 저녁식사에서 소련의 총리 말렌코프는 김일성의 독립을 위한 몸부림을 미국의 13개 주가 했던 독립전쟁과 비교했다.

"영광된 조선인민들은 해방투쟁의 새롭고 멋진 역사를 썼으며 이 페이지는 우리에게 국가의 운명을 직접 해결하려는 국민들을 꺾을 세력은 세상 어디에도 없다는 사실을 일깨워줍니다." 말렌코프가 말했다.

그에 답해 김일성은 소련 측에 감사를 표하고 소련의 도움으로 북한은 "자유와 독립을 지키고, 미 제국주의의 포악한 계획을 꺾은 뒤 그들이 휴전협정을 맺게끔 강요했다"고 발표했다.

말렌코프와 김일성은 다음 날 아침 일어나 전날 저녁식사로 좋아졌던 기분을 잡쳤다. 그 날부터 그 주 내내, 용감한 젊은 북한 조종사와 은색으로 빛나는 미그 15의 사진이 대부분의 국가 수도의 신문 1면을 장식했다. 모스크바와 평양, 베이징은 예외였다.

한 명의 귀순 북한인이 그 정도로 세계의 이목을 집중시킨 일은 없었다. 워싱턴 포스트는 노금석의 '약탈'을 축하하며 1면 제호를 "붉은 미그 15, 서울에 오다"로 뽑았다. 뉴욕 타임스도 노금석의 망명을 1면에 뽑으면서 미그기 도난이 미국이 제안한 10만 달러의 현상금과 관련이 있다고 했다. 전신 뉴스 서비스, 라디오, TV등이 그 주 내내 노금석이 냉전의 비밀을 잔뜩 알고 있다고 했다. 그들은 그가 어떻게 미군이 여러 해에 걸쳐 입수하려 노력한 기종의 최신 버전을 전투 가능한 상태로 가져왔는지 보도했다.

김일성은 한 번도 미그기 분실이나 노금석에 대해 공식적으로 말한 일이 없다. 하지만 2년 뒤에 남쪽으로 귀순한 북한의 비행교관 이운용 대위에 의하면 보복이 있었다. 북한공군 사령관 왕영은 강등당했고 노금석의 동료 조종사 중 5명이 처형당했다. 이운용은 모두의 이름을 알지는 못했으나 그 중에는 노금석의 절친 근수성 상위도 있었다고 한다. 이모부 유기은 부부와 아이들의 운명에 대해서는 아무도 모른다.

V

미국인들은 노금석이 오는 것은 못 봤지만 봤다고 주장했다.

노금석이 미그기의 엔진을 끈 지 얼마 되지도 않아 공군 대변인 하나는 관제탑에서 미그기가 안전하게 착륙하도록 유도했다고 주장했다. AP통신은 "연합군 장교에 따르면 세이버 전투기 편대가 미그기를 DMZ 남쪽 끝자락에서 만나… 김포로 호위해 왔다고 한다"고 보도했다. 이 보도에는 미그기가 "분명히" 미군 레이더에 포착되어 세이버가 이를 요격하기 위해 파견됐다고 적혀있었다. 한 미군 장교는 AP측에 "미그기 한 대가 핵심 공역에 우리가 모르게 접근할 턱이 없다"고 주장했다.

사실 미국인들은 완전히 뒤통수를 맞았다. 그날 아침에 노금석이 북한을 이륙할 때 김포의 레이더는 정비를 위해 가동을 멈췄다. 미군은 노금석의 미그를 호위하거나 요격하거나 격추할 어떤 시도도 하지 않았다. 김포 상공을 그 때 비행하던 몇몇 미군 조종사들조차 짤막한 기수에 후퇴익을 갖춘 침입자가 북쪽에서 강하해 내려올 때 적기라고 눈치채지 못했다. 이들은 그게 무엇인지 전혀 모르다가 노금석이 착륙하고 데이브 윌리엄스가 미그기가 착륙했다고 외치고 나서야 알았다.

그리고 나서야 김포 비행장이 움직였다. 미그기가 견인되어 이동하자 조종사들과 다른 공군 병사들은 잽싸게 내무반에서 카메라를 들고 나와 이동하는 미그기의 사진을 찍어댔다. 이들은 헌병이 자기들을 격납고에 들여보내주지 않는다고 소란을 피웠다. 노금석의 망명과 미그기를 외부에는 비밀로 유지하라는 명령을 받고 헌병들은 조종사 및 병사들에게 사진을 찍지 말라고 했다. 이들은 카메라를 압수하고 필름은 햇빛에 노출시켜버렸다. 한 오지랖 넓은 보안 담당자는 당시 항공관제 책임자이던 윌프레드 M. 허스티드에 따르면 관제탑에 쳐들어가 "누구에게도 이번 일에 대해 말하지 말라고 했으며 누구라도 언급하면 죽일 기세로" 호통을 쳤다.

하지만 비밀을 유지하려는 노력은 금방 무너졌다. 그 날 점심 이후 허스티드는 자기 텐트로 돌아가 무슨 일이 벌어졌냐는 질문을 여러 병사들로부터 받았다. 충직하게 허스티드는 아무일도 아니라고 했다. 그는 라디오를 켜서 화제를 바꿔보려 했다. 라디오는 현지 미군 방송 채널인 '킬로이'에 맞춰져 있었다. 라디오가 켜지기 무섭게 킬로이는 남한의 미 공군 기지에 미그 15가 착륙했다고 온 세계에 알리고 있었다.

미 제5 공군의 사령부에서는 군의관이 노금석을 15분간 검사하며 혈액검사를 위해 피를 뽑았고 노금석은 그가 새 주사바늘을 쓰는 것을 보고 감명받았다. 그 뒤 노금석은 한국어도 못하는 데다 통역도 없는 사령관 앤더슨 장군과 공허한 만남을 가졌다. 인사를 나눈 뒤 장군은 자기 자리에 앉았고 노금석도 나무 의자에 뻣뻣하게 앉았다. 30분간 이들은 아무 말도 안하고 서로를 쳐다봤고 그 사이에 부관들이 도쿄에 급히 전화해 통역관과 심문관을 수배했다. 한 시간 안에 그들 열 명이 김포로 향하는 비행기에 탑승했다. 장군의 사무실에서는 제5 공군의 정보 책임자인 도널드 니콜스 소령이 나타나 유창한 한국어로 노금석에게 자신을 소개하자 비로소 침묵이 깨졌다.

니콜스는 한국의 T. E. 로렌스 같은 존재였다. 그의 상관중 하나인 얼 E. 파트리지 장군은 그를 "1인 전쟁"으로 부른 뒤 자신이 만난 "가장 경이적이고 비범한 인물"이라고 표현했다. 당시 30세이던 니콜스는 술을 너무 많이 마셨고 절대로 군복을 제대로 입지 않았을 정도로 뚱뚱했다. 또 그는 한국전쟁 당시 가장 유능한 미군의 정보 요원이었다. 그는 1946년에 스파이 교육을 3개월도 못 받고 한국에 파견됐다. 그 전에는 차량 관리 부사관이었다. 그 전에 그는 플로리다에서 가난하게 자랐고 동네 농장에서 농기구를 훔쳤으며 7학년(우리로 따지면 중학교 1학년)에 학교를 그만뒀다. 하지만 그는 변장하고 북한에 잠입하고 뇌물, 협박, 고문, 이승만 대통령과의 절친한 관계 등을 이용해 밀고자, 게릴라 투사, 고위공직자 등으로 구성된 비밀 네트워크를 남북한 모두에 쌓았다. 그는 김일성의 남침을 처음 예상한 사람들 중 하나였지만 맥아더 사령부는 이를 무시했다. 그는 남북한 모두 합쳐 600명 넘는 요원들로 구성된 네트워크를 조종했고 종종 CIA나 육군 정보부보다 그의 정보가 우수했다.

소련제 항공기도 그의 관심사 중 하나였다. 니콜라스는 북한 조종사가 Il-10을 타고 1950년에 월남하게끔 회유한 장본인이었고 그가 월남한 뒤 직접 심문하기도 했다. 니콜라스는 1951년에 적 후방에 목숨을 걸고 침투해 미그 15의 잔해로부터 부품을 습득하고 사진을 찍은 공으로 비행 공로훈장을 받았다. 다음 해에 그는 더욱 성공적인 작전을 실시해 또 다른 미그기의 전체 잔해를 가져왔다.

이제 눈앞에 기꺼이 말할 생각이 있는 북한 조종사—방금 그가 몇 년에 걸쳐 애타게 찾던, 실전 투입 가능한 미그기를 가져온—있었다. 니콜스는 흥분을 감출 수 없었다. 그는 장군과 10분에 걸쳐 잡담한 뒤 노금석에게 "우리 사무실로 가자"고 했다.

그는 니콜스의 헬리콥터를 타고 서울 서쪽 끝에 있는 6004 공군 정보대대 기지로 향했다. 그 곳에선 니콜스가 대장이었다. 산타클로스처럼 그는 월급날마다 쌀 가마니를 나눠줬다.

그의 사무실에 들어서자 한 무리의 잡종견(노금석은 몇 마리의 허스키를 포함해 열마리를 셌다)이 꼬리를 흔들며 그들을 반겼다. 공식적으로는 도쿄에서 온 심문팀이 와야 심문을 시작할 수 있었다. 그래서 이들은 니콜스의 사무실에서 기다렸고 노금석은 개들을 쓰다듬었으며 니콜스는 회의 때문에 나갔다. 니콜스의 한국인 조수는 노금석에게 차가운 코카콜라 한 병을 주었다. 그는 평생 들어본 적도 없는 음료수였다. 그는 첫눈에 코카콜라에 반했다. 세월이 지난 뒤 그는 코카콜라 주식을 사들였다.

콜라를 마시던 노금석은 생전 처음으로 10만 달러에 대해 들었다.

니콜스 소령의 조수는 미국 정부가 미그기를 가져온 대가로 곧 노금석에게 미국 신형차 33대를 살 돈을 줄 것이라고 말했다. 노금석은 그게 큰 돈이라는 사실은 이해했으나 왜 미국인들이 어쩌다 자기의 자유행 특급이 된 비행기에 대해 보상하려는지 이해하지 못했다. 한국인 조수는 거기까지는 설명하지 않았다. 그로부터 몇 시간 뒤, 그리고 며칠 뒤까지 만나게 될 모든 다른 사람들과 마찬가지로 이 조수도 이 북한 조종사가 물라 작전 때문에 월남했다고 생각했다.

그날 오전 막바지, 여전히 도쿄에서 올 심문팀을 기다리던 니콜스는 노금석과 앉아 비공식적으로 그에게 질문을 던졌다. 이 대화는 기록되지 않았으며 니콜스는 자연스럽게 "자네는 부자일세"라고 했다.

니콜스는 다른 사람들처럼 노금석이 돈을 보고 왔으며 물라 작전의 내용을 알 것으로 가정하고 자세히 설명하지는 않았다. 노금석은 자기가 부자가 될거라는 이야기에 매우 혼란스러웠다. 그는 무슨 말을 해야 할지 몰랐다.

니콜스는 전혀 다른 화제로 넘어가 혹시 북한의 중요한 장군 하나를 아는지 물었다.

"자네 이활 장군 본 적 있나?"

당연히 봤다. 바로 오늘 아침에 북한에서 말이다.

이활이 바로 노금석의 어깨를 두드리며 길을 잃지 말라고 농담한, 큰 키에 좋은 집안에서 태어나고 수염을 기른 장교였다. 왜 니콜스가 그런 질문을 하는지에 대한 의문을 억누르며 노금석은 그들의 만남에 대해 자세히 말했다.

니콜스는 기뻐했다. 그는 박수를 치더니 이활이 "내 친구"라며 편지도 두 통 보냈다고 했다.

노금석은 니콜스의 북한 내 간첩 네트워크가 얼마나 거대한지 한참 지나서야 이해했지만 북한 공군 최고사령관이 미군 소령과 친구라는 주장이 터무니없다고 느끼지는 않았다. 만주에서도 노금석은 이활에 대해 의구심을 가졌다. 노금석은 이활이 매일매일의 항공작전에 개입해 미그기들이 세이버들이 매복하는 공역으로 가게끔 명령하는 것을 지켜봤다.

노금석이 심문팀을 기다리는 동안 공군의 사진사들이 선전사진을 찍게 포즈를 취해달라고 했다. 몇몇 사진에서 그는 스누피 스타일의 헬멧과 검은 산소 마스크, 가죽 장갑, 낙하산을 착용했다. 다른 사진에서 그는 비행 재킷의 지퍼를 반쯤 열고 먼 곳을 그윽한 눈으로 바라봤다. 다른 사진들에서는 마치 미그기를 보는 것처럼 뒤를 돌아보는 자세로 찍혔다.

노금석은 마치 영화에 나오는 것 같은 망명자였다. 그는 늘씬하고 잘 생겼으며 높은 광대뼈에 진하고 숱 많은 검은 머리를 가졌다. 나이는 21세였으나 더 어려보였다. 사진 촬영 후 노금석의 비행복은 압수됐다. 그에게는 공군 작업복이 지급됐고 곧 장교식당으로 점심식사를 위해 이동했다. 그곳의 식사는 못 먹을 정도였다. 맛없고 기름졌다. 그는 혼초들과 함께 만주에서 먹은 진미를 떠올리지 않을 수 없었다. 하지만 미국 조종사들은 게걸스럽게 먹어치웠다. 노금석은 장교 식당에서 맛없는 물 탄 분유와 너무 써서 마실 수 없는 커피 외에는 마실 물조차 찾을 수 없었다. 미국의 군대 음식은 그의 소화기관에는 너무 부담이 컸다. 그가 이걸 배고픔을 달랠 정도로 먹게 되기까지 1주일이 걸렸다.

점심식사 후 도쿄에서 미군 정보장교들이 도착했고 니콜스의 본부 건물에 있는 회의실에서 심문이 시작됐다. 대부분의 질문은 대학 교육을 받은 일본계 미군들이 했다. 한국계 미군 한 명만이 한국어를 할 줄 알았다. 따라서 심문의 대부분은 노금석이 아직도 유창하게 할 수 있는 일본어로 진행됐다. 이들은 그가 그 동안 만난 그 어떤 북한 장교나 아시아인들과도 다른 방식으로 질문했다. 이들은 틀에 얽매이지 않고 알기 쉽게 말하는데다 동정적이면서도 직설적이었다. 노금석이 가장 좋아한 장교는 모리사토 시게오로, 나중에 그에게 영어를 가르쳐주고 절친한 친구로 발전했다. 비록 우호적이었지만 미군 장교들의 심문은 쉴 새가 없었다. 이틀에 걸쳐 그들은 노금석의 개인 생활, 탈출을 둘러싼 상황, 북한 공군 부대의 배치 현황, 북한 공군의 지휘체계 및 수뇌부, 북한 및 만주 일대의 비행장 위치 등 다양한 질문을 쏟아냈다.

니콜스는 직접 노금석의 초기 심문에 대한 보고서를 썼다. 이 55페이지의 보고서는 급히 완성되었다. 단 3일만에 작성되고 "비밀" 도장이 찍힌 뒤 60년간 비밀로 분류됐다. 하지만 여기에는 전쟁중 만주와 북한에서 진행된 북한 및 소련의 항공작전에 얽힌 장비, 훈련, 전략, 지휘체계등이 아주 상세하게 기록되었다. 심문 장교들이 보기에 노금석은 알기 쉽고 정확한데다 협조적이기까지 한 협력자였다. 보고서에는 "그는 비행대, 각 비행대의 병력, 구조, 항공기의 기종과 숫자등을 모두 떠올릴 수 있었다"고 기록되었다.

노금석은 만주에서 훈련을 제대로 받지 못하고 전투에서 열세에 몰린 북한 조종사들의 참담한 심정을 설명했다.

"정식 미그 15 조종사가 된 뒤에도," 니콜스의 보고서는 이어간다. "북한 공군은 모든 조종사들이 동료의 수상쩍은 행동이나 발언은 무조건 보고해야 하는 내부 감시체제로 조종사들을 끊임없이 감시했다."

노금석은 혼초들이 귀국한 뒤 전쟁 말기의 미그 조종사들이 보인, 이상하고 돌발적이며 비겁해 보이는 행동들에 대해 설명했다.

질문: "세이버가 미그를 후방에서 공격할 때, 세이버 후방에 다른 미그기가 두 대나 있었다. 왜 이 두 대가 세이버를 덮치지 않았나?"

답: "그랬다가 또 다른 세이버들에게 후방에서 공격당할까봐 그런 것이다."

또 그는 세이버의 기총소사에서 도망치는 미그기가 왜 "이유도 없이 허공에 사격을 퍼붓는지"도 질문 받았다. 노금석은 자기 경험을 토대로 "아마도 탄약을 전부 써버려 자신이 전투에 참가는 했다고 주장하거나, 너무 흥분해서 뜻하지 않게 방아쇠를 계속 당기고 있었을 것"이라고 답했다.

미군 심문관들은 노금석이 UN 교전수칙 및 워싱턴의 명령에도 불구하고 미군 조종사들이 만주 상공을 침범해 미그기를 사냥한다는 사실을 알고 있는지도 물었다.

질문: "UN군 항공기들이 만주로 침범한 사실을 들어본 적 있는가?"
답: (웃으며) "들어본 정도가 아니라, 직접 보기까지 했다."

노금석이 피곤해 하자 심문하던 미군은 그에게 생각하는 데 도움이 될 거라며 미국 담배를 건네줬다. 노금석은 그가 늘 피우던 중국이나 러시아 담배와 달리 상하지 않은 미국 담배에 감명받았다. 기록에 의하면, 그의 첫 심문이 끝나기 전에 노금석은 미그기를 몰고 귀순하면 포상금을 준다는 미국의 제안에 대해 질문받았다. 심문관들은 노금석이 아무것도 모르는 데 대해 놀랐다.

질문: "UN이 미그기를 몰고 귀순하는 조종사에게 포상금을 지급하기로 한 사실을 아는가?"
답: "들어본 적이 없다."
질문: "그 사실을 알리기 위해 살포된 전단은 읽어본 일이 있는가?"
답: "그런 전단을 본 일이 없다."

심문 보고서에서 니콜스는 노금석이 포상금에 대해 들어본 적이 없다는 사실에 회의적인 것처럼 보인다.

"귀순자(노금석)는 모든 북한 조종사들은 남한의 라디오 방송을 듣는 것이 금지되어 있다고 아주 진지하게 말했다." 니콜스는 기록했다. "또 그는 UN군측에 미그기를 몰고 망명하면 포상금을 준다는 전단도 본 적이 없다고 강하게 주장했다. 따라서 귀순자는 표면적으로는 미국의 포상금 제안에 대해 알지 못한다."

새벽 2시에 심문이 끝나자 니콜스의 조수가 노금석을 바닥에 이불이 깔린 작은 방으로 안내했다. 눈은 충혈됐지만 여전히 들떠있던 노금석은 그가 단 하루에 이뤄낸 것들을 누워서 떠올렸다. 김일성의 손아귀에서 빠져나왔고, 북한에서의 막막한 앞날에서도 벗어났으며 서방세계에서 안전한 곳에 도달했다. 심지어 미국인들은 친절할 뿐 아니라 그를 칭찬하기까지 했다. 한 심문 장교는 그에게 언젠가는 남한의 대통령이 될 거라고 했다. 하지만 미국인들은 그에게 포상금에 대해 거듭 질문했고—그 덕분에 처음으로 포상금의 존재를 알았다—그의 답을 믿지 않았다. 이건 짜증나고 당황스런 일이었다.

아침 7시, 노금석은 머리맡에 놓인 조간 신문을 발견했다. 그는 1면에 자기 이야기가 나온 것을 봤다. 그의 탈출에 대해 언급하면서 신문은 심문관들이 노금석은 이미 아는 사실이라고 생각했던 포상금 문제에 대해 설명했다. 거의 반 년에 걸쳐 미국인들은 미그기 조종사들을 김포에 착륙시키기 위한 미끼로 달러를 내걸고 있었다. 그리고 노금석이라는 북한인이 그 미끼를 처음 물었다는 것이다.

노금석은 자기가 자유보다 돈을 보고 내려왔으리라는 생각이 아주 싫었다. 하지만 최소한 왜 미군이 그런 질문을 했는지는 이해할 수 있었다. 노금석이 보기에 물라 작전은 한 명의 북한, 중국, 소련 조종사도 유인할 수 없었다. 애당초 미국은 전단을 잘못된 곳에 뿌렸다. 미그기 조종사들이 있는 만주에 뿌렸어야 했다. 설령 전단을 읽거나 라디오를 들었어도 아무도 격추당할 위험을 감수할 정도로 미국인들을 믿지는 않을 것 같았다. 마지막으로 그는 공산군 조종사들은 10만 달러가 얼마나 큰 돈인지 이해하지 못하리라는 사실을 잘 알았다. 그의 생각에는 차라리 미국에 좋은 직장을 약속하는 편이 더 나았다.

노금석은 그가 어떻게 생각하는지는 별 상관이 없다는 사실도 깨달았다. 그의 목숨—그리고 "물라 맨"으로서의 알 수 없는 미래도—은 이제 미국 정부의 손아귀에 달려있었으니 말이다.

12장

물라(돈)를 쥐어짜내다

I

노금석과 미그기로부터 대략 13시간대쯤 떨어진 곳에서 미 합중국 대통령은 물라 작전 및 그에 얽힌 천박한 금전적 유혹에 언짢아했다. 아이젠하워는 미그기를 원하지 않았고 이 도둑질로 아직도 취약한 휴전협정이 깨지지 않을까 우려했다. 그는 이 러시아제 전투기가 원래 주인에게 빨리 돌아가야 하며 다른 조종사들이 더 튀어나오지 않게 하기 위해 물라 작전을 취소하려 했다. 또 그는 아직 이름도 모르는 북한 조종사가 10만 달러의 거금을 술과 여자에 탕진하지 않게 하려 했다. 기왕이면 이 조종사를 압박해서 '물라'를 아예 거절하게 하고 싶었다.

아이젠하워는 대놓고 이런 시각을 드러내지는 않았다. 하지만 백악관과 펜타곤, 국무부에는 이런 그의 의중이 길고도 크게 울려퍼지고 있었다. 여기서 관계자들은 다음해 내내 실을 바늘에 꿰는 듯한 까다로운 일들을 처리해야 했다. 대통령의 비위는 맞추면서도 기자들이 겉보기에는 친절한 아이크(아이젠하워)가 포상금을 아주 천천히 주거나 아예 주지 않으려 한다는 사실을 알아채지 않게 했던 것이다.

아이젠하워는 9월 21일 월요일 아침 일찍, 아직 미그기와 망명 조종사에 대한 보고를 받기 전에 비행기를 타고 워싱턴을 빠져나갔다. 그가 매사추세츠에서 연설을 할 때 쯤, 대통령의 안보 보좌관들은 비록 한국전쟁은 끝났어도 미국은 물라 작전에서 한 약속을 지켜야 한다고 결정했다. 그들은 워싱턴의 공군 사령부에 그 날 오후 자로 포상금이 지급될거라고 발표하라는 승인을 내렸다. 공군 사령부는 또 극동 사령부에 물라 작전이 여전히 유효하며 미래에 망명하는 또 다른 미그기들에게도 포상금이 지급될 것이라는 전문도 보냈다. 아이젠하워는 뉴잉글랜드에서 지지자들과 만나는 바쁜 일과속에서 안보 보좌관들의 결정을 서둘러 승인했다. 하지만 그날 밤보스턴에서 그는 생각을 바꿨다.

"오늘 여러분 모두와 워싱턴에서 모여 미그기 문제를 논의하지 못해 미안하오." 그는 오랜 측근이자 친구인 월터 베델 스미스에게 보낸 4페이지의 비밀 서한을 이렇게 시작했다. 스미스는 2차 대전중 아이크와 함께 군에서 복무했고 그 시점에서 국무부 차관이었으며 노금석에 대한 포상금을 승인한 회의에도 참석했다.

"나는 이 문제에 대해 가장 현명하고 잘 아는 여러분이 만장일치로 결정한 사안임을 잘 아네. 하지만 내키지 않는다고 말하고 싶네."

그가 가장 불편한 부분은 "윤리적인 문제"였다. 편지 속에서 아이젠하워는 미그기를 그대로 가지고 포상금을 지급하며 계속해서 포상금을 제안하는 것은 막 전쟁을 끝낸 휴전협정을 위반하는 것일 수도 있다고 우려했다. 그는 또 뇌물로 비행기를 얻으려는 것이 미국의 품위를 떨어트릴 낡은 속임수라고 생각했다. 게다가 더 이상 미그기를 불러낼 수도 없으리라고 생각했다.

"우리가 이 선전전에서 이기려면—반드시 이겨야 한다고 생각하네—흔치 않은 결과가 생길 가능성에 철저히 대비해야 하네." 그는 이렇게 편지를 이어나갔다. "정상적이고 일상적인 방법은 늘 만족스럽지 못한 법이고, 이번에 북한 조종사 하나가 귀순했다고 다른 조종사들도 뒤따를 것이라고는 도저히 생각할 수 없네."

2차 세계대전 중, 아이젠하워는 연합군 총사령관으로 있으면서 비행기를 타고 도망치는 탈주자들을 직접 경험했다. 그의 사령부는 프랑스에 몇 대의 미국제 P-40 지상공격기를 제공했고, 두 명의 프랑스 조종사들이 이걸 몰고 프랑스의 독일 점령지로 도망쳤다. 스미스에게 보낸 편지에서 아이젠하워는 난감했던 P-40 사건을 언급하면서 이렇게 썼다. "이런 사건들은 워낙 드물고 산발적이어서 정말 중요하지 않다네."

대통령은 만약 미그기가 "몇 백 대씩 도망쳐 온다면 내가 잘못했다고 인정하겠지만, 공산주의자들을 잘 아는 제 입장에서 보면 그럴 일은 앞으로 거의 없을 걸세. 그들은 체제에 반대하는 자들의 가족을 철저히 고문해서 처벌하기 때문에 그런 식으로 공산주의자들의 공군을 무너트리기는 힘들" 거라고 주장했다.

가난한 캔자스 농가에서 태어났고 언제나 군대 봉급만으로 가족을 부양한 아이젠하워는 외국 정부에서 훔친 자산에 거액의 세금을 퍼붓는 것이 탐탁치 않았다. 하지만 그는 보스턴에서 쓴 이 편지에서 "우리는 이것만큼은 10만 달러를 줘야 한다"고 동의했다. 하지만 미그기를 가지는 것은 다른 문제였다. "우리는 미그기를 가지고 싶지 않다." 그는 또 물라 작전이 "중지되어야" 한다며 이렇게 덧붙였다. "우리는 공산주의자들에게 미그기에는 관심이 없다고 해야 하고, 혹시라도 자기네 조종사를 보내서 기체를 반납받고 싶다면 그러라고 하자고."

그는 이렇게 하는 편이 낫다고 말했다. "전 세계에 대해 미국인들이 아주 명예로운 사람들이고, 휴전협정을 위반한 적도 없으며 그럴 생각도 전혀 없음을 알릴 수 있어… 만약 우리가 휴전협정을 위반했다고 비난받고, 그 논란이 중립국은 물론 일부 우방국에까지 퍼진다면 우리는 소위 말하는 심리전에서 졌다고 봐야 할걸세."

대통령은 스미스에게 "이 편지에는 그 어떤 공식적인 행동을 취하라는 의미도 없네. 나는 그냥 자네에게 내가 이렇게 생각한다고 말하고 싶다네"라고 편지를 마무리했다.

하지만 "행동을 취하라는 게 아니라"는 전제는 그 뒤로 몇 달에 걸쳐 무시됐다. 대통령은 어쨌든 자기 의중을 종이에 써 냈고, 그 측근들은 대통령의 비위를 맞추고 싶어했다.

남한에서 노금석이 맞은 두 번째 아침때만 해도 미국 극동 사령부에는 이런 대통령의 의중이 전달되지 않았다. 이것은 시간대가 다르기 때문일 뿐이었다. 대통령이 보스턴에서 편지를 쓴 것은 월요일 밤이었고, 그 때 이미 한국은 화요일 아침이있다.

워싱턴에서 다른 소리를 아직 듣지 않은 서울의 미 공군 장교들은 미그기와 조종사의 망명은 공산주의자들에 대한 선전전에서 큰 승리를 거둔 것이라고 생각했다. 그들은 당장 노금석을 대대적으로 언론에 노출시키기로 했다. 서울에서 기자회견을 열기로 한 것이다. 하지만 노금석을 기자들에게 보여주기 전에 미국인들은 몇 가지를 가르쳐주기로 했다. 특히 한 가지에 대해서는 거짓말을 시켰다. 사복을 잘 차려입은 한 미국 민간인(노금석이 이름을 잊어버린)이 오더니 그에게 중국 영공에서 미국 전투기를 본 일이 있냐고 물었다. 노금석은 물론 봤다고 했다. 만주의 비행장 상공에서 세이버가 이륙하거나 착륙하는 미그기를 격추시키는 걸 여러 차례 봤다고 말이다. 이 미국인은 그에게 기자가 만주에서 그런 일이 있었냐고 물어보면 그런 걸 본 일이 없다고 답하게 시켰다.

II

평양의 김일성은 폐허가 된 나라를 어떻게 해야 "위대한 사회주의 강국"으로 변신시킬 수 있을지 정확히 알고 있다고 믿었다. 그는 1930년대 스탈린의 전략을 본받아 중공업에 나라의 미래를 걸기로 했다. 이를 위해 그는 철강 및 화학 공업에 쓸 돈을 공산주의 형제국들에게 뜯어냈다. 김일성이 이렇게 결정함에 따라 북한에서 가장 커다란 산업은 기계류 생산이 되었다. 폴란드나 헝가리, 체코슬로바키아 등에서 건설해 준 새로운 북한 공장들에서는 디젤 엔진과 전기 장비, 공작기계 등이 쏟아져 나왔다.

"김일성 동지께서는 조국과 인민들에 대한 사랑으로 인해 더 이상 조국의 후진성을 감내하지 않기로 하셨다." 그의 공식 전기는 이렇게 기록한다. "어째서 그토록 큰 고통을 감내하고 영웅적으로 싸운 인민들이 다른 나라보다 더 발전되고 더 앞선 나라에서 살면 안 되는가? 위대한 독재자께서는 조선 인민들에게… 온 세상 사람들이 부러워할 1류 문화를 선사하시기로 결정하시었다."

김일성은 이를 현대적 산업을 위한 전격전으로 빠르게 성사시키려 했다. 휴전 직후에 폭격으로 파괴된 벽돌공장을 방문한 김일성은 이곳을 재건하려면 "보통 방법으로는" 5년이 걸리겠지만 "공장 재건을 전투라고 생각해 도전한다면 두 달 안에 마칠 수 있을 것"이라고 했다.

1950년대에 북한이 보인 높은 성장은 국민들이 공짜 노동을 오랫동안 지속할 수 있게 격려한—동시에 강요한—김일성의 능력 때문이기도 하다. 군인과 민간인을 막론하고 모든 건강한 북한인들은 거리를 보수하고 폐허를 치우도록 강요받았다. "재건은 어떻게 보면 다른 종류의 전쟁이다." 이 시기에 정통한 역사가 찰스 K. 암스트롱은 김일성과 만주 빨치산 출신의 동료들의 통치철학은 철저하게 피로 물든 자신들의 삶을 반영한다고 했다. 게릴라전, 정규전, 그리고 스탈린의 철권통치라는 삶의 경험 말이다.

하지만 김일성의 한국전쟁 지휘중에 드러난 정책 오류는 재건이라는 새로운 전쟁 시기에도 나타났다. 중공업을 재건하려고 서두르다 보니 경공업(식량, 의류, 일상용품 생산)은 뒷전이었다. 그는 기초적인 사회간접자본과 노동자 교육도 종종 무시했다. 그의 3개년 계획에는 포장도로 건설은 언급되지 않았다. 북한 정권은 일본이 지은 수력발전소와 댐에 대한 개선 및 보수도 무시했고, 이 실수는 수십년 뒤 북한을 암흑 속에 빠트렸다. 새로운 공장은 건설됐지만 상명하복식 계획 속에는 이 공장을 가동하고 유지보수할 충분한 숫자의 젊은 기술자들을 교육시킬 방법은 빠져있었다.

김일성의 전후 초기 재건계획에서 가장 잘못된 부분은 농업이었다. 전쟁중 북한의 농촌 남성 상당수가 목숨을 잃었다. 전후 농민의 3/4는 여자와 어린이였다. "6~8명의 여성들이 무릎까지 빠지는 논에서 쟁기를 끄는 것은 흔한 모습이었다." 한 헝가리 외교관은 말한다. 위대한 독재자는 모든 농장을 집단화하면서 이 문제를 더 악화시켰다. 쌀과 곡물 생산은 정체되더니 곧 감소했다. 전쟁이 끝나고 1년도 안되어 날씨 문제와 농업 집단화, 강제 쌀 징발 등의 정책이 잇따르면서 심각한 식량 부족현상이 나타났고, 북한 정부는 이를 감추느라 안간힘을 썼다. 이것은 나중에 만성화될 북한의 "먹는 문제"의 서막이었고, 김일성은 중국과 북한에 긴급 식량구호를 요청해야 했다.

III

노금석에게 거짓말은 새로울 것이 없었다. 능숙하고도 그럴듯한 거짓말쟁이가 아니었다면 그는 미그기를 훔칠 지위까지 오르지도 못했을 것이다. 무엇보다 그는 한국전쟁 자체가 거짓말로 점철된 것을 직접 목격했다. 소련은 소련 조종사들이 미그 회랑에서 작전 중이라는 사실을 감췄다. 김일성은 누가 전쟁을 시작했는지, 그리고 누가 이겼는지에 대해 거짓말했다. 누구든 김일성이 얼마나 전쟁을 엉망으로 지휘했는지에 대해 감히 진실을 말했다가는 투옥되거나 처형당했다.

그래서 김포 비행장의 미국인들이 만주에서 본 세이버에 대해 거짓말을 하라고 지시하자 노금석은 그들이 뭘 원하는지 알았다. 어쨌든 그는 선택의 여지는 없다고 느꼈다. 서울 도심의 기자회견장으로 향하기 위해 미군 정보부 건물을 떠나기 직전, 노금석은 니콜스 소령과 또 한번 대화를 가졌다. 니콜스는 남한을 떠나 미국에 정착하라고 충고했다. 영어를 배우고, 대학을 나와서 번듯한 인물이 되라는 것이었다.

소년시절 아버지의 그림책으로 미국이라는 나라에 대해 배운 이래 노금석은 니콜스가 충고하는 그대로 하고 싶었다. 이제 미국 정보부의 책임자도 그러라고 했으니 그는 미국으로 갈 기회는 무엇이든 활용하기로 작정했다.

노금석은 서구식 기자회견은 본 일이 없지만 그 곳에 서는 것에 딱히 걱정하지는 않았다. 미 공군의 심문관들과 했던 것처럼 우호적인 기자 몇 명과 사무실에서 담화를 나누면 된다고 생각했다. 하지만 그가 두 경비병과 함께 탄, 옅은 파란색 시보레 승용차가 다른 차량들과 함께 사이렌을 울리며 폐허가 된 서울 시내를 통과하자 그는 슬슬 초조해지기 시작했다.

한국전쟁은 끝났으나 한국으로부터의 소식—석방된 전쟁포로, 휴전협정 위반, 발굴된 대량학살의 희생자 시신들—은 여전히 미국 및 유럽의 신문을 장식했다. 아직 서울에는 많은 미국 및 다른 나라 특파원들이 머물고 있었다. 이 기자들에게 망명한 미그기 조종사는 오랜만에 맛보는 좋은 기사거리였다. 여기에는 군사적, 외교적, 전략적 의미가 있으며 인간적인 내용까지 제대로 들어가 있었다. 무려 200명이 넘는 기자들이 이 북한 청년의 사진을 찍고 왜 미그기를 타고 도망쳤는지 묻고 싶어했다. 이들은 많은 기자들이 살고 있기도 한 건물에 마련된 기자회견장을 빽빽이 메웠다. 기관단총을 든 큼직한 흑인 미 공군 부사관의 호위를 받으며 들어온 노금석은 수많은 TV촬영 조명에 기겁했다. 미 공군 작업복과 그의 머리에는 많이 작은 약모를 쓰고 여전히 북한에서의 속옷을 입은 노금석은 마이크들로 가득찬 테이블 앞에 섰다. 그는 통역관을 통해 말을 가려가며 천천히 말했고, 공포를 잠재우기 위해 애썼다.

한시간 반에 걸쳐 질문에 답을 하면서 그는 세계적 뉴스의 주인공이 됐다. 그는 전쟁이 끝난 뒤 처음 나온 귀순자이고 소련 조종사들이 그와 같은 북한 조종사들에게 미그기 비행교육을 시키는 것을 직접 목격한 첫 증인이었다. 그는 한국전쟁 중 많은 소련 조종사들이 미국을 상대로 제트기에 의한 공중전을 벌였는지 설명했다. 또 그는 서방 언론에 처음으로 북한이 어떻게 휴전협정을 위반해가며 만주로부터 전투기를 밀반입했는지도 설명했다.

북한 지도층이 전쟁이 또 일어나리라고 믿느냐는 질문에는 "물론입니다. 거기에 대비하고 있습니다"라고 답했다. 또 그는 김일성 정권이 "힘겨운 노동을 강요하기 위해" 한국전쟁이 아직 끝나지 않았다고 국민들에게 주장한다고 했다. 기자회견장에서 기자들을 가장 놀라게 한 것은 UP통신에 따르면 물라 작전에 대해 노금석이 아무것도 모른다고 한 부분이었다. 그는 포상금 이야기를 듣고 "매우 기뻤다"고 했으나, 그걸 어떻게 쓸지는 도저히 계획할 수 없다고 했다.

"잠시 멈추고 미소를 짓다가 마른 입술을 축이면서 눈을 발로 돌린 그는 '잘 모르겠다'고 답했다." 뉴욕 타임스는 이렇게 보도했다.

노금석은 어디에서 살고 공부하고 싶은지에 대해서는 훨씬 열성적으로 말했다. 니콜스로부터 방금 받은 조언에 따라 그는 빨리 미국에 가서 대학에 진학하고 싶다고 말했다. 북한에 가족이 있냐는 질문에 자신에게는 어머니 외에 가족은 없다고 했다. "어머니는 남한 어딘가에 계시지만, 어디 계신지는 모르고 어디에서 찾아야 할지도 모릅니다." 한 기자는 그가 미그기에서 내리자마자 박살낸 사진에 대해 물었다. "여자친구인가요?" 그 사진은 '위대한 독재자' 김일성의 것이라고 답했다. 이 대답은 기자가 원하던 것이 아니었다. 여자친구쪽이 더 선정적인 기사가 나올 터였고, 대부분의 보도에선 김일성 이야기는 빠져있었다. 미국인 담당자들이 시킨 대로 노금석은 거짓말을 했다. 압록강 북쪽에서 미국 전투기를 본 적이 있냐는 질문에 그는 없다고 답했다. 만약 그가 사실대로 세이버가 전쟁 마지막 해에 얼마나 자주, 얼마나 쉽게 만주에서 미그기를 격추했는지 말했다면 이 기자회견은 미국의 선전 승리로 기록될 수 없었다. 기자들은 미국 조종사들이 UN의 교전수칙과 워싱턴의 직접 명령을 거부했다고 보도했을 것이다. 대신 노금석은 선전 측면에서 홈런을 날렸다. 기자들은 북한의 전투기 밀반입에 초점을 맞췄다. "공산당이 휴전을 깼다." 뉴욕 타임스 1면 헤드라인이었다. 그리고 거의 모든 나라의 뉴스에서 이 북한 조종사가 포상금에 대해 모르는 —혹은 모른다고 주장하는— 데 충격을 받은 분위기였다.

노금석은 다시 차에 타고 니콜스의 본부에 돌아가 또 마라톤급 심문을 받았다. 그로부터 며칠간, 아니 몇 주간, 그리고 몇 개월에 걸쳐 수백 차례나 심문이 진행됐고 미 공군의 기록에는 모든 심문에서 노금식이 심문관들에게 좋은 인상을 줬다고 되어있다.

노금석을 심문한 미 공군의 의료 참모인 잭 H. 브리스토 대령은 "그는 아주 협조적이었고 전혀 불쾌하지 않았다"고 기록했다. "그는 침울해하지도, 떠들썩하지도 않았다. 그는 심문에 지루해 하지도 않았고, 오히려 질문에 답하는 데 어느 정도의 만족을 느끼는 듯했다. 심문 과정에서 그는 긴장을 많이 풀었고 상황에 따라서는 미소를 짓고 웃기도 했다. 그는 당황하거나 불안해하는 기색은 없고 현재의 자리에 안정감을 느끼는 듯했다.”

다시 새벽 두 시에 2일차 심문이 끝났고, 그 전에 노금석은 자신에게 정치적 망명이 허용될 것이라는 사실을 알았다. 원한다면 미국으로 이주할 수 있었다. 또 그는 그날 아침에 한국을 떠난다는 것도 알았다.

노금석이 망명한 다음날, 미 공군은 서울에서 그의 미그기가 분해되어 미국으로 향하는 화물기에 실렸다고 발표했다. 뉴욕 타임스는 이 기체가 오하이오주 라이트 패터슨 공군기지에서 “철저한 기술적 연구”를 받을 것이라 보도했다.

미 공군은 김포에서 비행기를 타기 직전의 노금석에게 더 많은 심문을 위해 도쿄로 이동할 것이라고 말했다.

둘 다 사실이 아니었다. 9월 23일, 미그기와 노금석은 비밀리에 별도로 오키나와의 가데나 공군기지로 이동했다. 당시 미국이 통치하던 이 일본의 섬은 도쿄에서 남쪽으로 수천 킬로미터 떨어져 있었다. 또한 미 공군은 비밀리에 미 공군의 최고 조종사 둘을 오키나와로 급히 파견했다. 나중에 ‘필사의 도전(톰 울프의 논픽션 책이고, 그걸 소재로 만든 영화는 아카데미 상을 수상)’의 주인공이 되는 척 예거 소령—세계 최초로 음속을 돌파한—은 캘리포니아의 에드워드 공군기지에서 차출됐다. 세이버를 타고 속도 세계기록을 세운 지 얼마 안되는 테스트 파일럿 톰 콜린스 대위는 상관이자 또 다른 테스트 파일럿인 앨버트 보이드 소장과 함께 라이트 패터슨 기지로부터 급히 파견됐다.

보이드 장군은 예거와 콜린스에게 왜 그들이 비밀리에 C-124수송기에 올라 장거리 비행에 나서게 됐는지 태평양 상공에 도달해서야 털어놨다.

"자네들," 보이드는 말했다. "우리는 미그 15를 몰게 될 걸세."

보이드의 브리핑 요점은 다음과 같았다. 한국전쟁은 휴전으로 끝났지만 휴전이 언제 깨질지는 모른다. 만약 다시 전쟁이 벌어지면 미국은 미그기와 다시 맞서야 한다. 따라서 귀관들은 다른 신예 전투기들과 마찬가지로 이 훔친 전투기로 시험비행을 하면서 속도, 조종성, 강점, 약점, 전투능력등을 최대한 파악해야 한다. 귀관들은 서둘러야 한다. 공산주의자들이 미그기를 돌려달라고 하면 48시간 이내에 돌려줘야 하기 때문이다. 말을 마치기 전에 보이드는 예거에게 나쁜 소식을 전했다.

"나는 톰이 먼저 미그기를 몰기를 바란다." 보이드는 말했다. "왜냐하면 척, 자네는 최초 기록을 충분히 가졌잖나!"

무엇이든 2등은 싫은 예거는 투덜거렸다.

오키나와로 향하는 이 수송기에는 라이트—패터슨 기지의 미 공군 항공기술 정보센터에서 가져온 각종 측정기기와 테스트 장비들이 실려있었다. 보이드와 예거, 콜린스뿐 아니라 이 비행기에는 엔진 전문가, 유압 전문가, 항공역학 전문가, 정보 전문가등 전투태세를 갖춘 미그기를 검사하기 위해 수년간 기다려 온 전문가들이 타고 있었다.

이 모든 것은 아이젠하워의 비위를 맞추려는 측근들의 반응과 과잉반응들 때문에 이뤄졌다. 미그기를 곧바로 오하이오의 항공기술 정보센터로 보내는 편이 훨씬 싸고 쉽고 안전했다. 하지만 아이크는 미그기를 원래의 주인에게 시간 맞춰 돌려보내고 싶어했다. 그래서 펜타곤은 오하이오주 데이튼과 비교하면 장점이라고는 북한으로부터 10,000킬로미터 더 가깝다는 것 외에는 없는 아열대 섬에서 우기에 미그기를 테스트해야 했다. 노금석은 오키나와(그를 심문하던 미군 장교들이 주둔하던 도쿄가 아니라)에 가서 필요하면 예거와 콜린스에게 어떻게 미그기를 조종해야 하는지 도와주기로 했다.

워싱턴에서 월터 베델 스미스는 "미그기 문제"에 대한 그의 첫 결정에 대한 대통령의 비판에 충격받은 듯했다. 대통령을 위해 작성된 문서에서 스미스는 왜 그런 결정을 했는지, 그리고 노금석에게 돈을 주지 않으면서도 정권이 체면을 유지할 방법을 제안했다.

"제 판단에 너무 언짢아 하지 않으시면 합니다." 스미스는 글을 이어갔다. "저는 주변의 의견을 모으고 제 의견도 검토한 결과 미국이 신뢰를 유지하려면 10만 달러를 지급해야만 한다고 했습니다."

그리고 나서 스미스는 "그 조종사 본인이 돈 때문에 벌인 일이 아니라고 한 만큼, 당사자가 10만 달러를 거절하게끔 유도해 보겠습니다." 스미스는 조종사가 불평하지 않게 하려면 그를 CIA가 비밀리에 자금을 대는 "국립 자유 아시아 위원회"의 "간사"로 임명해서 "그 친구가 원래 받아야 했을 보상의 연장선상에서 그에게 원하는 기술 교육을 받게 지원하는 겁니다… 이러면 선전 측면에서 아주 좋은 효과가 있을 겁니다."

이것은 아이젠하워가 딱 듣고 싶었던 이야기였다. 스미스의 문서를 받아본 아이젠하워는 그 아래칸에 "이제 제대로 돌아가는군"이라고 끄적였다.

노금석이 서울을 벗어나자 CIA가 그의 신병을 인계받았다. 그를 전담하는 CIA요원은 옅은 갈색 양복에 붉은 넥타이를 메고 김포를 떠나는 비행기에서 노금석 옆에 내내 앉아있었으나 오키나와에 착륙할 때까지는 자기 이름을 밝히지 않았다. 러시아 억양이 섞인 한국어를 말하며 자신을 앤디 브라운이라고 밝힌 이 요원은 목적지가 도쿄가 아니라 오키나와로 바뀐 것은 안전 문제 때문이라고 말했다. 물론 사실이 아니었다. 아이젠하워가 이유였다.

오키나와의 가데나 공군기지에 착륙하자 노금석과 브라운은 시보레 승용차에 타고 오키나와 남쪽 끝의 잘 경비된 미군 주택단지에 들어갔다. 이 단지에는 40채 정도의 새로 지은 단독주택들이 있었다. 노금석은 이 섬에서 머무는 기간 중 첫 90일을 그 중 한 곳에서 묵었는데, 이 곳은 그가 지금까지 묵어 본 가장 호화로운 집이었다. 밝은 노란색으로 칠해진 이 집에는 두 개의 침실이 있었다. 하나는 브라운, 하나는 노금석의 것이었다. 그 외에도 거실, 다용도실, 넓직한 부엌이 있었다. 냉장고에는 계란, 베이컨, 우유, 햄, 음료수가 구비되어 있었다. 그가 이 집을 차에서 처음 바라봤을 때, 창문에 수평 방향의 창살 같은 것이 있어 혹시 감금되는 것 아닌가 우려했다. 알고 보니 그것은 블라인드였다.

노금석의 전담 요원은 자신을 앤디 브라운이라고 소개했다. 하지만 실제 이름은 아르세니 얀코프스키였고, CIA는 나중에 그가 한국전쟁 당시 2중간첩이었을지도 모른다고 추정했다. 1914년에 블라디보스토크의 부유한 귀족 지주 집안의 아들로 태어난 그의 삶은 러시아 혁명과 전쟁으로 물들었다. 볼셰비키 혁명으로 그의 가족은 러시아 극동지역에서 쫓겨나 당시 일본 식민지이던 한반도 북부로 이주했다. 그곳에서 백계 러시아인(혁명으로 쫓겨난 반공 러시아인들— 역자 주)들은 호랑이도 사냥하고 휴가를 해안에서 보내곤 했다. 1940년대 중반, 일본의 패망과 소련의 북한 점령으로 그의 가족은 또 삶의 터전을 빼앗겼다. 많은 가족들이 체포당했고 몇몇은 시베리아로 보내져 목숨을 잃었다. 하지만 얀코프스키는 1948년에 걸어서 38선을 넘어 남한으로 도망친 뒤 서울로 향했다. 미 정보기관은 한국어, 러시아어, 일본어, 영어를 모두 구사하며 북한에 인맥이 있는, 현지 경험이 풍부한 정보원을 기꺼이 고용했다. 얀코프스키는 이름을 앤디 브라운으로 바꾼 뒤 도쿄 주재 CIA요원이 되어 한국인 첩보원 네트워크를 만들었다. 전쟁에 벌어지자 그는 이들을 다양한 경로를 통해 북한으로 투입시켜 군사정보를 모으게 했다.

하지만 이 요원들 대부분은 체포된 뒤 처형당했다. 워낙 많은 요원들이 빨리 사망하자 브라운에게 소련의 이중간첩 아니냐는 의혹이 씌워졌다. 1950년대에 CIA는 이중간첩 색출의 일환으로 브라운을 워싱턴으로 옮긴 뒤 조용히 해고했다. 덕분에 그는 항공우주업체인 TRW의 극동지역 홍보담당 일자리를 얻을 수 있었다. 그는 1978년에 사망할 때까지 도쿄와 샌프란시스코를 오가며 생활했다. 그의 가족은 CIA가 공산주의를 혐오하는 그를 배신했고 그가 소련 첩자였을 턱이 없다고 주장한다.

노금석이 얀코프스키의 비밀을 알게 된 것은 여러 해가 지난 뒤였다. 오키나와에서 그는 앤디 브라운이 말해준 것밖에 몰랐다. 이 섬에 도착한 지 이틀째, 브라운은 노금석에게 거짓말 탐지기 테스트를 받고 누구에게도 그걸 받았다고 말하지 말라고 했다. 노금석은 동의하고 이 미심쩍은 기계에 연결됐다. 브라운은 불쾌한 질문을 할테니 미안하다고 미리 사과했다. 그 중에는 이런 것도 있었다.

"남자와 성행위를 한 적이 있나?"

노금석은 사실대로 아니라고 했다.

"술은 마셔본 일 있나?"

좋은 인상을 심어주고 싶던 그는 거짓말을 했다. 기계가 금방 알아챘다.

브라운은 웃으면서 노금석을 칭찬했다.

"남자는 술을 마시는 법일세." 그가 말했다. "아니면 남자가 아니야."

나머지 테스트는 브라운 뿐 아니라 그 결과를 본 다른 CIA 관계자들도 만족시킨 듯했다. 노금석은 브라운의 경고뿐 아니라 미국의 비밀을 지켜야 한다는 의무감 때문에 43년이나 여기에 대해 입을 다물었다.

거짓말 탐지기 테스트 이후 그는 심문과 어학연수가 겹친 힘겨운 일정을 보냈다. 하루에 네 시간씩, 일주일에 6일간, 6개월에 걸쳐 그는 공군, 육군, 해군의 전문가들이 퍼붓는 질문에 답했다. 그는 곧 자기 조국이 될 나라의 사람들을 돕고자 최선을 다했지만, 심문이 이어질수록 그의 인내심은 한계에 접근했다. 특히 북한과 만주의 활주로에 깔린 콘크리트 두께처럼 그가 답할 수 없는 질문을 받을 때 그랬다. 하루 심문이 끝나면 영어 교습이 시작됐고, 이것도 하루 네 시간씩 1주일에 5일간 이어졌다.

일부 심문은 현장 학습이 됐다. 어떨 때는 공군 교관 조종사가 2인승인 록히드 T-33 선더제트 훈련기에 노금석을 태우고 7차례 비행하기도 했다. 이 북한 조종사의 실력을 보려는 것이었다.

교관은 노금석이 스로틀을 "아주 부드럽게" 다루며 "비행기를 만족스럽게 몰 능력이 있다"고 평가했다. 하지만 노금석은 "아주 조심스러운 조종사로, 실속 같은 비정상적인 상황이나… 악천후 속에 비행하는 사태 등을 피하기 위해 정말 주의를 기울이는 듯 하다"고도 평가했다. 미 공군은 그가 받은 훈련이 그가 싸워온 미군 조종사들에 비해 "확실히 열악하다"고 평가했다. 근접 공중전 조종사로서 노금석이 받은 훈련은 "공세적으로나, 방어적으로나 전혀 적합하지 않다… 그가 미군기를 한 대라도 격추시켰을지 매우 의심스럽다." 이 비밀 평가는 노금석에게는 전해지지 않았으나, 세이버를 모는 미군 조종사와 싸울 때 어떻게 될지에 대해 노금석 자신이 내린 평가도 이와 크게 다르지 않았다.

노금석은 오키나와에서 우울해졌다. 부분적으로는 심문이 너무 길어서였다. 미국인들은 친절하지만 너무 많은 것을 요구했다. 가장 큰 이유는 PTSD였다. 비록 공산주의자인 척하지 않게 됐지만, 그는 여전히 가짜임이 발각되어 총살당할지도 모른다는 공포를 버리지 못했다. 그는 이 공포가 말도 안된다는 사실을 이성으로는 잘 알았지만 쉽게 떨쳐낼 수 없었다. 그 탓에 식욕을 잃고 체중도 줄었다. 여러모로 초조해졌는데, 특히 영어가 문제였다. 아예 영어를 터득하지 못할까 우려했고, 영어를 배울 최고의 기회인 학창시절을 소련과 김일성 때문에 날려버린 것에 분노했다. 결국 나중에는 한국어보다 영어를 더 유창하게 구사할 수 있게 됐지만, 소년시절에 영어를 배우지 못한 데 대한 분노는 사라지지 않았다.

노금석이 노란 집으로 들어온지 며칠 뒤 , 그들은 미군 방송을 통해 노금석의 어머니가 살아 있고 아들을 찾는다는 사실을 들었다. 앤디 브라운은 영어 방송을 통역했다. 어머니가 지난 3년간 살고 있던 대구의 한국군 기지에 아들을 찾기 위해 출두했다는 것이다. 그녀는 아들의 사진을 신문에서 보고는 만나고 싶어 했다. 증거로서 그녀는 육군 장교들에게 노금석의 어릴 적 사진을 보여줬다. 한 장도 아니고 여러 장이었다. 북한에서 빠져나올 때 가져온 몇 안되는 소지품 중 하나가 사진 앨범이었던 것이다.

노금석은 환호했고, 미 공군의 정보당국도 마찬가지였다. 이들은 그와 어머니의 재회를 서울에서의 기자회견을 포함한 또 다른 반공 선전의 승리로 연출했다. 여기에는 이승만 대통령과의 사진촬영도 포함됐고 이를 위해 푸른색의 멋진 양복도 준비했다.

공군 수송기로 노금석은 한국에 돌아왔다. 하지만 곧바로 어머니와 만나게 하는 대신 미 공군은 그를 기자회견장으로 데려갔다.

첫 질문은 한국 기자가 던졌다. 입고 있는 멋진 양복을 어디서 구했냐는 것이다. 조금 쑥스러워진 노금석은 미국인들이 사줬다고 답했다.

몇몇 질문이 이어진 뒤, 노금석이 미국으로 가고 싶다는 열망을 말할 때 즈음 미 공군은 언론을 위한 깜짝쇼를 선사했다. 어머니가 무대로 올라온 것이다. 그녀는 흰색 한복을 차려입고 있었다. 카메라는 4년만에 모자가 상봉하는 모습을 열심히 담았다. 어머니는 42세였고, 노금석은 그보다 더 나이가 들어보인다고 생각했다. 그는 언론 앞에서는 어머니와 포옹하려 하지 않았다. 그는 미국이 이런 사적 만남까지 언론에 활용하려 하는 것을 그 뒤로 계속 불쾌해 했다. 어머니는 처음에는 앞에 있는 푸른 양복의 청년이 누군지 못 알아보는 눈치였다. 잠깐 돌아서더니, 얼굴을 찬찬히 살펴보고는 "기도가 통했습니다"라고 말했다.

기자회견이 끝나자 노금석은 어머니에게 함께 저녁을 먹을 거라고 말했다. 그러자마자 그는 리무진에 올라 이승만 대통령을 만나러

갔다. 대통령은 노금석에게 만약 미국으로 이주한다면 언젠가 꼭 한국으로 돌아와 북진통일을 위해 싸워달라고 부탁했다. 그날 밤, 그는 약속대로 어머니와 호텔에서 식사를 가졌다. 네 시간에 걸쳐 어머니와 이야기를 나눈 그는 200달러에 해당하는 한국 돈을 어머니에게 건네줬다. 미국인들이 미리 준 뒤 어머니에게 건네주라고 당부한 돈이었다.

다음날 아침, 그는 명령에 따라 서울—그리고 어머니—을 뒤로 하고 수송기에 올라 오키나와로 돌아간 뒤 심문과 영어 교습이라는 일상으로 돌아갔다.

13장

진짜와 가짜

I

어느 늦은 저녁, 오키나와의 가데나 공군기지에 있는 대형 격납고에 그 동안 미군 정비사들이 조립한 미그 15가 서 있었다. 오하이오에서 막 도착한 테스트 파일럿(시험비행사) 톰 콜린스가 조종석에 앉아있었다. 노금석은 전투기 왼쪽 날개 위에 서서 콜린스 쪽으로 몸을 기울이고 계기판의 각종 계기와 스위치들에 대해 설명하고 있었다. 노금석은 한국어로 말했기 때문에 앤디 브라운이 오른쪽 날개에 서서 몸을 콜린스 쪽으로 기울이고 통역했다. 최소한 그러려고 노력은 했다. 브라운의 항공 용어 지식은 좋지 않았다. 콜린스가 마침내 각 계기의 기능을 이해하자 그는 흰 테이프에 영어로 이를 적은 뒤 각각의 계기마다 붙였다. 매우 느린 과정이었다.

자정 너머까지 세 사람이 이 작업을 하는 사이, 이들에게 다가오는 발자국 소리가 들렸다. 비행복을 입은 척 예거가 인사를 하러 들른 것이다. 그는 미그기의 오른쪽 날개에 올라탔다.

"저 친구 내가 누군지 아나?" 예거는 노금석을 가리키며 콜린스에게 물었다.

"모르겠는데요." 콜린스가 답했다.

"한번 물어보게나." 예거가 말했다.

"직접 물어보시죠." 콜린스가 맞받아쳤다.

예거는 브라운에게 물었다.

"저 친구한테 내가 예거 소령이고 처음으로 음속을 돌파한 사람이라고 말해줄 수 있습니까?"

브라운은 최선을 다했지만 어설프게 했다.

노금석은 2차 대전중의 그의 전과에 대해서도, 테스트 파일럿으로서의 업적도 몰랐다. 전혀 들어본 일이 없었다. 브라운도 아무 도움이 안됐다. 브라운도 척 예거를 전혀 몰랐다.

예가는 조종석에 기댄 뒤 계기판의 마하 속도계를 가리켰다.

"저 친구한테 내가 처음으로 마하 1을 돌파한 사람이라고 말해줘요!"

브라운은 애써서 용어와 개념을 번역하려 했지만 자기도 그게 뭔지 알지 못했다. 하지만 이번에는 영어와 한국어 사이의 간격을 뭔가 뜻이 분명한 것이 메꿔줬다. 노금석의 얼굴이 밝아졌다.

"아." 그가 외쳤다. "당신이 마하 박사로군요!"

에른스트 마흐(마하)는 오스트리아의 물리학자이자 철학자로, 비행체가 음속을 돌파하면 생길 충격파에 대해 처음 예측하고 이를 저술한 과학자다. 노금석은 만주에서의 비행훈련중 그에 대해 배웠다. 그는 1953년이면 마흐 박사가 죽은지 37년이나 지났다는 사실을 깜빡 했다.

위대한 오스트리아 교수를 만난 노금석의 흥분이 미국인 테스트 파일럿에게 통역되자, 예거의 얼굴이 붉어졌다. 당황한 그 역시 마흐 박사가 죽었다는 사실을 깜빡했다.

"아냐!" 예거가 말했다. "마흐 박사는 아주 늙었고 수염이 났다고!"

다시금 노금석은 당황했다.

예거는 폭소를 터뜨리더니 날개에서 내려 걸어 나갔다.

콜린스와 노금석, 브라운은 미그기의 계기판을 영어로 번역하는 힘겨운 작업을 이어나갔다.

이 난감한 첫 만남 이후, 노금석은 척 예거가 호기심 많으면서도 자비롭고, 오만하거나 이기적이지 않으며 아주 성실하고 매우 용감한 인물이라는 인상을 받았다. 그와 콜린스는 미그기를 어떻게 몰지에 대한 노금석의 조언을 세심하게 받아들였다. 이들은 노금석과 말할 때 정치적 주제는 절대로 꺼내지 말라는 지시를 받았다. 이들은 미그기를 조종하는 데 필요한 실무적이고 기술적인 질문만 할 수 있었다. 바깥 세상에서는 노금석이 오키나와에 있는줄 몰랐다. 그는 뉴욕 타임스 기사에 따르면 "CIA에 의해 절대로 밝힐 수 없는 어딘가에" 있었다.

때때로 예거는 노금석의 충고를 받아들였다. 예를 들자면 일부러 미그기를 스핀(Spin)시킬 때 생기는 사살과도 같은 위험에 대한 부분이었다. 노금석은 비행기가 스핀(수직축을 중심으로 비행기가 회전하며 아래를 향해 추락하는 현상— 역자 주)에 걸리면 조종간을 계기판의 흰 선이 그어진 곳까지 최대한 앞으로 밀라고 가르쳤다. 그는 그것만으로도 목숨을 선시시 못힐 수 있다고 경고했다. 만약 스핀 세 바퀴 째에도 미그기가 자세를 회복하지 못하면 탈출하라고 했다.

미그기는 한 대 뿐이었기 때문에 콜린스와 예거 모두 스핀은 하지 않기로 했다. "북한 공군은 아마도 미국의 총탄보다 스핀으로 더 많은 조종사를 잃었을 것이다." 예거는 기록했다. "따라서 스핀은 절대 하면 안됐다." 콜린스는 이렇게 언급했다. "솔직히 우리는 배짱을 잃고 스핀을 포기했다."

하지만 미그기로 음속을 돌파하는—노금석은 미그 15가 마하 1에 근접하면 조종 불능 상태가 될 것이라고 경고했다—것은 예거가 도저히 피할 수 없는 유혹이었다. 그는 55,000피트(약 16,700미터)로 올라가 미그기로의 첫 음속 돌파를 하려 했다. 이전의 테스트 비행을 통해 예거는 마하 1에 근접하면 기수가 올라가는 버릇이 있다는 사실을 파악했다. 그래서 그는 비행기를 뒤집은 상태로 최대로 가속해 45도 각도로 급강하했다. 미그기의 항공역학적 특성으로 인해 기체는 거의 수직으로 강하했다.

노금석이 경고한대로 이 비행은 위험했다.

"기체는 지독하게 떨렸다." 예거는 수십 년간 미 공군이 기밀로 분류한 비행 후 보고서에 이렇게 기재했다. 스로틀(가속 레버)외의 어떤 조종장치도 듣지 않았다. "난 그냥 타고만 있었다. 도저히 뭘 어쩔 수 없었다. 그저 내려만 갔다. 강하 브레이크도 걸지 않고 그저 최대 출력을 유지하고만 있었다."

약 33,000피트(9,144미터)에서 미그기는 마하 0.98에 도달했다. 아마도 미그-15가 낸 최대 속도 기록일 것이다.

그 날 세이버를 몰고 예거와 함께 비행중이던 콜린스는 함께 강하했다. 아무것도 하지 못하는 예거를 본 콜린스는 간신히 눈을 맞추고는 오른쪽 엄지를 들어 탈출하라는 신호를 보냈다.

예거는 무시했다.

18,000피트(약 5,500미터)에서 미그기는 더 진한 공기층을 만났다. 갑자기 진한 흰 습기가 기체를 둘러쌌다. 예거는 미그기가 "알아서 강하 상태로부터 벗어날 때" 아무것도 보지 못했다. 12,000피트(약 3,660미터)에서 예거는 마침내 수평을 되찾고 콜린스를 따라 오키나와로 돌아갔다. 착륙할 때는 마침 폭우가 쏟아지고 있었다.

11차례의 시험비행 후, 콜린스와 예거는 미그 15에 대해 가속력이 좋고 상승 속도도 매우 빨라 "고공에서 폭격기를 요격하기에 좋다"는 평가를 내렸다― 바로 혼초들이 B-29를 격추한 것처럼 말이다. 하지만 이들은 "조종 특성과 음속 돌파가 어려운 제한" 때문에 전투기와 공중전용으로는 떨어진다는 평가를 내렸다.

노금석은 예거와 콜린스가 목숨을 걸기 한참 전부터 미 공군에 이에 대해 충분히 말했다. 이 테스트로부터 41년 뒤, 콜린스와 노금석은 물라 작전 관계자 모임에서 재회했다. 콜린스는 노금석이 "나에게 자신감을 줬다… 나는 그가 미그기에 대해 최선을 다해 설명했다고 늘 느꼈다"고 말했다.

오키나와에서 비행 시험이 끝나자 공군 정비사들은 다시금 미그기를 분해했고 기술자들은 미그기의 부품을 정말 깨알같이 조사했다. 북한이나 소련에서 기체 반환을 요구할 때에 대비해 분해된 기체는 오키나와에 5개월간 보관되었다. "원래 주인"이 아무 말도 안 하자 미 공군은 미그기를 1954년 초에 라이트―패터슨 공군기지로 옮긴 뒤 2년 동안 시험비행을 더 했고 그 중 다수는 콜린스에 의해 이뤄졌다. 1956년에 불시착으로 기체가 손상되자 미그기는 데이튼의 미 공군 박물관에 기증됐고 오늘날까지 세이버 옆에 전시되어 있다.

II

미국인들이 북한에서 잃어버렸다는 사실을 인정하지 않고 돌려 달라고도 하지 않는 미그기를 테스트하는 동안, 위대한 독재자는 나중에 그의 신화적인 전기를 집필하는 작가들이 "영원불멸의 천재적 창조"라고 칭송하는 것을 공표했다. 바로 '주체사상'이다.

1955년 12월 28일자로 당 선전부에 대해 한 연설에서 김일성은 주체라는 말을 처음 사용했다. 당시 그는 북한을 소련이나 중국의 영향에서 떨어트리려 했다. 그는 소련 및 중국을 배경에 둔 북한 정치인들을 색출해서 숙청하기 위해 민족주의자로 거듭나야 했다.

"우리는 다른 나라의 혁명이 아니라 조선의 혁명을 이뤄야 합니다." 김일성은 주장했다. "따라서 모든 이념적 과업은 조선 혁명을 위하여 종속되어야만 합니다."

위대한 독재자는 회고록에서 그가 주체사상을 처음 떠올린 것은 만주에서 일본 경찰에 붙잡혀 옥고를 치루던 17살 때였다고 주장한다. 종종 그는 주체가 "어떤 상황에서도 자기 문제는 자기의 힘으로만 풀어내는"것이라고 아주 구체적으로 서술했다.

하지만 주체사상의 가장 대단한 점은 모호하다는 것이다. 의도적으로 뜻을 애매하게 만든 듯했다. 마치 위대한 독재자의 전제주의적 통치를 위해서라면 언제든지 고칠 수 있는 이념적 도구 같았다. 주체사상은 한국인들이 일제 식민통치의 굴욕으로부터 벗어나야만 한다고 강조한다. 주체사상은 북한이 열강의 노리개가 되어서는 안된다고 주장한다. 김일성 주의가 더욱 유치해지고 망상으로 변해가자 주체사상은 "조선이 세계의 중심이다"라고 주장하게 되었다.

주체사상은 시간이 갈수록 한국학자 브라이언 마이어스가 "진부

함의 뒤범벅"이라고 말하는, 지루하고 변명 일색이며 이해하기 힘든 것으로 변질되어갔다. "마치 대학생이 기말 논문을 최대한 길고 남들이 끝까지 읽기 힘들게 쓰려 노력하는 것 같다." 이처럼 주체사상은 마이어스가 "뚜렷한 외국인 혐오 및 인종주의적 세계관"에 기반한 "편집증적 민족주의"라고 표현한, 김씨 일가의 진정한 통치 이념을 바깥 세상이 눈치채지 못하게 평양이 만든 미끼가 되었다.

주체사상의 개념이 나중에 얼마나 모호해졌건, 외부에 의존하지 않는 자립이라는 원래의 뜻은 1950년대 중반의 현실 앞에 특히 뚜렷한 거짓말임이 드러났다. 당시 북한의 대외 수입중 80%가 사회주의 국가들의 원조 및 차관으로 이뤄졌다. 주체사상이 뭐라고 하건 위대한 독재자는 거지였다. 그리고 우선순위가 늘 북한이 지속 가능한 경제를 건설하지 못하게 막는 바람에 그는 수십 년에 걸쳐 거지로 남았다. 북한이 필요한 돈을 직접 벌어들인 일은 거의 없다. 40년 가까운 시간 동안 북한의 중공업 생산중 절반 정도가 모스크바의 지원을 받아서 이뤄졌다. 소련이 1990년대 초반에 붕괴하자 지원도 끊기고 북한 경제도 무너졌다.

김일성은 주체사상을 통해 북한이 절대로 자립할 수 없도록 만들었다.

III

노금석이 오키나와에서 예거와 콜린스의 미그기 테스트를 돕는 동안, 미국 정부는 물라 작전에서 제시된 포상금을 주지 않을 방법을 계속 궁리했다. 1953년 11월, 노금석이 심문 2개월차를 시작할 때 앤디 브라운은 서울에 가서 10만 달러를 원하지 않는다는 기자회견을 또 할 수 있냐고 물었다. 브라운은 포상금을 지불하는 데 어떤 관료적 문제가 있다고 애매하게 말했다. 그는 노금석이 미국으로 옮겨가면 정부에서 확실히 뒤를 봐줄 것이라고 약속했다.

"자네가 돈을 못 받을 거라는 이야기는 아냐." 브라운은 말했다. "정부에서 자동차나 기타 필요한걸 다 사줄 걸세."

노금석은 반대할 수 없다고 느꼈다. 그는 오키나와에 미국 정부 고용인 자격으로 들어왔고 그에게는 큰 돈으로 느껴진 300달러의 급여를 매달 받았다. 가데나 기지의 BX(공군기지의 PX—역자 주)에서 물건을 사는 특권을 받은 그는 그가 상상도 못한 양의 옷과 음식 등을 살 수 있었다. 그는 250달러를 주고 멋진 독일제 콘탁스 카메라를 샀다. 그는 기지의 아메리칸 익스프레스 은행 지점에서 예금 계좌를 개설했다. 그는 자신이 정부가 약속한 포상금을 받을 자격이 있다고 믿었다. 하지만 미국인들이 그의 삶을 좌우하고 있었고, 노금석은 좋은 대접을 받는다고 느꼈다. 북한에서 겪었던 것과 비교하면 지금의 생활은 훌륭했다. 설령 그가 불평하고 싶어도 언론 앞에 나서기도 힘들었다. 그의 소재는 철저한 비밀이었기 때문이다.

노금석이 미그기를 몰고 김포에 착륙한 지 이틀 뒤, 아이젠하워는 국무부 장관 존 포스터 덜레스에게 포상금을 "일종의 신탁기금으로" 주라고 지시했다. 국무부도 국방부도 이 명령을 16일 동안 무시했다. 그리고 덜레스는 얼마 뒤 국방부 장관 찰스 윌슨으로부터 전화를 받았다. 윌슨은 아이젠하워가 포상금을 지급하지 않으면 "문제가 생길" 것이라고 우려했다.

덜레스는 아이젠하워가 '붉은 망명자'에게 그토록 큰 돈을 줘도

되는지 우려한다고 답했다. 덜레스는 대통령이 "그 돈을 신탁기금 형태로 줘서 '주색과 음주가무'에 날리지 않게 하기를 바랍니다"라고 말했다. 윌슨은 더 나쁜 문제를 두려워했다. 언론의 반발이었다.

윌슨은 덜레스에게 "언론은 포상금 지급에 계속 관심을 가진다"고 말했다. "(오키나와에 있는) 노금석의 소재가 언론에 알려지면 그를 언론에 노출 안되게 할 방법이 없어요… 기자들은 그의 어머니가 가난한 피난민이라고 계속 보도중이고요. 그 돈은 언론에서 문제를 지적하지 않을 방법으로 지불되어야 합니다."

덜레스는 양보했다. 두 장관은 "언론에 보도해도 아무 문제가 없을 방법"을 만들기로 했다. 앤디 브라운이 오키나와에서 노금석에게 '나는 돈을 원하지 않는다'는 인터뷰를 시킬 때만 해도 이것이 그 '방법'이었다.

노금석은 여기에 동의했지만 그 뒤 몇 주일 동안 여기에 대해 듣지 못했다. 브라운은 노금석 전담요원이라는 임시 업무를 마치고 도쿄의 CIA본부로 돌아갔다. 그가 없는 동안 군인, 민간인, 미국 출신, 외국 국적자 등 다양한 미국 정부 관계자들이 그를 거쳐가면서 어떻게 해야 미국인처럼 먹고 말하고 생각하는지 가르쳤다. 그는 지프 모는 방법, 수표 쓰는 방법, 슈퍼미켓에서 상 보는 방법 등을 배웠다. 그는 오키나와에서 미국인 가족들과 자주 저녁식사를 함께 했다. 그의 위장은 핫도그나 다른 미국 음식에도 버티게 단련되었다. 처음 추수감사절 만찬에 초대됐을 때 노금석은 칠면조가 마치 늙은 독수리처럼 질기지 않을까 우려했지만 실제로 먹어보니 맛있었다.

그를 초대한 가족들이나 전담 요원들은 거의 모두가 미국 대학에 가라고 권유했지만 어느 대학이 가장 나은지는 서로 의견이 엇갈렸다. 노금석은 유타주에서 온 몰몬교 신자인 세이버 조종사 리드 클라크 중위로부터 브리검 영 대학이 얼마나 훌륭한지 배웠다. 클라크는 노금석에게 커피도, 콜라도 마시지 말고 교회에 가라고 강하게 주장했다.

노금석이 여기서 알게 된 지인들 중에는 래리 우타이 친이라는 중국 출신의 통역가이자 분석가도 있었다. 그는 CIA가 지원하는 해외 방송 정보(FBIS)라는 기관에서 단파방송을 번역하고 있었다. 친은 노금석을 종종 자기 집에 초대해 저녁식사를 함께 하며 북한에서의 생활이나 이어지는 심문, 오키나와에서의 생활 환경 등을 물었다. 노금석은 영어가 완벽한 친을 마음에 들어 했지만 너무 호기심이 많고 미국인이라기보다는 중국인 같다고 생각했다. 그의 의심은 들어맞았다. 친은 1986년에 30년 넘게 중국 정부를 위한 스파이로 일했다는 혐의로 기소됐으며 미국 교도소에서 자살했다. 그는 노금석을 집에 초대했을 때 중국을 위해 정보를 수집했던 것이다.

몇 주일에 걸쳐 노금석은 그가 돈을 거절해야 할 기자회견이 어떻게 될지 우려했다. 곧 브라운이 오키나와로 돌아와 도쿄의 장군들이 마음을 바꿨다고 했다. 만약 언론에서 노금석이 10만 달러를 포기하게끔 압박받았다는 사실이 밝혀지면 곤란하리라는 이유 때문이었다. 하지만 브라운은 어떻게 그 돈이 지불될지, 아니 지불되기는 할지 밝히지 않았다.

대략 1주일 뒤, 노금석은 국무부가 포기 버텀(워싱턴 DC 인근의 지명: 역자 주)에서 파견한 개인 투자 전문가로부터 속성 자금 운용법 강의를 받았다. 노금석이 이름을 기억하지 못하는 그 사나이는 노금석에게 3일에 걸쳐 매일 몇 시간씩 강의를 했다. 통역을 통해 그는 노금석에게 이 포상금이 낭비해서는 안될 일생 단 한번의 기회라고 했다. 이 투자 전문가는 아이젠하워의 이름도, 그가 가진 우려도 언급하지 않았으나 노금석에게 투자를 할 때 신중하라고 주장했다. 주식, 채권, 이자율 등은 당시의 노금석에게는 전혀 알 수 없는 것이었다. 그는 국무부에서 파견한 이 사람이 무슨 소리를 하는지 알아들을 수 없었다.

1953년 11월 28일, 도쿄의 미 극동사령부는 노금석에게 물라 작전이 약속한 포상금을 받았다고 발표했다. 보도자료에는 그가 오키나와의 아메리칸 익스프레스 은행 지점에 포상금 수표를 입금한 것으로 되어있었다. 군에서는 노금석이 푸른 양복을 입고 은행 창구에서 플로라 스윈포드라는 젊은 여성 은행원에게 입금표를 건네주는 사진을 배포했다.

"노금석 소위는 미 공군에게 신탁기금을 만들어 미국에서 이뤄질 자신의 교육과 아직 한국에 있는 어머니의 생계를 책임질 수 있게 해 달라고 요청했다." 보도자료는 이렇게 이어졌다.

노금석 본인은 그런 요청을 한 적이 없었다. 그는 신탁기금이 뭔지도 몰랐다. 미 공군은 도쿄와 서울의 기자들—여전히 오키나와의 노금석과 접촉할 수 없던—이 포상금 관련한 질문을 너 하지 못하게 하려 보도자료를 배포한 것이다.

노금석이 그 날 예금한 수표는 당시의 전담 요원이던 6002 항공정보단의 몰몬교도 클라크 중위가 준 것이었다. 하지만 그건 가짜였다. 그가 은행을 디너온 뒤에도 노금석의 예금 잔고는 변함이 없었다. 공군은 그에게 단 한번도 이 사진 촬영이 속임수였음을 밝히지 않았다.

1954년 늦은 봄 무렵이면 노금석이 심문을 받은 지 반 년째가 됐다. 미국인들은 더 이상 할 질문이 없었고, 노금석은 미국에 가고 싶었다.

"그의 영어 읽기와 쓰기 능력은 좋다." 미 공군 보고서는 이렇게 기록했다. "말하기와 이해력은 보통이다."

하지만 갈 수 없었다. 미국인들은 아직 시민권을 약속하지 않았고, 여권도 없었다. 한국 법에 의하면 북한에서의 귀순자는 모두 한국 시민이 되므로 여권을 받을 수 있었다. 하지만 대한민국 정부는 노금석에 대한 여권 발급을 거부했다. 그들은 언론의 주목을 받은 이 젊은 조종사가 한국에 와서 한국 공군에 복무해야 한다고 주장했다.

노금석은 받아들일 수 없었다. 그 어느 때보다 그는 미국에 가고 싶어했다. 아이젠하워 행정부 역시 반공 영웅으로서 홍보하기 위해 그를 미국에 두고 싶어했다. 펜타곤은 1954년 10월에 새터데이 이브닝 포스트에 실릴 2부짜리 회고록 형식 기사인 "나는 자유를 향해 미그기를 몰았다"를 게재하려 움직였다. CIA는 그 동안 가을에 델라웨어 대학에서 시작하는 신학기에 노금석을 입학시킬 수 있게 했다.

전후 재건을 미국의 원조에 의존하던 한국은 결국 미국의 압력에 굴복했다. 노금석은 1954년 5월 4일에 샌프란시스코에 도착했고 그 곳에서 기자회견을 했다. 기자회견 영상은 미국 전역의 극장에서 상영됐다. 이 뉴스 영상에서 해설자는 노금석이 미국에서 1년간 유학한 뒤 한국으로 귀국할 것이라고 했다.

"마치 미국의 평범한 대학생처럼 스포티한 옷과 중절모를 쓴 노금석은 밝게 웃으며 기자들에게 괜찮은 영어로 말했다." AP통신은 이렇게 보도했다. "그는 포상금의 일부를 델라웨어 대학에서 정치학을 공부하는 데 쓰고, 일부는 어머니를 돕는 데 쓰며 일부는 한국 (남한) 재건을 위해 쓰겠다고 했다."

하지만 노금석은 샌프란시스코에서 저런 말을 기자들에게 하지 않았다. 그가 미국에 도착했을 때에 그는 포상금을 언제 어떻게 받을지, 아니 받기는 할지, 받으면 어떻게 할지 전혀 몰랐다. 샌프란시스코의 기자회견장에서는 그의 공식 보호자이자 통역관인 미 육군의 제임스 김 대위가 노금석의 장래 계획에 대해 설명했다. 그의 대답은 노금석이 원하거나 알던 내용이 아니라 아이젠하워 행정부의 홍보에 맞춰진 것이었다. 노금석은 한국으로 귀국하거나 재건을 위해 돈을 송금할 생각도 없었고 언론에 그러겠다고 한 일도 없었다.

14장

학습과 숙청

I

미국에 도착한 지 1주일 뒤—미그기를 훔친 지 8개월 넘게 지난—노금석은 마침내 아이젠하워 행정부가 그의 '물라(돈)'로 뭘 어쩌려는 계획인지 알았다.

이 계획은 워싱턴 DC의 펜실배니아 애비뉴에 있는 릭스 내셔널 은행의 사무실에서 부행장에게 들을 수 있었다. 당시 릭스는 수도 워싱턴에서도 손꼽히는 곳이었다. 아이젠하워도 그곳과 거래했고 부통령 리처드 닉슨은 물론 20명 이상의 전임 대통령들 및 대부분이 대사관과 외교관들이 그랬다. 릭스는 나중에 "세계에서 가장 중요한 도시의 가장 중요한 은행"이라고 홍보했다. 이들의 영광은 결국 스캔들과 부실 경영, 그리고 칠레의 독재자 아우구스토 피노체트와 같은 외국의 부패정권과 CIA를 통해 관련을 맺는 과정에서 무너졌다. 릭스는 2005년에 은행간 인수합병을 통해 사라졌다.

부행장은 노금석이 자기 앞의 서류에 사인한다면 10만 달러가 세금도 없이 그의 이름으로 예금될 것이라고 설명했다. 물론 조건들이 있었다. 돈은 신탁기금에 들어갈 것이고, 금액의 대부분은 노금석이 맘대로 건드릴 수 없었다. 정부에서 그가 너무 빨리, 너무 경솔하게 쓸지도 모른다고 우려해서였다. 그는 새로운 인생을 살고 살 곳을 마련하며 델라웨어 대학의 뉴아크 캠퍼스에 다닐 비용을 대기 위해 5,000달러를 먼저 받게 될 것이었다. 그리고 나서 매달 250달러씩 받게 될 것이었다. 신탁기금 및 여기에 주어진 제약은 5년간 이어질 것이고, 그가 취소하지 않으면 자동으로 5년간 갱신될 터였다.

노금석은 신탁기금이 뭔지 여전히 이해하지 못했다. 설명을 듣고 나자 그는 미국이 자신을 속이려 한다고 생각했다. 혼란하고, 의심스러운 데다 화까지 난 그는 사인을 거부한 뒤 세계에서 가장 중요한 은행에서 나와 호텔로 돌아갔다.

노금석은 릭스 은행에 세 명과 동행했다. 여기에는 뉴욕의 유명한 법무법인인 르버프, 램, 레이비 & 맥레이의 워싱턴 지점 이사인 아빈 E. 업튼이 끼어있었다. 노금석에게 알리지도, 동의를 얻지도 않고 CIA는 업튼을 그의 개인 변호사이자 재무 자문으로 임명했다. 노금석은 나중에 CIA가 고용한 변호사의 비용을 지불해야 했다. 미국 정부는 또 워싱턴에서 그가 묵은 호텔 및 샌프란시스코까지의 1등석 항공 티켓값도 그에게 떠넘겼다. 은행에 그가 동행한 두 번째 인물은 CIA요원인 토니 차이코우스키였다. 그는 은행에 입금할 —노금석이 서명한다면— 10만 달러짜리 수표를 들고 왔다.

세 번째는 오키나와를 떠난 이래 계속 노금석의 공식 보호자이자 통역인 김 대위였다. 노금석은 사교적인 한국계 미국인으로 로스앤젤레스에서 자란 김 대위와 친해졌다. 김 대위는 1953년 가을에 오키나와에서 서울로 어머니를 만나러 날아갈 때 동행했다. 6개월 뒤 샌프란시스코로 이동할 때에 그들은 괌, 웨이크 섬, 마닐라,

호놀룰루를 들렀고 들르는 곳마다 잘 먹고 관광지들을 구경하며 친교를 쌓았다.

김 대위는 노금석이 믿을 만하다고 생각한 인물이었다. 그는 김 대위가 샌프란시스코에서의 기자회견장에서는 물론 워싱턴에서도 자기가 하지 않은 말을 한 것처럼 꾸몄다는 사실을 몰랐다. 미국 국정홍보국의 워싱턴 사무실에서 가진 기자회견에서, 김 대위는 기자들에게 노금석이 "미그기를 몰고 귀순한 포상금인 10만 달러로 신탁기금을 만들어 달라고 변호사에게 요청했다"고 말했다. 노금석은 이를 부인했다. 김 대위는 또 언론에 대학 교육에 쓴 돈과 어머니를 보살피는 데 쓴 돈 외의 남은 돈은 "한국 국민들을 위해 쓰일 것"이라고 했다. 이것도 노금석이 원하던 것은 아니었다.

워싱턴에 도착한 뒤 릭스 은행에 들어가기 전, 김 대위는 노금석을 국회의사당으로 데려가 로스앤젤레스의 공화당 하원의원이자 닉슨 부통령의 오랜 친구이고 자신의 고등학교 동창인 조셉 홀트에게 소개했다. 악수를 한 뒤 홀트는 의사당 내의 닉슨 사무실로 가자고 했다. 노금석은 그런 중요 인사를 만날 것을 예상치 못했다. 그는 자기 옷(골덴 재킷, 얇은 넥타이, 격자무늬 갈색 바지)이 창피했다.

닉슨은 개의치 않았다. 그와 노금석은 약 10분간 담소를 나눈 뒤 기념사진을 찍었다. 노금석은 닉슨이 사교적이고 활동적이며 달변가이자 미국에서 두 번째로 중요한 자리를 차지한 인물치고는 아주 젊다는 사실을 깨달았다. 당시 41세이던 닉슨은 노금석에게 대학에서 뭘 배울지를 물었다. 노금석이 정치학이라고 답하자 닉슨은 "자네가 앞으로 모든 선거를 이겼으면 하네"라고 한 뒤 배웅했다. 20년 뒤, 닉슨이 탄핵당해 사임하자 노금석은 그를 동정했다.

의사당을 구경하는 동안 노금석은 공식적으로 회기중이던 의원들에게 소개되었고 공화당 원내대변인 조셉 마틴과 짧은 만남을 가졌다. 그는 그 날도, 그 뒤에도 아이젠하워는 만나지 않았다. 노금석의 돈을 세부까지 좌지우지했음에도 불구하고(혹은 그 때문에) 대통령은 그를 만나자고 하지 않았다.

릭스 은행에서의 언짧은 만남이 있던 그 날, 노금석은 호텔 방으로 돌아가 미국 정부가 자기를 속이려는 것은 아닐지 우려했다. 그는 얼마든지 불평하고 이의를 제기할 권리가 있었다. 하지만 그에게는 시키는 것을 하는 것 외에 다른 선택이 거의 없었다. 어머니와도 떨어진 그에게는 객관적인 충고를 할 사람이 없었다. 지금 그에게 있는 지인들은 CIA요원과 미군 장교들이었다. 이들은 친절하기는 해도 그를 위해 뭔가 할 사람들은 아니었다. 노금석이 말할 수 있는 사람은 김 대위 뿐이지만 그도 정부의 지시를 따랐다.

이틀 뒤, 노금석은 신탁기금이 속임수가 아니라는 설득을 받았고 다시 은행으로 향했다. 김 대위가 동행했고 CIA가 고용한 변호사와 수표를 든 CIA 요원도 함께였다. 노금석은 서류에 사인했다. 1954년 가을, 그가 델라웨어 대학의 새 학기를 시작한 뒤에도 기자들은 포상금에 대해 거론했고 그게 아직 지불되지 않았다는 투의 뉴스를 보내기 시작했다. CIA는 이런 보도에 분노했다. 요원들은 노금석에게 돈을 받았고 이게 처리된 방법에 만족하라고 기자들에게 말하라고 지시했다. AP통신, 뉴욕 타임스, 새터데이 이브닝 포스트 모두 노금석이 이제 10만 달러를 손에 넣었다고—확인도 없이—보도했다.

또 노금석은 이름을 미국식으로 바꾸기 시작했고, 나중에는 케네스 H. 로우가 되었다. 하지만 델라웨어 대학의 신입생이던 때에는 케니 노였다. CIA의 권고에 따라 그는 얼마간 기자들에게 답하지 않았다. 아마도 미국 정부가 새터데이 이브닝 포스트에 실으려 하던 독점 기사가 아직 게재되지 않아서였던 듯 하다.

"그는 이름인 '노'(No)에 걸맞게 지내고 있다." AP통신에서 기고해 1954년 9월 뉴욕 타임스에 실린 기사에는 이렇게 소개됐다. "사진도 못 찍게 하고, 기사거리도 안 주고, 대답도 안 한다(No pictures, no story, no comment)."

II

김일성은 1950년대에 많은 시간을 움직이는 데 보냈다. 북한 경제와 식량사정은 원조에 좌우됐다. 이를 계속 이어가기 위해 김일성은 공산국가들의 수도를 전전하며 웃음을 보여주고 동지들에게 미국인들이 북한에 입힌 고통을 홍보해야 했다. 1956년의 가장 오랜 해외순방에는 공산 국가 8개국을 들르고 모스크바는 두 번이나 들렀다. 출타 기간은 6월 초부터 7월 19일까지 7주에 달했다. 독재자들은 해외에 나갈 때 위험을 동반한다. 공포는 녹아 사라진다. 기강은 흔들린다. 국민들에게 '생각'이라는 게 싹튼다. 김일성에게는 이런 위험이 1956년에 특히 높았다. 북한 내에서는 식량부족으로 기아가 찾아왔고 공산국가들 사이에서는 이념적인 변화와 정치적 불안정이 함께 찾아왔기 때문이다. 스탈린은 이미 죽은 지 3년이 넘었고, 스탈린주의는 거의 모든 곳에서 조롱거리가 되었다. 단한 명, 상어에게 이빨이 필요하듯 스탈린주의적 탄압이 필요한 위대한 독재자는 예외였다.

흐루쇼프는 2월에 모스크바 전당대회에서 스탈린의 "범죄"를 고발하는 유명한 연설을 통해 개혁가들에게 힘을 부었다. 김일성은 현명하게 이 대회 참가를 거절했으나 (적어도 당시에는) 많은 북한인들이 소련에서 심각한 변화가 있는 것을 눈치채는 것까지 막을 수는 없다. 크렘린은 강제수용소의 죄수들을 석방하고 검열을 완화하며 자본주의자들과의 "평화적 공존"을 모색했으며 소비자 중심의 경제를 시험할 뿐 아니라 집단 지도체제로 지도부를 탈바꿈시키고 있었다. 1인 숭배는 과거의 유물이 되었다. 모스크바에는 더 이상 스탈린같은 신적 존재가 없었다. "작은 스탈린"들은 불가리아, 헝가리, 폴란드에서 권력을 잃었다. 알바니아(곧 북한의 친밀한 우방이 된)를 제외한 모든 동유럽 국가의 수도들에서 정치범들이 석방됐다.

이 해는 김일성의 신경을 한껏 거스르는 해였다. 소련주재 북한 대사 이상조는 김일성이 모스크바에 도착하기 전에 소련 외무부 관계자들과 만나 김일성의 과도한 개인숭배에 대해 비판하고 이를 흐루쇼프에게 전해달라고 부탁해 김일성의 방문에 찬물을 끼었었다.

"모든 것이 김일성 한 사람에 의해 결정됩니다." 이상조가 불평했다. "김일성 측근들은 그에게 아첨만 하고 있어요."

이상조는 김일성 정권의 선전도 문제가 심각하다고 덧붙였다. "선전에 따르면 사람들의 삶의 질은 계속 높아지고 있지만 실은 아닙니다." 이상조는 말을 이었다. "이러면 사람들은 그런 현실과 동떨어진 선전을 더 이상 믿지 않을테고, 그러면 인민들은 들썩이고 사회가 불안정해질겁니다."

실제로 현실은 암울했다. 굶주린 북한인들은 식량을 찾기 위해 농장을 떠났다. 병원에서는 영양실조 환자들에게 풀을 먹으라고 처방하는 판이었다. 특히 이상조를 기겁하게 만든 것—그는 소련에 이 문제를 거듭 불평했다—은 김일성의 역사 날조였다. 북한의 공산주의 혁명 역사 박물관은 대부분이 위대한 독재자의 날조된 역사 박물관이 되어버렸다.

"조선 혁명의 공로자들은 모든 노력이 김일성 한 사람의 공으로만 돌려지는걸 보고 당황하고 있습니다."

2개월 뒤 김일성이 모스크바를 방문할 때 쯤이면 이상조 대사의 불평은 소련 공산주의자들 사이에 충분히 퍼져 있었다. 소련 공산당 중앙위는 김일성의 "부적절한 행동"을 비판했다. 흐루쇼프를 포함한 소련측 요인들은 그에게 개인숭배를 중지하라고 명령했다. 원조를 구걸하러 온 김일성은 반박할 처지가 아니었다. 그는 "친애하는 동지들의 우호적인 올바른 조언"을 받아들이겠다고 답할 수 밖에 없었다.

그가 7월에 귀국할 무렵이면 스탈린 격하운동은 공산권에 더욱 널리 퍼졌고 북한 노동당 중앙위원회까지 그 분위기가 퍼져 있었다. 북한은 아직 외부 세계와 단절되지 않았다. 외국 신문이 판매되고 있었으며 동유럽의 반공 시위에 대한 뉴스가 한국어 신문들에 인쇄되고 있었다. 평양의 정부 관료들은 소련 및 중국의 외교관들과 비교적 자유롭게 만났으며 해외 거주 경험이 있는 북한인들은 특히 해외에서의 개혁에 동조하고 있었다. 이들 중 일부는 위대한 독재자 밑에서 더 이상 참을 수 없었고 깡패 같고 교육 수준도 낮은 김일성의 빨치산 동지들은 그보다 더 참을 수 없었다. 특히 이 동지들이 정부 요직을 독점하는게 가장 큰 불만이었다.

"김일성의 개인숭배는 더 참을 수 없는 수준까지 올라갔다." 김일성 내각에서 재건부 장관을 지냈고 중국에서 마오쩌둥 휘하의 공산군에 복무한 이필규는 이렇게 말했다. 이 말이 나온 것은 김일성이 유럽 순방 귀국 바로 다음날인 1956년 7월 20일로, 이필규는 그 날 소련 대사관에서 대리대사 A. M. 페트로프와 만나 그와 당 중앙위원회 위원들이 김일성의 통치방식을 바꾸게 강요할 "필요가 있다"고 밝혔다. 이필규는 자신에게 동조하는 반 김일성 간부들과 함께 "당 내부의 날카롭고 결정적인 비판"을 이용하거나, 필요하면 "어쩔 수 없는 소요사태"를 일으겠다고 했다.

페트로프는 김일성의 농장 집단화로 식량 부족사태가 일어난 것을 목격한 뒤 이런 의견에 동조하고 있었다. 그는 헝가리인 외교관에게 김일성이 "아첨꾼들과 출세만 바라는 놈들에게 둘러싸여 있소… 저들은 지도자가 말하는건 뭐든 반대 않고 받아들이죠"라고 말했다. 페트로프는 김일성 개인숭배야말로 북한 정부의 "모든 실수에서 중요하고 결정적인 원인"이라고 믿었다.

이필규와 다른 반대세력—몇몇은 소련 외교관들에게 자기 생각을 털어놨다—은 8월의 당 중앙위원회 회의에서 위대한 독재자를 공격하겠다고 결정했다. 이런 과감한 시도는 그 전에는 시도된 비 없었다. 이들은 김일성에게 너무 많은 권력이 집중되었다고 비판했다. 그들은 그의 게릴라 패거리가 무능하다고 비난했고 그의 정책이 국민을 굶긴다고 비판했다.

김일성은 완벽한 정보망을 갖췄고 이런 계획을 미리 알았다. 중앙위원회의 멤버 대부분은 그의 충복들이었고 비판세력이 제시하는 것은 뭐든 반대할 준비가 되어 있었다. 사실 그에 대한 도전이라는 것은 잘 해야 거친 말 수준에 불과했고 대개는 폭력을 사용하거나 심지어 이를 옹호하는 수준까지 올라가지도 못했다. 하지만 김일성은 도전하는 그 누구라도 박살냈다. 일부는 당에서 축출됐다. 나머지는 체포당했다. 그 뒤 몇 주일, 몇 개월, 아니 몇 년에 걸쳐 "8월파"(및 반 김일성 사상을 가진 것으로 의심되거나 그에 동정적이라고 여겨진 모든 자들) 참가자들 거의 전원이 정부에서 쫓겨났으며 많은 자들이 재판 없이 처형당했다. 중국 및 소련에서 활동한 경력이 있는 북한인들 다수가 북한에서 도망쳤다.

김일성 공식 전기에서는 1956년 8월의 사건들이 "김일성 동지의 권위를 흔드는 데 실패했다… 오히려 반혁명 분자들이 공포에 떨어야 했다… 어리석게도 반역자들은 당과 혁명을 파괴하기 위한 비밀 공작을 조작하기 위해 애를 썼다."

모스크바와 베이징은 김일성이 "올바른 조언"을 받아들이지 않은 것을 보고 당연히 불쾌하게 여겼다. 그들은 특히 공산주의 세계에서 불고 있는 개혁을 실천하려던 소련 및 중국 출신 북한인들을 숙청한 데 불만이 컸다.

소련과 중국은 전례없이 평양에 합동 사절단을 보내 김일성에게 간섭하려 했다. 마오쩌둥은 "김일성에 대해 불평하면서 그가 바보 같은 전쟁을 일으켰고, 천재가 아니며 무시할 필요가 있다는 평가를 내렸다."

사절단에 선발된 두 인물은 어느 모로 보나 막강했다.

모스크바에서는 레닌과 스탈린 밑에서 활개치다 흐루쇼프를 도와 스탈린을 살인자로 낙인 찍은 그 연설을 써주기까지 한 볼셰비키 책략가, 아나스타스 미코얀이 왔다. 그는 스탈린 사후 작은 공산

국가들에서 생기는 골칫거리를 바로잡는 해결사가 되었다. 그는 여름에 부다페스트에 머물면서 "작은 스탈린"이라고 불린 독재자 마티아스 라코시를 제거하는 데 중요한 역할을 했다. 그는 흐루쇼프와 함께 바르샤바를 방문해 스탈린주의자들을 권좌에서 축출하고 크렘린의 취향에 맞는 세력을 권좌에 앉혔다. 미코얀은 소련의 군 및 군수공장들과 긴밀한 혈연관계를 맺었다. 그의 동생은 미그기를 설계하는 데 참가했다.

베이징에서는 일찌기 김일성을 질타하고 북한을 구원한 중국군을 지휘한 유명한 장성 펑더화이가 왔다. 한국전쟁 내내 펑더화이는 김일성의 무능과 유치함을 보고 불만을 키웠다. 김일성은 평양역에 도착한 그들을 마중하지 않았다. 그는 이들이 골칫거리임을 잘 알고 있었다. 나중에 그는 알바니아 외교관에게 "미코얀과 펑더화이는 우리 내정을 간섭할 전염병을 가져왔어요." 이 간섭으로 김일성은 그 자신과 북한에서 스탈린주의 물을 빼야 했다. 적어도 잠시 그래 보였다. 미코얀과 펑더화이의 매와 같은 눈초리로 인해 김일성은 9월에 당 중앙위원회 회의를 또 한번 열어야 했으며 그곳에서 8월에 숙청당한 인사들의 숙청을 취소하기로 했다. 또 그는 미래에는 대규모 숙청은 하지 않기로 동의했다.

몇개월에 걸쳐 김일성은 약속을 지켰다. 그를 가장 신랄하게 비난한 인물들 중 다수가 복직됐다. 검열도 크게 완화됐다. 하지만 김일성은 9월 중앙위원회에서 공개됐던 그의 문제점에 대해 정식으로 공개하기를 거부했다. 그는 북한인들이 모스크바와 베이징에서 두 명의 강력한 사절을 평양에 파견해 그를 그 자리에 머물게 했다는 사실을 알지 못하게 했다. 물론 그가 그들이 시키는 대로 했다는 것도 말이다.

소련과 중국의 문서기록에는 왜 미코얀과 펑더화이가 그냥 김일성을 자르고 더 유연하며 덜 스탈린같은 인물로 대체하지 않았는지 나오지 않았다. 역사가들은 과연 그들에게 그런 권한이 있었는지도 의심하고 있다. 사절단이 결정을 내리지 못한 이유는 미코얀이 동아시아와 한반도에 대해 아는 것이 없어서일지도 모른다. 그는 북한에 대한 지식도, 평양에 인맥도 없었다. 헝가리에서와 달리 평양에는 김일성 정권에 대한 시위도 없었다. 북한 인민군이 이를 단단히 막고 있었다.

김일성은 운도 좋았다. 그는 1956년 10월에 헝가리에서 유혈 혁명이 벌어진 덕에 권좌를 유지했다. 헝가리의 시위대는 정권이 스탈린주의를 버리자 자연스럽게 한발 더 나아갔다. 곧 전국적인 봉기가 벌어졌고 소련이 세운 정부를 무너트린 뒤 국민들을 무장시켜 민병대를 조직하고 소련 주둔군을 쫓아내려 했다. 흐루쇼프가 생각한 개혁은 이런 것이 아니었다. 잠시 주저한 흐루쇼프와 크렘린의 수뇌부는 봉기를 무력으로 진압했다. 소련군은 2,500명 이상의 헝가리인을 살해했다. 냉전의 긴장이 고조되고, 공산권의 개혁은 중지됐다.

위대한 독재자는 이보다 더 좋을 수 없었다. 그는 이제 스탈린주의를 고집할 완벽한 명분을 얻었다. 그가 있는 한 위험한 '수정주의' 따위는 필요없었다. 1956년 끝무렵, 김일성의 선전부는 사실상 "내가 뭐랬어?"라는 분위기였다. 이들의 주장에 따르면 헝가리 정부는 검증된 스탈린주의(개인 숭배를 포함한)를 버리고 소련이 내건 개혁을 끝까지 밀어붙이다 무너진 것이었다.

김일성의 생존에 또 하나 중요한 것은 갈수록 멀어지는 소련과 중국의 관계였다. 모스크바와 베이징에 있는 김일성의 후원자들은 싸우기 시작했고 수십 년간 다투게 된다. 소련과 중국은 여전히 김일성에게 자금과 무기, 연료, 식량을 원조하면서 북한의 품질 낮은 상품들을 수입했다. 하지만 이들이 힘을 합쳐 김일성의 잔인함과 복수심, 살인을 억제하려는 일은 더 이상 없었다. 김일성은 나중에 알바니아를 방문해 이렇게 말했다. "내 머리를 자르려던 자들은… 빈 손으로 돌아갔고, 원조받을 권리는 우리에게 남아있습니다."

III

델라웨어 대학의 캠퍼스 입구에서 찍은 사진 속의 케니 노는 22살의 신입생으로, 흰 셔츠와 넥타이로 깔끔하게 차려입고 네 명의 다른 학생들과 앉아있었다. 그는 동급생들보다 젊어보였고 행복해 보였다. 하지만 이 사진은 그의 미국 대학 생활 첫 해를 제대로 보여주지 않는다. 그는 외롭고 힘겨운 생활을 이어갔다. 그는 전쟁중에 얻은 트라우마를 조용한 캠퍼스 생활로 녹이는게 불가능하다는 사실을 깨달았다. 그의 평온한 나날은 종종 배신과 죽음에 관한 꿈으로 마무리됐다.

또 그는 언젠가 낙제해서 미국을 쫓겨나는 것 아닌가 우려했다. 그는 리처드 닉슨에게 정치학을 배우겠다고 했으나 이는 작은 거짓말이었다. 그가 흥남 화공대학에서 배운 대수와 물리학—수학에 대한 재능과 조종사 경험까지 포함해서—덕분에 그에게는 정치 이론보다 공학 분야가 훨씬 어울렸다. 북한의 해군사관학교에서 그는 하루에 두 시간만 공부할 수 있었는데, 그것만으로는 과목을 완전히 익히기는 불충분했다. 하지만 델라웨어 대학에서 그는 기분이 허락하는 한 몇시간이고 공부할 수 있었다.

그는 미국 영어를 배우기 위해 무진 애를 썼다. 속어를 익히기 위해 그는 논리적으로 설명할 수 없는 어휘의 뜻을 암기했다. "Throw the book at him(최대한 많은 죄를 뒤집어 씌우다)", "get a kick out of it(정말 뭔가를 좋아하다)" 같은 것들이 그 예였다.

대학 3년차가 되고 이제 영어를 어느 정도 정복했다고 생각할 무렵, 노금석은 나이아가라 폭포로 가서 버팔로의 항공 클럽에서 연설을 해달라는 제의를 수락했다. 그 곳에서 그는 시프리아노 게라 대위와 마주쳤다. 노금석이 김포 활주로에서 반대쪽으로 내리는 것을 목격하고, 그와 악수한 최초의 미국인이었다. 연설을 끝낸 뒤 노금석은 게라—미그기의 총격을 받을까 두려워한—가 자신을 세이버의 기관총으로 거의 죽일 뻔했다는 사실을 알았다. 이들은 예전의 오해를 두고 한바탕 웃은 뒤 비행, 공중전, 그리고 전쟁에 대해 말했다. 버팔로 방문으로 그는 평생 이어갈 취미를 얻었고 시속 1,000킬로미터로 싸우러 나가는 것이 무엇인지 이해하는 미국인 동료들을 만날 수 있게 됐다. 그는 미국 전역에서 만찬이나 학회, 항공 박물관(특히 오하이오에 있는, 그의 미그기가 전시된 곳)의 방문 등을 통해 공군 조종사들과 만났다. 조종사들은 그를 동료로서 받아들였고, 절친한 친구가 되었다.

오키나와에서 탄 시보레의 부드러운 승차감을 즐긴 노금석은 델라웨어의 대리점으로부터 옥 빛깔의 2도어 시보레를 2,250달러에 구입했다. 그는 2주일에 걸쳐 값을 흥정했다. 그의 대학 생활을 감독하던 CIA 요원들은 잘 샀다고 칭찬했다. 노금석은 이들 몇몇과 친구가 되었다. 이들은 대개 40~50대로 처자식도 있었다. 이들은 그를 집에 초대해 가족들에게 소개했다. 그는 이들 대다수가 CIA에서 은퇴한 뒤에도 유대관계를 이어갔고 장례식에도 참석했다.

CIA요원들은 그에게 친절했지만 정작 CIA에서는 그가 미국 영주권을 얻거나 시민권을 얻는 것을 돕지 않았다. CIA는 연방정부가 한국정부와 마찰을 빚고 싶지 않으며, 한국 정부에서는 그가 대학 공부를 마치면 한국에 귀국하기를 바랬다. 그래서 6개월마다 그는 방문 비자를 갱신해야 했다. 이민국과 거의 2년에 걸쳐 관료주의와 씨름한 끝에 노금석은 그와 친하던 역사학과 교수 존 먼로 박사에게 도움을 요청했다. 델라웨어는 작은 주이고, 먼로 교수는 주 정치인들과 친했다. 그는 전화를 들고 상원의원 J. 앨런 프리어 2세에게 전화했다. 2주일 뒤 프리어는 "노금석(케네스 노라고도 불리는)에게 미국 영주권을 주기 위한 법안"을 상정했다. 상원과 하원 모두 재빨리 이를 통과시켰고, 아이젠하워가 서명했으며 노금석의 비자 문제는 끝났다.

하지만 시민권 얻기는 또 다른 문제였다. 노금석은 반 년에 걸쳐 미국 정보기관들에 자기 삶에 대해 이야기했지만 이민국 감독관은 그걸 대부분 다시 반복하라고 주상했으며 왜 그가 북한 노동당에 입당했는지도 물어봤다. 이 길고 짜증나는 과정은 6년간 이어졌다. 1962년, 그는 결국 미국 시민권을 얻었다.

자신의 신분 문제와 씨름하는 동안, 그는 어머니를 미국에 모셔 올 노력을 시작했다. 비자를 얻기 위한 어머니의 요청은 경제적 빈곤 및 한국으로 돌아올 보장이 없다는 이유 때문에 기각됐다. 델라웨어의 정치인들이 상하원 모두에서 노금석의 어머니를 모시고 올

법안을 두 차례나 상정했으나 실패했다. 그녀의 문제는 김일성이 스탈린주의를 버리지 않게끔 도와준 바로 그 헝가리 혁명으로 풀렸다. 헝가리에서 사람들을 거리에서 마구 쏴죽이는 소련식 진압으로 인해 중부 유럽에는 난민 사태가 발생했다. 이를 해결하기 위해 미 의회는 1957년에 공산국가에서 탄압을 받게 된 난민 29,000명을 받아들이는 난민/망명자 법안을 통과시켰다. 대부분은 헝가리인이었으나 북한 피난민도 여기에 포함됐다. 국무부와 델라웨어 주 의원들의 도움으로 노금석의 어머니는 이 새로운 법으로 미국에 도착하는 첫 집단에 포함됐다. 그녀와 아들의 재회는 여전히 뉴스 가치가 있었고 이들의 상봉을 담은 필름은 미국 전역의 극장에서 상영됐다. 노금석은 어머니와 시애틀에서 만났으며 워싱턴에서는 상봉 기념식을 열었고 델라웨어로 모시고 왔다. 그 곳에서 그는 졸업하면서 공학 학위를 따고 윌밍턴의 듀퐁사에서 일하게 된다.

노금석의 어머니는 도착한 지 얼마 안되어—한국 어머니들이 의무적으로 다들 그러듯—아들을 위한 색시를 찾기 시작했다. 한국에서 태어난 두 명의 가톨릭 사제들의 도움을 받아 어머니는 곧 클라라 로우가 될 젊은 한국 여성을 찾아냈다. 그녀는 개성에서 태어났다. 전쟁중 가족들 모두 3개월간 북한이 점령한 서울에 갇혀있었다. 오빠는 북한에 끌려가 소식이 끊겼다. 하지만 그녀와 어머니, 두 동생들은 미 해병대에 의해 해방된 뒤 부산으로 가서 전쟁이 끝날 때까지 살았다. 그 곳에서 그녀는 미국의 자선단체인 가톨릭 구호기관에서 직업을 얻었으며 그 인연 덕분에 가족 모두 1958년에 뉴욕으로 이민갈 수 있었다. 그녀는 미래의 남편과 처음 만날 당시 엠파이어 스테이트 빌딩—노금석이 귀순하기 전 꿈에서 봤던—65층에 있는 가톨릭 구호기관 사무실에서 일하고 있었다.

결혼 준비에 한창이던 1959년, 노금석은 오키나와에서 만난 통역이자 CIA요원 앤디 브라운(본명 아르세니 얀코프스키)의 소식을 들었다. 브라운은 워싱턴으로 옮겨온 뒤 여전히 CIA에서 일했지만 곧 소련 이중 간첩의 혐의를 받고 해고되었다. 그는 노금석을 워싱턴으로 초대해 주말을 함께 하자고 했으며 토요일 저녁에 링컨 기념관에서 만나게 되었다.

점심 식사에서 브라운은 노금석이 성공적인 망명생활을 누리게 된 것에 축하했다. 그리고 나서 브라운은 백계 러시아인으로서 계속 도망다녀야 했던 자신의 이야기를 노금석에게 들려줬다. 노금석에게는 금시초문이었다. 그는 러시아 극동지역에서 소련군을 피해 도망다니다 북한에서도 소련군을 피해야 했던 이야기를 들려줬다. 그는 자신이 망치로 소련 병사 하나를 살해한 뒤 죽은 병사의 옷으로 갈아입고 남한으로 도망쳤다고 했다.

이야기를 마친 브라운은 물라 작전으로 받은 포상금에 대해 물어본 뒤 대만을 방문해서 여러가지 좋은 사업 기회에 투자하지 않겠냐고 물었다. 이 이야기를 들은 노금석은 브라운 자신이 오키나와에서 한 충고를 떠올렸다. "도둑이 될 수도 있는 미국인을 조심하라." 브라운은 포상금이 신탁기금으로 묶여있고 한동안 그러리라는 사실을 모르는 듯했다. 케니 노는 제안을 공손하게 무시했고 앤디 브라운과 다시 만나지 않게 된다.

에필로그

I

1956년에 모스크바와 베이징에서 파견된 감시자들에게 승리를 거뒀을 때 그는 아직 44세에 불과한 젊은 독재자였다. 그는 그 뒤로 40년 동안 좋은 건강을 유지하며 권력을 유지했고, 그 사이 중국과 소련(나중에 러시아)은 갈수록 심해지는 개인 숭배나 스탈린주의식 독재를 저지하기 위해 한 일이 없었다. 한국전쟁 이후 미국은 한국에 북한의 공격을 저지하기 위해 대규모 병력을 주둔시켰다(2014년 기준 28,000명). 워싱턴은 평양의 장거리 탄도미사일 및 핵무기 개발을 저지하기 위해 노력했지만 대부분 실패했다. 하지만 미국 정부는 김일성이 자기 국민들에게 저지르는 짓에 거의 관심을 기울이지 않았다.

1950년대 후반, 김일성은 스탈린식 숙청의 범위와 강도를 높이면서 10만명 정도의 일반인까지 "적대적 반동분자"라는 명목으로 처벌했다. 몇몇은 재판없이 처형됐다. 최근에는 탈북자들 및 위성 사진을 통해 그가 대규모의 정치범 수용소들을 건설한 사실이 드러났다. 수십만의 "사상오류자"들이 가족들과 함께 수용소에서 목숨을 잃었다. 이 수용소들은 지금도 "김일성 국가"를 위협할 사람들을 제거하기 위해 운용중이다. 이런 수용소들에서 경비병들은 수용자들을 마치 가축 키우듯 다루며 그 곳에서 자라는 어린이들은 바깥 세상을 모르는 노예이자 밀고자로 키우고 있다. 경비병들은 어떤 처벌도 받지 않고 수용자들을 죽이고 강간하고 굶기고 고문할 수 있다.

김일성은 또 전체 인구의 정치적 충성도를 기준으로 계급을 나눴다. "핵심계층"은 수도 평양에서 김일성과 함께 살며 정부 고위직과 충분한 식량을 지급받는다. 그들과 그 후손들은 엘리트가 된다. "동요계층"과 "적대계층"은 식량 사정이 불안정한 시골로 보내진다.

김일성은 대약진운동을 통해 전 국민에게 무임금 노동을 강요한 마오쩌둥의 광기도 본받았다. 1958년 끝무렵에 이르면 모든 북한인들은 천리마 운동이라는 명목으로 잡초 뽑기나 도랑파기, 도로건설 등의 노동을 하루 5시간씩 강요당했다. 이 강제 노동은 8시간의 원래 근무시간 뒤에 이어졌다. 이 '운동'은 오늘날까지도 이어져 도시민들이 매년 시골로 보내져 씨를 심거나 비료를 뿌리고(화학비료가 부족한 만큼 대개의 경우 인분이 사용된다) 협동농장에서 수확을 돕는다.

위대한 독재자는 독재 체제를 확대하면서 지적 기반은 좁혀나갔고 측근들의 범위는 줄이면서 개인숭배의 강도는 폭발적으로 높였다. 1950년대의 사상교육 과정에서는 김일성과 그의 빨치산 동료들이 만주에서 어떤 일을 했는지에 대한 만화와도 같은 내용의 역사서가 필수 교육과정이 되었다. 당시만 해도 1천만 명 정도의 인구밖에 없던 나라에 이 책은 거의 백만부가 인쇄되어 배포됐다. "게릴라국가"로서 자리매김을 하면 할수록 북한을 만들고 무장시켰으며 지켜준 소련과 중국의 역할은 점점 북한인들의 기억에서 사라져갔다.

현실의 김일성은 1945년에 단지 130명의 만주 시절 게릴라 동지들만 데리고 북한에 입국했다. 잔인한 전쟁을 겪으며 성장한 이들은 교육받지 못하고 음모론에 사로잡혀 있었으며 잔혹했다. 가족을 제외하면 위대한 독재자는 이들만을 신뢰했다. 1950년대 후반부터 그들이 죽을 때까지 이들은 당 중앙위원회를 지배했고 정부의 가장 요직들을 독점했다. 이들이 죽은 뒤에는 그들의 자식과 손주들이 물려받았으며, 그 결과 정부는 갈수록 혈통과 계급에 기반한, 외국인 혐오적이고 김씨 일가 중심의 부패한 조직이 되어갔다.

　게릴라 출신과 그 후손들은 경제 운용에는 무능했고, 군수산업을 제외한 북한의 산업을 무너트리는 데 김씨 일가와 함께 일조했다. 뿐만 아니라 이들로 인해 사회간접자본이 붕괴되고 식량 생산이나 수입 능력도 크게 떨어졌다. 1990년대 후반, 소련이 사라지고 러시아가 원조를 삭감하자 약 100만 명의 북한인들이 굶어 죽었다. 산업화된 국가에서는 보기 드문 평상시의 기아사태였다.

　김일성의 생애 마지막 40년 동안 김일성의 자기 우상화와 사치에 대한 집착은 마치 치료받지 못한 악성 종양마냥 커져갔다. 1980년대까지 그의 위대함을 보여주기 위한 기념물이 34,000곳에 세워졌다. 그에게는 최소 5곳의 궁전이 있었다. 그의 생일은 가장 중요한 북한 국경일이 되었다. 그가 여행할 때 측근들은 그의 배설물을 분석하기 위해 특별 화장실도 함께 이동시켰다. 모든 북한인들은 정부에 의해 그의 천재성을 찬양해야 하며 그러지 않으면 강제수용소로 끌려간다. 성인들은 그의 사진을 배지로 옷에 붙여야 하며 집에 사진을 걸어둬야 하며 "지도자 동지에 대한 타오르는 충성심"을 키워야만 한다(최소한 그러는 척이라도 해야 한다).

자기 중심적 성향과 잔인함, 무능에도 불구하고 김일성의 포퓰리즘적 행동은 그가 살아 있는 내내 이어졌다. 그는 북한을 자주 돌아다녔고 공장들에 지도를 실시했으며 아이들과 함께 포즈를 잡으며 부모와도 같은 웃음을 지었다. 물론 그러는 동안 사진을 찍혔다. 이 사진들에는 목 뒤에 난, 보기 흉한 야구공 크기의 칼슘 혹이 보이지 않았다. 이 혹은 1970년대부터 자란 칼슘 덩어리로, 수술할 수 없었다. 이 혹은 종종 유년기의 영양부족으로 발생한다. 또 사진들에서는 실제로 본 사람들이 증언하는 그의 엄청난 비만도 볼 수 없다. 마오쩌둥 시대에 중국에서 통역으로 근무한 미국인 시드니 리텐버그는 베이징의 인민대회당에서 김일성의 "모습에 놀랐다"고 회고한다. "나는 이 정도로 뚱뚱한 공인은 본 적이 없다. 그의 거대한 배는 굵은 턱과 거의 이음매 없이 이어졌다. 그는 사진과는 전혀 달랐다."

김일성이 1994년에 82세를 일기로 평화롭게 세상을 떠나자 수많은 북한인들이 몇 주일에 걸쳐 애도했다. 그의 시체는 레닌이나 마오, 호치민처럼 특별히 방부처리되어 유리관 속에서 일반공개됐다. 그가 죽을 무렵에는 북한은 붕괴 직전이었고 대규모 기아사태가 북한을 휩쓸었다. 위대한 독재자의 남한과의 대결은 이미 패배한 뒤였다. 평균적인 남한(한국) 직장인은 평양의 극소수 엘리트를 제외하면 거의 모든 북한인들보다 안락한 삶을 살았다.

하지만 지도자의 위대함을 그 나라에 끼치는 영향이 얼마나 오래 가는지로만 가늠한다면 김일성은 아마도 20세기의 가장 위대한 독재자일 것이다. 그 어떤 전체주의 국가도 북한만큼 오래가지 못했고, 북한만이 세습독재국가로 이어지고 있다. 어떻게 보면 그와 그의 후손들은 시간을 멈추는 데 성공했을지도 모른다.

김일성의 손자인 김정은은 정통성을 부여받기 위해 마치 위대한 독재자처럼 외관을 바꿨다. 체격은 비대해졌고, 마오쩌둥식 인민복을 입었으며 구레나룻 없는 군대식 이발을 했다. 누가 봐도 할아버지와 닮은 그의 얼굴은 성형수술 덕을 크게 봤다. 김정은의 아내조차 할아버지의 첫 아내와 닮아있었다.

김정은은 가문의 전통인 숙청 소질도 이어받았다. 그는 삼촌인 장성택을 "다른 꿍꿍이를 가지고 뒤에서 음모를 꾸민다"는 이유로 처형했다. 2011년에 아버지의 뒤를 이은 이래 김정은의 연설은 위대한 독재자의 전형적인 주제를 답습하고 있다. "절대적 신뢰, 이견 없는 통합, 단일화된 지도체계". 적에 대한 그의 비난은 마치 할아버지가 직접 말하는 듯 하다. "미국과 다른 적대세력은 우리의 아량과 호의를 무시하며 우리 공화국을 정치적으로 척살하며, 경제적으로 고립시키고 군사적으로 파멸시키려 하고 있다."

김정은은 최고지도자의 자리에 올랐을 때 아직 서른도 채 되지 않았으나 빠르게 권력을 위한 가문의 전매특허를 잘 배웠다. 바로 스탈린주의와 군국주의를 섞어 국민들에게 북한이 철저하게 무장하고 전 국민이 최악에 대비하지 않으면 미국 폭격기들이 돌아올 것이라는 경고로 북한인들을 공포에 떨게 만드는 것이다. 김일성이 죽을 때—그리고 김정일이 2011년에 죽었을 때—외부 전문가들은 김씨 일가가 권력을 잃으리라고 전망했다. 하지만 김정은이 할아버지의 자리를 이어받은 현재, 김씨 왕조의 권력기반은 그대로인 듯하다. 중국은 미국의 우방인 한국과의 완충지대로서 북한에 대해 지원을 이어가고 있다. 평양은 계속해서 핵무기, 대륙간 탄도미사일,

특수부대 등의 군사 능력을 개발하며 유지하고 있다. 덕분에 북한은 골치아픈 적으로 남아있으며, 특히 어떤 전쟁이라도 수십만의 사상자를 낳게 될 한국과 일본에게 그렇다. 마지막으로 김씨 일가는 자국민들에 대한 잔인함을 늦춘 적이 없다. 김정은이 권력에 오르면서 북중 국경을 지나가기는 더 어려워졌다. 최근의 위성사진에는 새로운 정치범 수용소가 건설되는 것이 확인된다.

미국인들은 여전히 한국전쟁 당시 미 공군에 의해 북한에서 벌어진 대량파괴와 살상에 대해 대체로 무지하며 북한에서 미국이 계속 괴물 노릇을 당한다는 사실도 모른다. 기억력 나쁜 초강대국인 미국은 종종 김씨 일가에 반미 선동을 정당화하고 권력에 정당성을 부여하는 선물을 주곤 한다. 김정은이 미국을 공격하겠다는, 시끄럽지만 실효성 없는 선동을 하자 미 공군은 B-2 스텔스 폭격기를 한반도에 파견하는 것으로 대응했다.

II

켄 로우와 클라라 로우는 1960년에 뉴욕에서 결혼했다. 곧 그들에게는 2남 1녀가 생겼다. 딸인 보니는 변호사이자 콘서트 연주자, 음악교사로 오하이오주 톨레도에서 거주한다. 그들의 맏아들인 레이먼드는 지적 장애가 있고 플로리다 주 데이토나 비치의 재활 센터에서 일한다. 그들의 막내아들인 에드먼드는 아버지처럼 항공우주 기술사가 되었다.

가족을 부양하고 생활을 꾸리는 데 로우(노금석)가 오키나와에서 지낸 6개월은 큰 영향을 주었다. 그의 심문관들과 보호자들은 그에게 미국 문화에 몰입하고 한국인들과 어울리지 말라고 조언했다. 일단 미국에 도착하자 이는 따르기 쉬운 충고였다. 아직 한국인이 매우 드물었기 때문이다. 하지만 이민법이 1960년대 중반에 바뀌면서 한국인은 미국으로 오는 5대 이민자 중 하나가 되었다. 한국계 미국인의 숫자는 170만까지 늘었고, 현재 한반도 밖에서 사는 한국인이 중국 다음으로 많은 곳이 되었다.

이 무렵이 되자 한국인들과 떨어져 사는 것이 로우의 습관이 되었고 친구와 직장, 집도 그 습관의 영향을 받았다. 그는 한국인이 많은 지역을 피했고 한국 신문이나 책도 읽지 않았으며 아이들도 집이나 밖에서 한국어를 하지 않고 자랐다. 로우가 아내에게 한국어를 거의 말하지 않으니 아이들도 할 수 없었다. 그도 아내도 한국 음식은 잘 먹지 않는다. 로우는 한국어 및 한국 문화로부터 떨어진 데 대한 후회는 없다. 그는 북한군이 소련에 진주한 거의 그 순간부터 미국으로 탈출할 꿈을 꾸었고, 한국에 관한 모든 것과 거리를 두는 것이 성공의 척도라고 간주한다.

눈에 띄는 예외는 TV다. 한류 드라마는 로우의 아내와 딸을 사로잡았고 그도 한국 사극을 본다. 이 잘 만들어진 드라마들은 동아시아에서 아주 인기 있고 놀랄 만큼 아름다운 한국 여성들과 잘생긴 한국 남성들을 보여준다. 여기서는 거의 모두가 부자이고 바람을 피우며 빠른 차를 몰고 멋진 집에서 산다. 내용을 알아보기 위해 로우 일가는 영어 자막이 있는 프로그램을 본다.

로우는 길고 성공적이며, 많은 곳을 오가는 생활을 했다. 듀퐁에서 일한 뒤 그는 보잉과 제너럴 다이나믹스에서 일했다. 1962년 미국 시민이 된 뒤 그는 정부의 무기체계를 다룰 수 있는 보안등급을 받았다. 그리고 계약직 기술자가 된 그는 더 많은 돈을 벌 수 있게 되었고 제너럴 일렉트릭, 제너럴 모터스, 록히드, 그루먼, 웨스팅하우스, 팬암 항공 등에서 일했다. 그는 자주 거처를 옮겼고 샌디에고부터 시애틀, 심지어 사우디아라비아까지 온갖 곳에서 지냈다. 사회생활을 시작할 무렵 그는 2년간 그랜드 포크스의 노스다코타 주립대학에서 강의를 했다. 은퇴하기 전 17년간은 데이토나 비치의 엠브리-리들 항공대학에서 열역학을 강의했다. 이 학교는 타임지가 "하늘의 하버드"라고 칭송한 곳이었다. 그는 위대한 독재자가 죽고 4년 뒤에 68세의 나이로 은퇴했다.

80대의 나이에도 건강을 유지하기 위해 그는 매일 아침 5시 15분에 일어나 1마일(1.6km)을 걷고 60회의 팔 굽혀펴기를 포함한 운동을 한다. 그는 70대가 되자 팔 굽혀펴기 횟수를 60회로 줄였다. 그 전까지는 북한 해군 사관학교 때부터의 습관대로 100회 했다. 로우는 매일같이 악력기를 좌우 각각 백번씩 잡아서 손과 팔뚝의 근력을 유지한다. 오랜 세월동안 그는 여러 악력기를 아직 품질보증 기간이 남아있는 동안 망가트릴 정도로 열심히 운동했다. 그가 스포츠 용품점에 무료 교환을 위해 가면 점원들은 언제나 이런 일은 없었다고 한다.

1957년에 미국에 건너간 로우의 어머니는 클라라와 결혼할 때 까지 아들과 함께 살았다. 그 뒤 그녀는 켄과 그의 가족이 이 도시 저 도시를 전전할 때 뒤따랐으며 근처에 아파트를 구한 뒤 생전 내내 1주일에 두세 차례 가족을 방문했다. 그녀는 영어를 결국 충분히 배우지 못했으며 매년 몇 달씩 한국에 돌아가 친지들을 방문했다. 로우와 그의 어머니는 종교 문제 외에는 사이가 좋았다. 어머니는 독실한 가톨릭 신자였고 특히 인생 후반에 그랬다. 로우는 북한에서 중학교를 다닐 때부터 무신론자였다. 공산당이 가르친 것 중 그것만 남았다. 로우의 어머니는 2004년에 93세의 나이로 데이토나 비치에서 세상을 떠났다. 인생의 절반 이상은 미국에서 보낸 뒤였다.

미국에 정착한 뒤 로우는 한국(남한)으로 가기를 꺼렸다. 안전한지 의문이었기 때문이다. 1968년, 31명의 북한 특작부대원이 청와대를 기습했다. 이들은 전부 잡히거나 사살당할 때 까지 68명을 살해했다. 평양은 유명한 귀순자들을 죽이기 위해 암살자를 보내기도 했다. 로우는 1970년이 되어서야 서울에 들렀고 그 뒤 다섯 번을 더 들렀다. 첫 방문에서 그는 한국 공군의 도움으로 북한에서 비행기를 타고 넘어온 다른 귀순자 네 명과 만났다. 그 곳에서 그는 자신의 탈출에 북한 정권이 어떻게 보복했는지—사건이 벌어진지 17년 만에—알았다. 그의 절친이던 근수성 소위가 1953년에 다른 네 공군 장교들과 함께 처형당한 것이다.

로우는 한국에 돌아오기 전까지는 근수성에 대한 꿈을 종종 꿨다. 그 꿈에서 두 젊은 조종사는 서로를 쳐다보지만 말은 하지 않았다. 로우는 친구의 죽음을 알고는 슬픔과 분노에 휩싸였다. 하지만 17년의 세월은 죄책감에 사로잡히기에는 너무나 긴 시간이었다. 처형 소식을 듣고 나자 근수성의 꿈을 꾸는 일은 없었다. 이모부 유씨에 대한 꿈은 꾼 일이 없었다.

처음 워싱턴의 릭스 은행에 들른 지 20년 뒤, 로우는 물라 작전으로 생긴 신탁기금을 해지했다. 그는 릭스가 하던 것보다 더 적극적으로 투자하고 싶었다. 1974년 이후, 그의 포상금 10만 달러—엔지니어로서 번 돈까지 합쳐—는 그를 백만장자로 만들었다. 비록 그는 자기 돈의 대부분을 보수적인 뮤추얼 펀드로 굴리고 있지만, 주식 투자도 즐기며 매년 몇 건의 거래를 하곤 한다.

로우는 물라 작전에 대통령이 어떻게 간섭했는지 61년만에—이 책의 필자를 통해—처음 알았다. 로우는 이제 아이젠하워가 신탁기금을 고집한 덕분에 자신이 돈 쓰는 법을 배우기 전에 안전하게 포상금을 보존할 수 있었다고 생각한다. 하지만 그가 포상금을 탕진할 위험도 없었다. 애당초 그는 돈을 펑펑 쓰는 사람도 아니었다. 로우 부부는 30년간 데이토나 비치의 침실 세 개짜리 평범한 집에서 살았다. 수십 년에 걸쳐 그는 자기 잔디밭을 깎고, 나무를 다듬었으며 잔디깎는 기계의 날을 직접 갈았다. 2014년이 되어서야 나이 때문에 정원사를 불렀을 정도였다.

로우는 미국 정부가 그를 부자로 만든 데 감사하지만 그가 '물라맨'이라고 불렸던 것은 언짢아한다. 더욱 기분나쁜 것은 자신이 돈 때문에 미그기를 훔쳤다고 단정하는 것이었다. 어렸을 때부터 오고 싶었던 땅에서 자유인이 된 그는 누가 돕지 않았어도 성공했으리라고 믿는다.

2008년 가을, 로우에게 청천 벽력같은 소식이 닥쳤다. 조지아주 로빈스 공군기지에서 19년간 엔지니어로 근무했던 아들 에드먼드의 소식이었다. 에드먼드가 아내를 점45구경 리볼버로 살해한 뒤 자살한 것이다. 이 사건은 아버지가 북한으로부터 귀순한 바로 그날인 9월 21일에 벌어졌다. 조지아의 신문기자가 전화로 이 사건에 대해 인터뷰를 요청하자, 로우는 너무나 충격받아 제대로 생각할 수도 없었다. 42세가 된 아들은 아직 신혼이었다. "모든 것이 잘되고 있다고 생각했어요."

사건 이후, 로우 부부는 수심에 잠겨있다. 그들은 에드먼드보다 교육수준이 낮은, 같은 기지에서 비서로 근무하던 35세의 며느리를 반대했다. 총격 사건 4개월 전에 있던 결혼식에도 참가하지 않았다. 열성적인 총기 수집가였던 에드먼드는 무슨 일이 있었는지, 왜 그랬는지 단서를 남기지 않았다. 로우는 왜 그날에 총격이 있었는지 이유를 알 수 없다. 그는 아들이 자신이 탈출한지 35년째 되는 날에 죽은 것이 우연일 것이라고 생각한다.

미국에 도착한 지 10년이 되는 동안, 로우는 자기 고향이 스탈린주의 왕국이 되는 것을 상상도 못했다. 김일성이 죽자 로우는 북한 정권도 그와 함께 사라질 것으로 기대했다. 한반도가 민주정부 아래에서 통일될지도 몰랐고, 그러면 고향을 다시 방문할 수 있을지도 몰랐다. 대부분의 외부 전문가들과 마찬가지로 로우 역시 최소한 북한의 체제가 뭔가 더 올바른 방향으로 발전하리라고 생각했다. 스탈린이 죽고 난 뒤의 소련이나 마오쩌둥이 죽고 난 뒤의 중국이 그랬다. 따라서 김일성의 아들 김정일이 1994년에 권력을 세습한 뒤 북한을 계속 전제주의 국가로 이어가자 로우는 심한 실망감을 맛봐야했다.

김정은이 2011년에 권좌를 이어받고 위대한 독재자를 흉내내기 시작하자 로우의 실망은 경멸로 바뀌었다. 그는 김정은이 아버지나 할아버지보다 더 나쁘다고 생각한다. 그리고 더 머리가 나쁘다고 생각한다. 로우는 북한인들 자신이 들고 일어나지 않는 한 아무것도 바뀌지 않으리라는 결론을 내렸다. 하지만 그도 김씨 일가가 누구든 반대하는 자들을 투옥하거나 죽이리라는 것 역시 잘 안다. 그는 자신이 그대로 북한에 남았다면 어머니의 귀순으로 인해 처형당했

거나 1990년대의 기아 사태로 굶어 죽었으리라고 믿는다. 그는 자
신의 결정을 후회한 일이 없다.

연대표

1905년: 일본이 한국을 식민지로 지배하기 시작.

1912년: 4월 15일. 김일성 평양 근처에서 출생.

1920년: 김일성과 가족이 만주로 이주.

1929년: 17세의 김일성 항일 활동을 하다가 수감.

1930년: 석방 후, 김일성 항일 게릴라에 합류.

1932년: 1월 10일. 노금석 함흥 근처에서 출생.

1932년: 2월 18일. 괴뢰국가 만주를 설립.

1934년: 중국 공산당원들이 김일성을 체포.

1937년 6월: 김일성 보천보에서 승전.

1937년 7월 7일: 일본 중국에 전쟁을 선포.

1941년: 김일성 소련군에 입대.

1945년 8월 10일: 소련이 한국에 입성.

1945년 8월 11일: 미국 한반도에 38선을 그림.

1945년 8월 28일: 소련 38선까지 진출.

1945년 9월: 김일성 모스크바에서 평양으로 귀국.

1945년 10월 22일: 소련군 김일성을 지도자로 소개함.

1948년 2월 22일: 노금석(17세) 김일성 연설에 참석.

1949년 1월: 노금석의 아버지가 암으로 사망.

1949년 3월 7일: 김일성 스탈린에게 군사지원 요청.

1949년 8월: 노금석 북한 해군사관학교에 입학.

1950년 4월: 스탈린 김일성의 침략 계획을 승인.

1950년 6월 25일: 북한 침략.

1950년 9월 15일: 인천 상륙작전 성공.

1950년 10월 1일: 노금석 만주에서 비행 훈련 시작.

1950년 10월 13일: 중국군이 압록강을 넘다.

1950년 10월 19일: 미군이 평양을 점령.

1950년 11월: 중국군과 미군의 첫 전투.

1950년 12월: 중국군 북한에서 미군을 몰아냄.

1951년 1월 4일: 미군 두 번째로 서울을 탈출.

1951년 3월: 미군은 서울을 탈환하고 38까지 반격.

1951년 3월: 노금석 비행 훈련 참가.

1951년 7월 8일: 평화 회담 시작.

1951년 10월: 노금석 의주 비행장에서 김일성 만남.

1951년 11월: 노금석 전투 투입.

1953년 3월 5일: 스탈린 사망.

1953년 7월 27일: 휴전 체결.

1953년 8월: 김일성 정적들을 제거하기 시작.

1953년 9월 21일: 노금석 김포 공항으로 귀순.

1954년 5월 4일: 노금석 샌프란시스코에 도착.

위대한 독재자와 전투기 조종사
The Great Leader and the Fighter Pilot

1판 1쇄 찍음 2022년 12월 24일

지은이   블레인 하든
옮긴이   홍희범
편집   김효진
교열   황진규
디자인   최주호

펴낸곳   마르코폴로
등록   제2021-000005호
주소   세종시 다솜1로9
이메일   laissez@gmail.com
페이스북   www.facebook.com/marco.polo.livre

ISBN   979-11-92667-06-5   03910